特殊群体社会支持书系

特殊需要学生个别化教育指导案例

顾明珠　主　编
练鹏燕　葛小国　副主编

南京师范大学出版社

图书在版编目(CIP)数据

特殊需要学生个别化教育指导案例 / 顾明珠主编；练鹏燕，葛小国副主编. — 南京：南京师范大学出版社，2023.3
（特殊群体社会支持书系）
ISBN 978-7-5651-5199-6

Ⅰ.①特… Ⅱ.①顾… ②练… ③葛… Ⅲ.①特殊教育—教案（教育）Ⅳ.①G76

中国版本图书馆 CIP 数据核字(2022)第 047986 号

丛 书 名	特殊群体社会支持书系
书　　名	特殊需要学生个别化教育指导案例
主　　编	顾明珠
副 主 编	练鹏燕　葛小国
策划编辑	彭　茜
责任编辑	李丛竹
出版发行	南京师范大学出版社
地　　址	江苏省南京市玄武区后宰门西村 9 号(邮编：210016)
电　　话	(025)83598919(总编办)　83598412(营销部)　83373872(邮购部)
网　　址	http://press.njnu.edu.cn
电子信箱	nspzbb@njnu.edu.cn
照　　排	南京凯建文化发展有限公司
印　　刷	江苏中山印务有限公司
开　　本	710 毫米×1000 毫米　1/16
印　　张	13.75
字　　数	183 千
版　　次	2023 年 3 月第 1 版　2023 年 3 月第 1 次印刷
书　　号	ISBN 978-7-5651-5199-6
定　　价	45.00 元
出版人	张　鹏

南京师大版图书若有印装问题请与销售商调换
版权所有　侵犯必究

编委会名单

主　编　顾明珠

副主编　练鹏燕　葛小国

编写组　陈桂萍　葛小国　林佳玫　糜泽民
　　　　　王铭源　杨术欣　张　彦　赵　庆
　　　　　陈青云　储昌楼　陈金友　顾明珠
　　　　　练鹏燕　吴　浩　赵华丽　黄春露
　　　　　张天慧

审　读　赵　庆　陈青云

序

"十三五"时期,江苏提出了特殊教育优质融合发展的目标任务,明确全省特殊教育发展的重点为普通学校融合教育。全省特教工作者积极向特殊教育先进地区学习成功经验,台湾地区融合教育起步早、发展快,在2018年第四届苏台基础教育发展论坛举办期间,参与各方就拓宽苏台基础教育交流领域与规模、培育新的交流方式和热点形成共识,并达成推动新时期苏台融合教育交流的合作意向。2019年8月7日,江苏省教育厅港澳台事务办公室专门发文,把苏台融合教育合作作为苏台基础教育发展论坛的延伸项目,纳入苏台两地教育合作交流总体框架。2019年10月29日,在第五届苏台基础教育发展论坛上,江苏省港澳台教育交流中心、江苏教育报刊总社与台湾"国际青少年交流协会"签订了苏台融合教育合作备忘录。

2020年初,为积极应对疫情影响,在江苏省教育厅基础教育处、港澳台事务办公室支持、指导下,在时任江苏省教育厅基础教育处副处长殷雅竹、时任江苏省教育厅港澳台事务办公室主任贺兴初、时任江苏省教育报刊总社副总编辑赵建春倡议、推动下,重点针对江苏普通学校特殊需要学生专业支持匮乏等问题,苏台融合教育合作启动了个别化教育在线应急响应项目,通过预约台湾专家对江苏一线资源教师、巡回指导教师等进行定时在线答疑,为特殊需要学生提供更为科学、精准、及时的教育康复服务,促进江苏普通学校和特殊教育学校教师专业提升。项目自2020年3月2日正式启动,到2020年12月29日结束,深受基层一线老师欢迎,共为省内普通学校和特殊教育学校175位特殊需要学生提供了一对一的在线教育康复指导,涵盖了《江苏省"十四五"特殊教育发展提升行动计划》重申的主要特殊教育对象,包括视觉障碍、听觉障碍、言语障碍、智力障碍、肢体障碍(含脑瘫)、孤独症谱系障碍、特定学习障碍、情绪行为障碍(含多动症)、发育迟缓等障碍类别,积累了近40万字的个案指导原始素材。

为进一步扩大个别化教育在线应急响应项目的辐射面和影响力,为广大普特教师开展个别化教育康复服务提供理论和实践指导,江苏教育报刊总社《现代特殊教育》编辑部组织项目参与专家和相关学校教师全面梳理、总结个别化教育呼叫响应项目的相关资料,形成文字性成果,融通识性学科知识与实务性实践技能为一体,作为融合教育教师的案头常备实务手册。本书的出版得到了循循培训咨询服务(南京)有限公司的支持、配合,以及胡心慈、钮文英、张英鹏、吴胜儒、陈勇安、吕美玲、廖芳玫、沈素戎、林逸文、叶琬婷、陈志轩、李淑玲、徐一腾等专家的专业指导;黄英、霍天天、蒋颖、李红梅、刘秋波、卢袁芳、梅小燕、孙佳媛、孙李林、万丽、汪培培、王娟、王庆宝、王舒妍、王术文、文茂敏、吴云霞、徐梦翔、杨晨、张紫航、章小霞、朱芳娜等老师参与了专家在线指导录音整理。特此鸣谢。

顾明珠

2022年11月

目 录

第一章 视觉障碍学生个别化教育指导 ……………………… 1
    一、视觉障碍的定义 ……………………………………… 1
    二、视觉障碍的发生率 …………………………………… 2
    三、相关检查 ……………………………………………… 2
    四、主要技能学习 ………………………………………… 4
    五、案例指导 ……………………………………………… 5
    六、常识问答 ……………………………………………… 6

第二章 听觉障碍学生个别化教育指导 ……………………… 9
    一、听觉障碍的定义 ……………………………………… 9
    二、听觉障碍的发生率 …………………………………… 9
    三、相关检查 ……………………………………………… 10
    四、主要技能学习 ………………………………………… 12
    五、案例指导 ……………………………………………… 12
    六、常识问答 ……………………………………………… 27

第三章 言语障碍学生个别化教育指导 ……………………… 29
    一、言语障碍的定义与分类 ……………………………… 29
    二、言语障碍的发生率 …………………………………… 29
    三、主要技能学习 ………………………………………… 30
    四、相关检查 ……………………………………………… 30
    五、案例指导 ……………………………………………… 32

六、常识问答 ························· 44

第四章　智力障碍学生个别化教育指导 ········· 46
　　一、智力障碍的定义 ····················· 46
　　二、智力障碍的发生率 ··················· 46
　　三、相关检查 ························· 47
　　四、案例指导 ························· 49
　　五、常识问答 ························· 77

第五章　肢体障碍（含脑瘫）学生个别化教育指导 ··· 79
　　一、肢体障碍（含脑瘫）的定义 ············ 79
　　二、肢体障碍的发生率 ··················· 79
　　三、相关检查 ························· 80
　　四、教育安置与辅助 ····················· 80
　　五、案例指导 ························· 82
　　六、常识问答 ························· 85

第六章　孤独症谱系障碍学生个别化教育指导 ······ 87
　　一、孤独症谱系障碍的定义 ················ 87
　　二、孤独症谱系障碍的发生率 ·············· 87
　　三、相关检查 ························· 88
　　四、孤独症人士心理与行为特征 ············ 90
　　五、案例指导 ························· 93
　　六、常识问答 ························· 147

第七章　特定学习障碍学生个别化教育指导 ······· 149
　　一、特定学习障碍的定义 ·················· 149
　　二、特定学习障碍的发生率 ················ 149
　　三、分类与表现 ······················· 150

四、案例指导 ··· 151
　　五、常识问答 ··· 156

第八章　情绪行为障碍（含多动症）学生个别化教育指导 ··············· 158
　　一、情绪行为障碍的定义 ····································· 158
　　二、情绪行为障碍（含多动症）的发生率 ························ 159
　　三、相关检查 ··· 159
　　四、分级及支持策略 ·· 161
　　五、案例指导 ··· 161
　　六、常识问答 ··· 181

第九章　发育迟缓学生个别化教育指导 ····························· 182
　　一、发育迟缓的定义 ·· 182
　　二、发育迟缓的原因 ·· 182
　　三、发育迟缓的发病率 ······································ 183
　　四、相关检查 ··· 183
　　五、治疗 ··· 185
　　六、案例指导 ··· 185
　　七、常识问答 ··· 209

第一章　视觉障碍学生个别化教育指导

一、视觉障碍的定义

视觉障碍，又称视力障碍、视力残疾、视觉损伤或视觉缺陷，包括盲和低视力两类四级。由于各种原因导致双眼不同程度的视力损失或视野缩小，很多视觉障碍者难以从事健全人所能从事的工作、学习或其他活动。

法定盲(legal blindness)，是法律上对视觉障碍的界定，目的是为教育、福利或其他方面的工作提供统计标准和确切依据。在美国为优眼最佳矫正视力在 20/200 以下，或中心视野直径在 20 度以下者。在我国则为优眼最佳矫正视力在 0.05 以下或视野半径小于 10 度者。大部分视觉障碍者仍有一些剩余视力，完全看不见的只占少数。

教育盲(educational blindness)，指视力残疾严重到无法通过视觉进行学习的程度，须以听觉、触觉、嗅觉、肤觉为主要学习途径，在读写方面多利用盲文。

低视力(low vision)，视力残疾中程度较轻的一类。各国标准不尽相同。世界卫生组织(WHO)和我国以优眼最佳矫正视力大于或等于 0.05 而小于 0.3 为标准，并分成两级低视力。美国的标准是最佳矫正视力在 20/200 与 20/70 之间。日本的标准是视力低弱，但能辨别 5 指及形色，国际通用视力表检测视力值在 0.04 以上、0.3 以下，全色盲视力值在 0.6 以上。患者能利用残余视觉接受教育，但需借助放大镜等助视器才能阅读。

视觉障碍产生的原因，在不同国家或不同地区有较大差异。在我国，中华人民共和国成立前后也有较大不同。中华人民共和国成立前及成立初期，沙眼、感染及营养不良性眼病在致盲病因中占前三位。此后，特别是 20 世纪 80 年代以后，先天性眼病如先天性白内障、先天性青光眼、先天性角膜病等已成主要致盲因素。对先天性眼病的防治是优生工作的重要内容。不同年龄人群，如老年人和儿童致盲的主要原因亦有不同。

二、视觉障碍的发生率

中国残疾人联合会网站《全国残疾人人口基础库主要数据(2020)》显示,截至 2020 年 12 月 31 日,我国视力残疾人约有 418.95 万。

《2020 年残疾人事业发展统计公报》显示,2020 年,1077.7 万残疾儿童及持证残疾人得到基本康复服务;得到康复服务的持证残疾人中,视力残疾人有 114.6 万。

美国的数据估计值表明,学龄儿童中盲的发生率约为成人中的 1/10,只将 0.05% 的 6～17 岁儿童划分为患有"视觉障碍",其中包括盲和低视力的个体。这就意味着视觉障碍是所有儿童残疾中发生率最低的障碍之一。

三、相关检查

(一)视力检查

表 1-1　表明儿童可能存在眼睛问题的迹象[①]

如果您的孩子出现了以下一个或多个迹象,请立刻带去看眼科医生。
您孩子的眼睛看起来怎样? ① 眼睛运动不整齐,一只眼睛好像与另一只交叉或向外看。 ② 眼睑有红晕、结痂或肿胀。 ③ 眼睛潮湿或红肿(发炎)。 **您孩子会有何行为举止?** ④ 不停揉眼睛。 ⑤ 闭上或遮住一只眼睛。 ⑥ 倾斜脑袋或者往前伸头。 ⑦ 难以完成阅读或者其他需要近处观察的任务,或者把物体靠近眼睛看。 ⑧ 过于频繁地眨眼,或者在做需要近处观察的任务时很暴躁。 ⑨ 看东西模糊不清或很难看到。 ⑩ 斜视或皱眉。 **您孩子说些什么?** ⑪ "我的眼睛痒。""我觉得眼睛像火烧一样。"或者"我感到眼睛很刺痛。" ⑫ "我看不清楚。" ⑬ (在做完需要近处观察的任务后,您孩子说)"我感到眩晕。""我头疼。"或者"我觉得不舒服或恶心。" ⑭ "所有东西看起来都模糊不清。"或者"我看到了两个物体。" 记住,即使您的孩子还没有抱怨或者出现任何异常的迹象,他(她)仍然可能存在眼睛问题。

---

① [美]哈拉汗,考夫曼,普伦.特殊教育导论[M].肖非,等,译.北京:中国人民大学出版社,2010:349.

运用工具测定视力的程度,一般由眼科医师、护士等专业人员来操作。运用视力检查表检查儿童的视力敏锐度,学校教师在接受适当训练后亦可承担。

视力检查一般包括采用远视力表和近视力表分别作远视力检查和近视力检查,用数值表示。如不加说明,通常指远视力检查。有时还用仪器对视野(周边视力)进行检查。

(二) 常用图表

1. 国际标准视力表(standard visual acuity chart)

这是国际通用检查中心视力的一种图表。依测试距离分为两种:

(1) 远距离视力表

检查时,被检者坐在距视力表 5 米的地方,国际标准视力表与被检眼在同一水平,双眼分别检查,先右后左,从上而下。被检者迅速说出视标缺口方向,把说对的最小视标一行的字号记录下来。正常人的视力为 1.0。当视力低于 0.1(不能看清最大视标)时,可逐步走近视力表,按 $0.1×d/5$ 算出其视力(d 为被检者看清该行时距视力表的距离,单位:米)。如在 3 米处能看清 0.1 的视标时,则视力为 0.06。当视力低于 0.01 时,即在 0.5 米处不能辨别 0.1 视标时,改为数指(FC)/距离。若眼前 5 厘米处还不能辨认指数则改为手动(HM)/距离。如对手动亦无感觉,可在暗室内用烛光或手电筒照射眼睛,记录为有光感(LP),或无光感。如有光感,要做光定位检查。

(2) 近距离视力表

视力表应放在光线充足的地方,或用日光灯照明。在距视力表 33 厘米处,能看清 1.0 行视标者为正常视力。如果因近视或远视而改变了视力表与眼睛的距离,则将改变的距离一并记录。近视力检查能了解眼的调节能力,再与远视力检查配合,则可初步诊断是否有屈光不正,如散光、近视、远视,以及是否有眼底病变等。

2. 视觉效力表(visual efficiency chart)

这是用以评估视力残疾儿童视觉功能水平的一种量表,由字、句子、图片组成。通过呈现的一系列逐渐变小的字、句子和图片,以粗略估计儿童有效利用其视力的范围。

(三) 分类标准

我国在参考世界卫生组织的标准后确定了一套国内的认定标准,基本上与世界卫生组织的标准保持一致。我国视觉障碍的分类标准与世界卫生组织的分类标准对照表如表 1-2。

表1-2 视觉障碍分类标准及对照表①

最佳矫正视力(a)	中国标准（类别）	中国标准（级别）	WHO标准（类别）	WHO标准（级别）
无光感	盲	一级	盲	5
无光感＜a＜0.02；或视野半径＜5度	盲	一级	盲	4
0.02≤a＜0.05；或视野半径＜10度	盲	二级	盲	3
0.05≤a＜0.1	低视力	三级	低视力	2
0.1≤a＜0.3	低视力	四级	低视力	1

四、主要技能学习

盲人的听觉特点(audio characteristics of the blind)较为明显，其听觉补偿能力较强，他们在生活、学习、劳动中更多地使用听觉，表现在：有较高的听觉注意力，能听到明眼人察觉不到的声音；能分辨出声音极细微的变化，做到以耳代目，凭借声音认识环境；有较强的听觉选择性，能从纷繁杂沓的声音中听出自己所熟悉的声音，如从多个人的脚步声中认出自己熟悉之人的脚步声等；有较好的听觉记忆力，能长时间地记住许多熟人的声音，做到听声如识面。

盲教育学(education of the blind)，是研究视力残疾儿童、青少年身心发展特点、教育和教学规律的科学。它是特殊教育学的组成部分，与普通教育学有着密切联系。盲教育学是20世纪以来逐步形成的一门独立学科，其研究的内容主要包括：教育的对象，教育任务与培养目标，盲校教学计划、大纲和教材，盲校的教学组织形式、教学过程、教学原则和方法，盲人职业技术教育，盲校设施与环境建设，盲校管理与领导，师资培养，盲校工作评估等。近年研究的内容还包括视力残疾儿童的分类教学，视力残疾儿童在普通学校的随班就读教育，盲兼其他残疾的多重障碍教育等。

盲文(braille)，是专为盲人设计，靠触觉感知的文字。根据演变过程，可将其划分为三类：一是凸形字母。最初雕刻在木块上，后将剪成字母的绒布贴在厚纸板上或用铅字压印在厚纸板上，也有用针刺出凸点或用松脂凸点组成字母图形的。二是线条字母。以凸起的直线、弧线、圆形线条结合起来

---

① 何侃.特殊儿童康复概论[M].南京：南京师范大学出版社，2014：178.

模拟拉丁字母的某部分,表示各个字母。三是点字。由法国人布莱尔发明,当今国际上普遍采用他设计的 6 点制点字体系。

盲校特殊课程(special curriculums in school for the blind),是盲人学校低年级针对学龄初期盲童特点设置的课程,包括认识生活指导课、定向行走课、个别矫正等。其目的在于帮助盲生掌握生活、学习中的常用知识和技能,养成良好的生活、卫生习惯,为适应学校生活和学习常规创造必要的条件。

定向行走课(orientation and mobility curriculum),盲校特殊课程之一。盲人可用三种安全的行走方法:明眼人带路、独走及使用盲杖。定向行走课的目标是,通过训练使学生形成正确的时间和空间概念,初步掌握定向行走的基础知识与基本技能。首先能在室内、校内独立地行走。随着年级升高,逐步扩大行走范围,学会利用常用的公共交通设施,遵守交通规则,借助盲杖及其他导盲工具,做到在一定环境中安全、有效、自然、独立地行走。

五、案例指导

案例 1　小伦,男,9 岁,弱视、斜视,轻度智力障碍

【个案基本情况】

小伦经医院诊断为弱视、斜视(右眼裸眼视力 0.1,左眼裸眼视力 0.6,双侧内斜视约 30 度;戴上眼镜矫正后,右眼视力 0.12,左眼视力 0.6),轻度智力障碍。一年级入学时跟不上同班普通学生的学习进度,第二学期申请转为随班就读生,接受学校资源教室相关服务。

【专业指导建议】

(一)设计适合的学习内容,激发兴趣

师:小伦不反感学习,但他听不懂、看不清,怎样设计适合他的学习内容,激发他的学习兴趣呢?

专家:针对小伦的多重障碍,首先要从生理和心理上进行全面的评估分析,要选用适合的评估工具,配备专业团队(如医疗、生活、职业评量等方面的专业人士)予以支持,并在评估分析的基础上为其制订个别化教育计划(IEP)。

小伦的学习内容可以采用教材简化、减量的方式进行调整,并采用任务

分析的方式来开展教学。如系鞋带，要分步骤来教，指导其一个步骤一个步骤地练习，直至能独立完成，然后再逐步加大难度。在教授过程中，要让小伦积累点滴成功，体验学习的快乐，从而激发并保持其学习兴趣。此外，学校、家庭要特别关注小伦的心理健康教育。

（二）开展有针对性的功能性训练，克服障碍

师：面对小伦的特殊需要，资源教师能给他提供哪些功能性训练？

专家：对弱视、斜视学生要注重视知觉训练及视觉与听、动的整合训练。课堂可配备放大镜、大字书等视障辅助工具。在精细动作训练中，可以让小伦用手指头拿着夹子去夹小积木，将其堆叠起来，并不断增加训练难度，也可以采用花生壳等作为精细动作的训练工具。在注意力训练中，首先要分析小伦没法集中注意力的原因，是因为看不到、听不懂，还是本身有注意力缺陷。教师可以借助适合的辅具（学具）来帮助其集中注意力，如通过操作古氏积木来学习数字，帮助其理解数位概念。同时，还要注意在环境创设上尽量减少干扰其注意力的不良影响因素。在如厕训练中，教师可以采用定时上厕所的方法，提醒小伦按时、按需如厕，并逐步教他学会自我处理。

（三）开展有效心理建设，调节情绪

师：强制学习经常会引发小伦的反感情绪和反抗行为，怎样才能调节他的学习压力，并安抚他的情绪呢？

专家：首先我们要分析小伦情绪失控的原因。导致情绪失控的原因很多，自卑可能是原因之一，这就需要开展心理建设，利用孩子喜欢的事物来安抚并调节其情绪。同时，我们还要关注其学习方面的优势能力，找到适合他的学习切入点，给予他积极的学习支持，充分挖掘他的学习潜能，给予他成功的体验。

当小伦在同学面前因表达能力欠缺而情绪低落时，家长和教师要仔细观察其表现，耐心听他说话，努力理解他的需求，并引导周围的同学与他积极互动，增进彼此了解，营造和谐、接纳的人际氛围。

六、常识问答

☞ 法定盲人没有任何视力吗？

事实：只有小部分的法定盲人完全没有视力，很多法定盲人还保有一些功能性视力。

☞ 盲人拥有超感觉以帮助他们侦测障碍物吗?

事实:盲人没有超感觉。一些盲人能够学习发展出一种"障碍觉",这是他们通过注意接近物体时回声音高的变化而形成的。

☞ 盲人的其他感觉会自动发展得更为灵敏吗?

事实:集中注意力时,盲人能够非常准确地分辨物体。但这种技能并不是自动获得的,而是通过学习更好地利用现有感觉而获得的。

☞ 盲人都拥有出众的音乐才能吗?

事实:盲人的音乐才能并不一定会更出众。尽管如此,很多盲人会以音乐职业追求作为其取得成功的道路之一。

☞ 刻板行为(如身体摇摆、头部摇晃不定)总是使盲人适应不良,可以彻底消除吗?

事实:尽管尚待更多的研究来证实,但一些专家认为,这些刻板行为除非是极端的,否则能够帮助盲人调节他们的觉醒水平以适应环境。

☞ 盲文对于绝大多数盲人而言并不是非常有用,它只是一种最后的尝试吗?

事实:极少数盲人学习过盲文,主要是因为他们觉得使用它就意味着失败,并且历史上也存在反对使用盲文的偏见。尽管如此,专家普遍认为盲文对盲人是有用的。

☞ 盲文对于那些低视力的人是没有价值的吗?

事实:一些低视力个体的疾病最终将导致他们全盲。越来越多的专家认为,低视力个体应该学习盲文,为他们有效阅读书面文字做准备。

☞ 如果低视力的人过多用眼,他们的视力将会恶化吗?

事实:这种情况只在极少数的人身上发生。实际上可以通过培训和用眼来改善视力。戴厚镜片、近距离看书和经常用眼并不会损害视力。

☞ 行走训练应该推迟到小学或中学时进行吗?

事实:很多专家现在认识到,即使是学龄前儿童也可以从行走训练,包括学习如何使用盲杖中受益。

☞ 盲杖是一种结构简单、易于使用的设备吗?

事实:相关机构已经拟定了关于盲杖结构及其正确使用的细则规范。

☞ 导盲犬可以引导盲人到任何他们想去的地方吗?

事实：导盲犬并不能自主地把盲人带到任何他们想去的地方；盲人必须首先明确自己要去哪里。导盲犬主要任务是保护主人远离不安全区域或者障碍物。

☞ 科技将很快取代人们对盲文以及盲杖、导盲犬等行走辅具的需求吗？另外，依靠科技使视力完全恢复也即将成为现实吗？

事实：尽管有些技术在视觉障碍领域中发挥的作用令人吃惊，但它是否会在短期内如同盲文、盲杖或导盲犬一样有效则尚待探讨。尽管人工视觉的研究让人兴奋，但是在未来的一段时间内，这些研究并不能保证在实际中给人们带来巨大利益。

第二章 听觉障碍学生个别化教育指导

一、听觉障碍的定义

听觉障碍,也称听力残疾、听觉损伤或听觉缺陷,是指由于各种原因导致双耳听力丧失或听力减退,以至听不到或听不清周围的声音,难以与他人进行正常的语言交往活动。①

听力残疾包括聋和重听两类。聋是指重度或极重度的听力损失,无论是否配戴助听设备,个体都无法依靠听力来加工理解语言。重听是指较轻的听力损失,一般情况下需要对方提高声音或配戴助听设备才能听到和听懂。

二、听觉障碍的发生率

中国残疾人联合会网站《全国残疾人人口基础库主要数据(2020)》显示,截至2020年12月31日,我国听力残疾人约有320.04万。

《2020年残疾人事业发展统计公报》显示,2019年,1077.7万残疾儿童及持证残疾人得到基本康复服务;得到康复服务的持证残疾人中,听力残疾人有81.6万。

中国台湾地区20世纪60年代的一项调查表明,在小学生中听觉障碍者占9.8%,其中重度为0.4%。据美国特殊教育局1979年的统计,耳聋者大约占1‰,严重重听者占3‰~4‰,比其他缺陷儿童要少得多。将聋与重听合并计算,按多数学者的估计,发生率约0.3%~0.7%。

---

① 王辉.特殊儿童教育诊断与评估[M].南京:南京大学出版社,2013:39.

三、相关检查

（一）测验方法及仪器

常用的听觉测验有四种：筛查测验、纯音测听、言语测听和专门针对幼儿的测验。

听力计（audiometer），是一种能产生某些频率或响度的声音的仪器，用于检查听力状况。通过与正常听力数据相比，就可确定被测者听力损失情况。其种类很多，通常是指纯音听力计。先进的听力计能自动提供从弱到强的各种频率声音的刺激，并能自动变换声音的频率。测验时被测者在专用的测听室内戴上双封闭隔音的耳机，听到声音时即按一下按键，仪器可根据被测者反应直接绘出听力图。在医院临床应用的多为较精密的诊断用听力计，聋校配备的常为简易筛查用的听力计。

简易声音测听（simple voice test），是一种常用于两岁以上儿童的行为测听方法。检查方法：距儿童 60～90 厘米处，避开儿童的注视，突然发声或呼其名；相隔十几秒钟重复，若无反应则依此方法逐步提高嗓音；若有残余听力，必定有探寻声源的反应；只要出现可靠的反应就不必再用强声刺激；可改换另一种声源，以检查对不同频率的反应。一般人小声讲话为 40 dB，普通讲话声为 50～60 dB，高声讲话为 60～70 dB，大声讲话为 70～80 dB，大声喊话为 80～90 dB，全力叫喊可达 90～95 dB。除人声之外，还可以使用能发出声响的玩具或其他工具，如收音机、闹钟、车铃以及击掌声、击碗声、敲杯声、锣声、鼓声等来测试儿童的听力。感音神经性聋的患者，接受频率主要集中在 4000～6000 Hz 的 z、c、s、j、q、x、zh、ch、sh 等辅音音素时表现出较大的困难，甚至根本听不到，而对频率主要集中在 1000 Hz 以下的 a、o、e、i、u、ü、ai、ei、ao、ou、an、en 等音素感受良好。

（二）分类标准

中国听力残疾分级标准（classification criteria of hearing disability of China），是我国大陆地区评定双耳听力损失程度的准则。台湾地区的标准与大陆不同。在参照世界卫生组织、国际标准化组织（ISO）公布的耳聋分级标准和国际聋人体育组织规定的世界聋人运动会标准的基础上，全国残疾人抽样调查领导小组组织研制过两个标准：

(1) 1987年4月1日开始的全国残疾人抽样调查的标准之一(见表2-1)

表2-1 不同听力残疾标准对照

听力损失程度 (dB,听力级)	1987年中国标准		WHO、ISO标准		残疾人奥运会标准
	类别	分级	分级	程度	
>110	聋	一级聋	G	全聋	可参加听障奥林匹克运动会
91～110			F	极重度	
71～90		二级聋	E	重度	
56～70	重听	一级重听	D	中重度	
41～55		二级重听	C	中度	
26～40			B	轻度	
0～25			A	正常	

表中"听力损失程度"指500 Hz、1000 Hz和2000 Hz三个语言频率上听力损失的平均值;聋和重听均指双耳,若双耳听力损失不同,以听力损失较轻的一耳为准。根据这个标准,如一耳为聋或重听,而另一耳的平均听力损失等于或小于40 dB,则不属于听力残疾范围。

我国的这个标准与国际听力残疾标准的区别是:

① 我国分四级,将国际统一标准最重的两级合并为一级。取消最轻的两级(其中有一级为"正常")。

② 级别的排列,我国是从重到轻,国际标准是从轻到重。

(2) 2006年4月1日第二次全国残疾人抽样调查中对于听力残疾的分级有较大变化(见表2-2)

表2-2 2006年中国听力残疾分级标准

分级	听力损失程度 (dB,较好耳的平均听力损失)	特点
一级	≥91	听觉系统的结构和功能极重度损伤,在无助听设备的帮助下,不能依靠听觉进行言语交流,在理解和交流等活动上极度受限,在参与社会生活方面存在极严重障碍
二级	81～90	听觉系统的结构和功能重度损伤,在无助听设备帮助下,在理解和交流等活动上重度受限,在参与社会生活方面存在严重障碍

（续表）

分级	听力损失程度 (dB,较好耳的平均 听力损失)	特 点
三级	61～80	听觉系统的机构和功能中重度受损,在无助听设备帮助下,在理解和交流等活动上中度受限,在参与社会生活方面存在中度障碍
四级	41～60	听觉系统的结构和功能中度损伤,在无助听设备帮助下,在理解和交流等活动上轻度受限,在参与社会生活方面存在轻度障碍

四、主要技能学习

手语(sign language,gesture language),在中国大陆指手势语与手指语的合称,常与"手势语"一词通用;在台湾地区仅指手势语。一些学者认为,手语是聋人的"母语",即第一语言。

手势语,是用手势动作配合不同面部表情及身体姿势,以表达一定意思。从广义上讲,不仅听觉障碍人士会运用手势语,健听人也常使用手势作为口语的辅助来加强表达。在不同的国家、不同的民族中,手势动作的含义常有较大区别。

手指语,则是以手指的指式变化和动作来代表字母,也称为字母手势,简称"指语"。1963年,我国曾颁布《汉语拼音手指字母方案》,这套指式简单、符合中国国情的汉语手指字母,为我国手语的科学化、规范化以及聋学生的学习奠定了有利的基础。

2018年7月,我国开始实施《国家通用手语常用词表》。

五、案例指导

案例1　小小,男,学龄前儿童,听觉障碍,发育迟缓

【个案基本情况】

小小目前在康复机构接受语言、认知康复和感统训练。该幼儿在认知、语言、情绪行为等方面较同龄儿童有较大差距,对主要照料者也无依恋,常

会出现攻击行为,常脱离集体活动,与教师、同伴无互动,不能遵守教学(活动)常规,无法安静聆听,需要专人看护。

【专业指导建议】

(一)感知觉方面

师:小小喜欢转圈圈,长时间转圈圈不晕;唇部流涎较多,常常口水滴落而不自知,教师和家长应如何应对?

专家:建议家长给小小吃一些硬的食物,并通过发音训练,如把纸片吹开,锻炼其嘴部肌肉,增加肌肉的灵活度,逐步改善流口水的情况。同时,教师和家长还要教小小在有口水的时候将口水吸进嘴里。

(二)动作能力方面

师:在大动作方面,小小跑步的速度较快,但是跨高、走楼梯时需要教师辅助;在精细动作方面,小小无法撕开吸管塑胶膜,握勺动作比较僵硬,常常把饭吃得到处都是。针对这样的情况,该如何提供针对性的训练?

专家:在大动作方面,家长和教师要在日常生活、学校生活中给小小安排一些循序渐进的训练,如爬楼梯、跨栏等,帮助他逐步提高能力。在精细动作方面,建议家长和他一起玩撕纸的游戏,用大拇指和食指来撕,或者进行用筷子夹乒乓球等游戏,这些都能有效训练他的精细动作。

(三)认知方面

师:小小对事物缺乏正确理解,只对自己训练过的内容有反应;有效注意时间为 2~3 分钟,经常东张西望或大叫,应该如何应对?

专家:建议教师要慢慢教小小认识事物,提供一些他感兴趣的幼儿书籍(如绘本、玩偶书等),并带着他一起去阅读,保持他的学习动机。针对其东张西望或大叫的行为,教师要分析其行为背后的原因,教师和家长要多花时间去陪伴他,并适时提醒他用适当的方式来表达需求。

此外,教师和家长还要给他做听力训练,充分利用其左耳电子耳蜗的听力补偿功能,逐步延长其听觉注意时间。

(四)沟通方面

师:如何解决小小的沟通问题?

专家:建议采用辅助沟通系统(AAC)来增进他的社会互动。第一,扩充活动时所需的功能性语汇量;第二,提高小小的构句能力;第三,类化到实际生活场景中。以如厕为例,教师要让小小学会并理解"要"和"不要"的指令,将小小表达"要"和"不要"的手势拍照并做成图卡,帮助他逐步建立沟通模式,在此基础上,不断添加词语和句子,帮助他建立语言的概念,增强沟通意识和能力。

案例 2 小陈,男,5 岁,听力残疾三级

【个案基本情况】

小陈,男,5 岁,经医院诊断为听力障碍三级。出生时听力筛查不过关,6 个月时确诊,随后验配助听器,每半年复查一次,没有做过任何手术治疗。2016 年在语言训练中心接受训练,2018 年进入幼儿园,在此期间坚持每周去语训中心接受一次训练。目前,该生沟通表达困难,难以融入环境并与同伴建立有效互动。

【专业指导建议】

(一)沟通表达方面

师:小陈不善于与人沟通,总是被动参与班内的各项活动。平时和同伴自由交流时会比较大声,但每当教师与他交流时,他总是眼神游离,说话声音特别小,听不清楚。此外,小陈喜欢居家游戏,很害怕到室外,从来都不愿意到小区广场玩。如何解决他难以融入集体、社会的问题?

专家:第一,教会孩子管理好自己的助听器,并教他针对不同环境将助听器调到适合的音量。在发声训练时,教师要训练他控制语言音量的大小,避免与同伴自由交流时用不适宜的音量。

第二,家长要经常带孩子到户外环境中学习沟通交流。首先,要让孩子了解户外环境的大致情况,消除他的恐惧感;其次,要明确外出活动的时间、目标和计划;最后,要创造机会,创设情境,鼓励他勇敢表达,缓解紧张情绪,大胆与人交流,不断提高口语表达的清晰度和准确度。

第三,教师要鼓励同学多和小陈互动,教导班级同学与小陈沟通时语速慢一些,音量低一些,并带领小陈多参与游戏,加强同伴互动。家长和教师在这方面要多沟通、多合作,不断提升小陈沟通表达的意愿和能力。

(二)学习方面

师:如何帮助小陈有效地学习?

专家:第一,要注重发挥他"对图形比较感兴趣、喜欢操作积木"等优势能力。

第二,加强听的训练,提高他对声音的辨别能力,并与发音和字词句段的学习相结合。

第三,多运用儿歌和故事导入学习,激发其学习兴趣,延长其注意时间,提高学习效果。

第四,创设生活场景,帮助其泛化语言,通过观察来讲述,循序渐进地提高其沟通表达能力。

● 拓展

听障学生的融合教育

1. 当普通班级中出现听障学生时,教师可以采用的融合教育方式

① 采用适当教学策略,如增加视觉提示,让其坐在教师面前,增强视觉补偿,等等。

② 同事相互指导,同事之间互相出谋划策,丰富教学策略。

③ 协助指导,请有经验的教师帮忙指导,主要是有融合教育经验的教师。

④ 资源教师指导,可以请有特殊教育背景的教师实际示范或指导。

⑤ 合作教学,与特殊教育教师共同承担教学工作。

⑥ 转介前的辅导。

2. 听障儿童的心理特质及影响因素

(1) 听障儿童常见的社会与人格发展特质(不能代表所有个体)

天真单纯、敏感多疑、自我中心、缺乏控制等;对学业成就需求低,有抵触情绪,注意力不集中,容易冲动,人际关系不佳。

(2) 影响因素

① 听力损失程度:损失程度越重,越影响社交沟通。

② 听力损失的时间:后天聋需要更多的时间来接受现状。

③ 父母的教养态度:家庭教育影响人格发展,如过分溺爱或不闻不问,容易使听障儿童产生固执、依赖性强等心理特征。

④ 手足关系:早期关系不良易引发其孤僻、不合群等。

⑤ 环境因素:学校、社会接纳度不佳易造成其不适应行为的增加。

3. 不同程度听力障碍学生的日常表现

① 轻度听力损失者,应对远距离、较小声音时,或在较嘈杂的环境中时,听觉能力比较差,经常没有反应。但是只要靠近音源,或者扩大音源,就可以听清楚声音。

② 中度听力损失者,能听到面对面的讲话,但是如果声音细微或对话在视线以外,就可能漏听一半以上的内容,而且对有些词汇的解读有限,还有口齿不清的现象,例如会把"谢谢"说成"耶耶"。

③ 重度听力损失者,对日常生活中的声音反应相当迟钝,除非声音很大,比如打雷声。

④ 极重度听力损失者,对声音几乎没反应。

4. 教师要为听障学生提供的协助

① 保持面向孩子,并保持与孩子的眼神接触。

② 鼓励孩子提出或者澄清问题,陈述自己究竟要做什么事情。教师要把要求讲清楚、说明白。

③ 重复其他儿童说过的内容。

④ 善用手势、表情与动作表达,达成有效的、清楚的沟通。

⑤ 使用平常、清楚的方式解说,不要用夸张的方式发音。

⑥ 鼓励听障学生课前翻书预习,在新的知识已经基本掌握的情况下听课,此时只要做听力训练就可以了。

⑦ 运用语句要有弹性,如果听障学生不了解某一个字、词、句,可以用其他的说法或语句替代。

⑧ 提供无障碍的视觉环境,像在课堂上的讲义、讲纲,甚至幻灯片,都可以给听障学生的学习提供更好的视觉提示。

5. 同伴可为听障学生提供的协助

① 保持眼神接触,保持尊重、友好的态度。

② 交流时尽量用语简单,并注意口形。

③ 增加笔谈、图片等交流方式,便于听障学生理解。

④ 有条件的情况下可适当学习手语,增加互动。

⑤ 交流时周围的同学应减少干扰,从而帮助听障学生清楚、有效地聆听和表达。

案例 3　乐乐,男,6 岁,听力残疾一级

【个案基本情况】

乐乐出生时被医院诊断为听力残疾一级,2 岁时植入了人工耳蜗,3 岁开始在康复中心接受语言训练,能听懂一些日常用语,会说简单的字句。目前就读于幼儿园大班。

乐乐的语言表达能力较弱,说话时吐字不清,同伴不能很好地理解他所表达的意思。沟通不畅会使乐乐产生不耐烦的情绪,无法维持同伴关系。他喜欢一个人安静地看绘本故事或幼儿动画。乐乐的听辨能力较好,对不同的声音有一定的掌握和理解,但听觉注意力持续时间较短。乐乐的动作能力与普通幼儿相差不大,且空间能力较强。

【专业指导建议】

（一）以游戏活动为主,加强与普通幼儿的互动

师:在融合班级中,教师如何设计兼顾普通幼儿与乐乐的教学活动?

专家:教学活动以游戏活动为主,侧重认知方面的教学。游戏活动设计需考虑三个方面:一是游戏主题是普通幼儿和乐乐都可以参与的;二是从乐乐的优势能力着手,以此调动他参与活动的积极性和自信心;三是活动需满足乐乐的教育教学需求,以达到一定的干预效果。

幼儿的一日生活以游戏活动为主,在课程设计部分,教师可以针对乐乐需要加强的技能设计游戏活动,比如通过一些游戏来进行听力训练,以增强他对声音的分辨能力和理解能力。一般在幼儿上课的时候,会采用分组游戏的方式,每一组 6～7 人进行活动。我们可以发现有些孩子能力特别好,但是有些孩子能力还需要加强。可以设计特别训练、听能刺激训练、说话训练,如大家闭起眼睛来辨识声音,说说现在是哪一个乐器发出声音;也可以设计一般的活动,针对乐乐的优势能力,根据他需要加强的部分来调整教材和游戏规则。

（二）强化口腔训练,提升语言表达能力

师:如何提高乐乐发音的准确性? 在语言训练时,又该如何激发乐乐的学习动力,增强他学习的自信心?

专家:一是加强口腔的感知觉,教师可以提供不同味道、不同温度、不同质感的食物让乐乐品尝。乐乐通过咀嚼食物得到一定的口腔刺激,口腔的

感知觉得到锻炼。二是加强乐乐对词语的听觉理解,教师可以通过实物展示或创设情境,让乐乐理解所学字词的含义,慢慢增加他的词汇量。在乐乐积累了一定词汇量的基础上,教师需注意提高他表达语句的完整性、复杂性,通过"鹰架式"发问,在帮助乐乐理解问句的同时,引导他说出完整的句子,并不断增加语句长度。

针对乐乐在语言训练的过程中会因挫败而产生不耐烦的情绪这一问题,教师需要在乐乐情绪不佳时及时给予情绪排解,鼓励乐乐再次尝试,通过语言训练的成功经验来不断加强乐乐学习的自信心。

(三)遵循训练原则,优化干预效果

师:在个别化训练中,听觉训练、语言训练、认知训练都应该遵循什么原则?

专家:一是运用生活情境并将其作为口语教学的一个重要切入点。二是延伸和拓展乐乐的日常用词。三是教学内容需实用化、具体化、生活化并带有功能性。四是增加训练的机会,循序渐进地反复练习。针对听障幼儿的干预训练应以语言理解、语言表达为主。教师需结合在园日常活动对听障幼儿进行嵌入式教学,在丰富听障幼儿生活经验的同时,帮助其更好地掌握新知识。教师可以趣味游戏为载体,结合听障幼儿的强项、教育教学需求和普通幼儿的兴趣爱好等,帮助两类幼儿更融洽地相处,为听障幼儿未来更好地融入小学生活夯实基础。

(四)结合多种训练,开展个别化训练

师:在个别化训练中,如何将听觉训练、语言训练和认知训练相结合?

专家:可以考虑以下几点。

第一,提供语言交流的环境。

教师要在合适的情境里,配合实用的语言进行教学。例如,点心时间教"我想吃什么"的句型,提供人物、动作、食物的分类图片或照片,让幼儿可以指着图片进行沟通,加强他们的沟通意愿。生活情境融入口语教学是一个非常重要的切入点。平时不要忽略幼儿的沟通意图,即便他不是用口语表现。当幼儿有沟通意图的时候,教师就应该给他鼓励,并协助他发展适合情境的沟通能力。

第二,重复练习是学习的不二法门。

教师要给予他充足的练习量,反复练习、循序渐进。对于幼儿学不会的技巧和行为,可以用逐步养成或强化的策略,循序渐进地练习,并将要练习的行为安排在日常生活的相关活动中。如果幼儿还没有发展到一定的程度,则不要强求他有一定的表现。例如还不会说"早安"的时候就要求他说"老师早""同学早",这样可能会让乐乐的学习效果打折,让他受到挫折,从而降低其开口的意愿。

第三,遵循实用化、具体化、生活化以及功能性的教学原则。

应从幼儿生活中的实际例子着手,或者尽量通过实物操作的预演练,帮助他们学习。比如在课堂上进行认识红色、绿色等练习,倒不如带他们到街上教他们如何看红绿灯过马路。

幼儿应以生活为中心来学习语言,如食物、衣服、动物等与自己有切身关系的词语。在家或在学校时应多引导幼儿学习以及使用适当的词语,不要用"这个""那个"来代替所有东西,要用日常生活中的词语来表达。

第四,基于已有经验,丰富说话的内容。

比如,从游戏中发展幼儿的各种技能,当幼儿听从命令,从事他感到愉悦的活动时,学习的效果是最好的,所以要多扩展幼儿的生活经验,让其多和其他朋友互动,这将促使他获得更多发展语言的动力,有助于他的学习和发展。

第五,语言治疗的基本原则。

教师和家长都要遵循以下的基本原则和态度来进行语言治疗训练。

① 等待:以基本能力为起点给予充分的反应时间。

② 时机:把握适当机会来提供语言理解表达的刺激和训练。

③ 技巧:运用示范、提示、扩展语句等技巧。

④ 赞美:要多给他赞美和鼓励,提供适当的小奖励,帮助他增强自信和表达意愿。

案例 4 文文,男,9岁,听力障碍,孤独症

【个案基本情况】

文文在聋校读一年级。先天性听神经发育不良,有孤独症、智力残疾(二级)、听力障碍(双耳极重度)。8个月左右会爬,2岁半之前没有语言基础,植入人工耳蜗后10个月,会说爸爸妈妈。在康复机构训练2年,效果不是很好。发音异常,在校内,别人听不懂他的口语。最长的句子8个字,但是发音不清楚。理解能力较好,能理解左右上下,仿说能力较好。

文文情绪行为问题比较严重。由于没有经历过学前教育,刚开始时不

适应学校环境,他入学后产生了情绪行为问题:不愿意上学,妈妈强硬地带他来学校时会哭闹;注意力很不集中,经过一个学期的适应,专注力也最多只能维持10分钟,注意力不集中的时候会戳手指、翻书、玩笔、玩文具盒、玩书包等;皮肤比较敏感,被蚊虫叮咬后会抓挠得厉害。

教师开始发掘他的兴趣点,将色彩丰富的图画、动画结合在教学中使用。他对动画非常感兴趣,但是在学习的时候关注点非常单一,难以跟着教师的教学节奏转移。

他喜欢在墙上、地上、课桌椅上乱画,会揭掉座位上的标签纸、折断花园里的小树枝,破坏性行为在课间发生得比较多。

【专业指导建议】

(一)预防情绪行为问题

师:文文有着比较严重的情绪行为问题,如何预防和改善?

专家:处理情绪行为问题,有三个层次(三个级别的预防:重点在预防,不在处理):初级预防是指预防孩子出现情绪行为问题;次级预防是指预防情绪行为问题的恶化;三级预防是指遇到棘手个案,转介外部资源进行协助。

三个级别中,初级预防(预防情绪行为问题的发生)更为重要。那么如何做好初级预防?首先是做好个别化教育计划(IEP)。每个孩子的困难都是不一样的,因此需要为每个孩子设计IEP。要结合聋校课程实施方案、课程标准和个案的具体情况,设计适合该个案的服务。其次要动态调整,如果IEP执行两个月之后,发现孩子的问题还存在,此时先不用着急开展行为功能干预计划,而是要回头开始思考"IEP有没有被精准实施""IEP是否需要调整"等,尝试寻找能够让孩子进步的做法进而修改IEP,继续观察学生的情况。

(二)制订个别化教育计划

师:如何为文文制订个别化教育计划?

专家:IEP的制订可以以一年为时限,如果学生没有适应问题,一学期调整一次即可。制订IEP时要有家长、班主任、任课教师、学校行政工作者、康复机构的相关人员等共同参与。IEP中除了个人基本情况、发展史、家庭教养情况外,要对文文的认知情况、沟通情况、学科学习情况做准确评估。如评估口语理解能力,可以用日常生活中常见的动作指令进行测验,如一步动作的指令是否能够理解？两步或多步动作指令是否能够理解？不一定需要标准化的测验。再如评估口语表达能力，可以测试他能否用口语表达日常生活中的一件事，以此来评估他的能力。如果他是习惯使用手语沟通的听障学生，则要评估其手语理解和表达的能力，以此作为其沟通能力的参考。

（三）提高课堂注意力

师：如何提高文文的课堂注意力？

专家：因为他的听力和手语能力都较弱，短期内，如果他没法好好配合教师上课，那其他学生都在上课的时候，教师可以提供给他一个能够操作、比较简化的学习材料。同时要考虑到他的阅读能力，如果没有独立的阅读能力，那就只能做视觉或操作方面的作业。借此可以训练其模仿、学习、独立工作、完成任务的技巧。

由于学生的优势在视觉，所以在课堂上，可以给他一个较为简单的教材，可以是他感兴趣、能力范围内的内容，比如需要画画的、与课业有关系的作业单，让他上课的时候能够去完成。但是不适合让他自由发挥地画，因为重点不在画画，而是训练他独立完成任务的能力。

要强化反馈意识和能力的训练，让他完成作业后，主动和教师说"我完成了"。

为避免打扰班里的其他同学，教师可以搬一个柜子进教室，一个抽屉里布置两项作业，训练他做完第一项作业之后放回抽屉，再去完成第二项作业。这样既可以减少上课乱画的行为，又可以培养遵循老师指令完成任务的能力。

文文上课不专心、喜欢乱涂乱画，这时候教师要思考：在课堂上，他是否能够接收到教师的信息？学生好好上课的主要条件除了要有学习动机之外，还要能看到而且看懂、听到而且听懂。但是文文的手语能力较弱、听力不好（左耳没有人工耳蜗，没法收到声音；右耳听力较好，但语音听辨能力不是很好，没有经过系统的训练），所以要做听觉训练，不仅要能听到声音，还要能分辨语音。特别是针对植入了人工耳蜗的孩子，所有的声音都被放大，需要一些训练才能分辨。

听力与听觉能力训练的次序：

① 觉察环境中的声音。

② 觉察声音的开始与结束。

③ 能分辨不同人说话的声音。

④ 能分辨从视听设备传出的不同声音。
⑤ 能分辨不同距离的声音。
⑥ 能回应简单的命令语句。

....

针对个体实际情况,课程中可增加听觉训练的内容,进行系统的、持续且反复的听力练习。

此外,教师还可以提供沟通训练,包含听力训练、听理解训练、口语表达训练、互动训练等。

沟通与交往课是聋校的特色课程,可以针对学生的具体情况,结合教学目标测试几次,看学生能力习得的稳定性。但是沟通课程重点还是在沟通,可以将课堂时间分为三段,三分之一做听力训练、三分之一做说话训练、三分之一做沟通互动的训练,互动的时候还可以再设计一些游戏的环节,增加趣味性。

(四) 干预问题行为

师:文文经常乱写乱画,这一问题应如何解决?

专家:乱写乱画的行为较多,可从以下几个方面进行干预。

1. 开展行为功能评量

可以用访谈法、观察法,找到行为的前事、后果、功能。关于乱写乱画的行为功能评量需要再确认的信息如表2-3。

表2-3 行为功能评量表(样例)

	资料提示	需要确认的问题
前事	行为问题发生之前,环境中发生了/着什么事情?(孩子行为发生在环境脉络里。)	上课多久后会开始乱写乱画,什么课不会乱写乱画?
后果	教师和同学是什么反应?	(同学会告状;教师会用活动转移他的注意力,并且将乱写乱画的纸拿走。)拿走之后,当教师继续上课时,他在做什么?
功能	这个行为对孩子有什么好处?他逃避了什么,或者得到了什么?	行为可能的功能是什么?(如逃避上课;获得教师的协助;获得可以参与的活动……)

2. 采取有效的干预策略

(1) 前事处理策略

有针对性地调整环境因素,预防问题行为的发生。

① 教室中设置让学生方便拿取与缴交替代作业的桌柜。
② 教师准备合适的作业或任务,于上课前放在桌柜中。
③ 合适的作业或任务内容须是学生轻易可完成、不讨厌的任务。若学生能力很好,可以考虑布置与上课内容相关的作业。
④ 所有的任课教师都需要知道如何操作。
⑤ 做好入班引导:帮助班上其他学生理解与接纳新策略。
⑥ 安排好行为记录人员。

(2) 行为训练策略

进行替代行为训练,设计学生有兴趣的操作性任务,例如"照画一遍""跟我一起盖房子""像我这样找出遗失的东西""把水果类的食物圈选出来",并教导他学习主动缴交作品、独立完成任务和自我检核的技巧。替代行为是第一步,是过渡期。

表 2-4 行为训练任务检核表(样例)

( )年( )月( )日 第( )节作业 学生:( )		老师检核得分	
任务编号	任 务	完成了打"√"	完成 自己缴交
1	照画一遍		5 4 3 2 1　　3 2 1 0
2	跟我一起盖房子		5 4 3 2 1　　3 2 1 0
3	像我这样找出遗失的东西		5 4 3 2 1　　3 2 1 0
4	把水果类的食物圈选出来		5 4 3 2 1　　3 2 1 0
当节课总得分=( )			

(3) 后果处理策略

提示正向行为,上课发现学生开始乱画时,告诉他:"你这样乱画,老师不会给你奖励,你吃亏了哦。你画画那么棒,你来画画看……(与课堂内容相关的内容)"

案例5 阳阳,男,15岁,听力障碍,特定学习障碍

【个案基本情况】

阳阳目前就读于特教学校。该生没有佩戴助听器,交流主要使用手语;手指精细动作发展良好,擅长手工制作与劳作;语言沟通能力弱,手语表达不清晰,尚停留在浅层次沟通交流阶段;语数学科学习能力弱,识字量少,理

解力差;情绪行为较稳定,但与人沟通的能力不足;自理能力较差,个人卫生状况较差。

【专业指导建议】

(一)学习与生活技能方面

师:阳阳语数学科能力弱,目前还不具备生活必需的基本识字量和计算能力。教师应该怎么做,才能有效提升他的能力?

专家:教师一方面需要有针对性地开展基本的识字教学和计算教学,逐步丰富他的识字量,并结合实际让他在实践中运用基本的计算能力。另一方面,要从阳阳的现实生活需要出发,让他在社会实践中习得相关知识和技能,如教会他乘坐公共交通工具上学和回家,学会询问线路、认识公交站牌、支付车费、遵守乘车礼仪、观察和识别到站指示字幕、遇事与父母联系、安全过马路等。

(二)自理能力方面

师:阳阳的自理能力较差,如洗袜子、刷牙、洗脸、收拾衣橱等都不能做到自觉自理。教师也想方设法引导过他,但收效甚微,如何才能改变这一现状?

专家:一方面,家长要做出表率,少代劳,帮助他树立自己的事情自己做的意识,并营造一个环境整洁的居住环境,给孩子以良好的示范;另一方面,要培养他的自理意识,对于收拾衣橱等较复杂的家务劳动,需要逐步训练他的分类能力、整理能力,提供较多的练习机会,在他取得进步时要及时给予赞美鼓励。总之,只有家校合作才能帮助阳阳不断提升自理能力,培养良好的个人卫生习惯。

(三)职业生涯规划方面

师:阳阳15岁了,教师应该要帮助他做一些职业生涯的规划和准备。他家在农村,学校职高阶段开设的相关专业,如中式面点、烘焙、洗车、焊接等,与他未来可能从事的职业并不契合,学校和家长该如何办呢?

专家:建议阳阳在个人交通能力所及的范围内寻找适合的工作,可以先选择一些对交流沟通要求不高的工作岗位,进行职业适配性的实践。学校可以开展有针对性的实习和培训,基于他的学习能力和就业意愿,进一步评估他与工作岗位的匹配度。

学校和家庭都要给予他积极的支持,如寻找相关辅助设备,帮助他与社会(同事)建立更加便捷的沟通,以减少其初涉职场产生的从业困难及负面情绪。

● 拓展

听觉障碍者的就业问题

听觉障碍者在就业时面临的问题包括：职前技能不足，例如基本的阅读能力和数理能力等不强；求职技能匮乏，例如欠缺填写履历表和应聘面谈技能等；职场社交技能较弱，例如不知如何与同事相处，不能与他人有效沟通；等等。

1. 听觉障碍者个体差异对就业的影响

听觉障碍者是个别差异较大的团体，若只是从听力损失出发进行分级，则无法全然显现各个听觉障碍者之间的障碍差异。如以障碍发生的年龄为例，障碍发生在不同年龄时会面对不同的问题。学前听障者在学习口语方面明显困难，或只会手语，在就业时候容易被雇主拒绝。会使用口语沟通或读唇语的听障者比较容易被雇主接纳。还有些听障者是中途失聪的，难以接受事实，常常会怨天尤人，适应环境能力不佳。此外，就业前听觉障碍者大都没有工作经验，常常对职场存有不切实际的想法，教育工作者在他们就业前要花很多心思给他们提供训练和支持，使其具备基本的职业技能和职业素养，拥有更好的适应能力，不仅实现顺利就业，并且实现稳定就业。

2. 听觉障碍者的学习特质

第一，由于听力受限，在学习专业技能时较一般人更艰辛缓慢。

第二，对外界的信息接收能力受限，自己看到的、理解的常常与事实有差异。

第三，视觉型学习，对图形和影像的学习能力较强。

3. 听觉障碍者的沟通方式

沟通困难是听觉障碍者就业时面临的最大困扰，由于听力障碍程度、听音能力、汉语能力、学习环境等因素的影响，听觉障碍者与人沟通时有不同的方式，包括手语、口语、综合沟通法、笔谈、肢体语言、图片等。使用口语交流的听觉障碍者可以与雇主和同事更好地相处，但多数听觉障碍者可能会与雇主和同事沟通困难，造成职场的困扰。全社会应营造对他们尊重、包容的氛围，希望职场中有更多的人可以学习手语交流，知道并理解听觉障碍者笔谈时出现的各种状况，可以耐心体会听觉障碍者表达的意思，便于听觉障碍者融入职场。随着信息技术的不断发展,听觉障碍者可以利用电脑、手机上的电子邮件、视频会议软件、社交软件等作为沟通工具,可以在网络上用文字、图片、视频与同事进行有效交流沟通。

4. 听觉障碍者社会人格与适应能力

第一,一般人无法理解听觉障碍者的困难,也不知道如何与听觉障碍者沟通;而听觉障碍者需要解释自己的障碍,常感觉不被理解,很容易产生苦恼孤独的情绪,因而进行自我保护,在职场中容易形成小团体。

第二,听觉障碍者的社会适应与自我接纳具有正相关性,越能接纳自己的听觉障碍者,他的适应能力和社会情绪发展就会越好,充满自信的听觉障碍者在人际沟通、社会融入、工作成就感等方面都有良好的表现。

5. 听觉障碍者应具备的工作技能

例如:能够使用手机沟通,快速地交流信息;及时对紧急情况进行回应,和同事共渡难关;在嘈杂环境中工作的能力;等等。

6. 听觉障碍者的工作限制

第一,听觉障碍者选择职业种类时必须考虑这个职种所需要的听和说的能力要求。

第二,听觉障碍者的工作能力必须符合职场的要求和期待。

第三,在职场上,健听者对听觉障碍者常有误解或不愿理解,如健听者完全不懂手语则难以沟通。

第四,听觉障碍者参加职业训练时通常没有手语翻译员的服务或有利于听觉障碍者学习的设施设备,大多数时候不宜给听觉障碍者安排难度较高或具有挑战性的工作。

第五,听觉障碍者在职场中需对工作调适的其他过程性因素进行考虑。

7. 听觉障碍者的职业辅导与评量

就业前需了解听觉障碍者的兴趣、职业潜能、工作能力、工作人格、工作辅具等等,以提供具体就业建议,有效促使听觉障碍者顺利就业。教育工作者不仅需要对听觉障碍者进行职前训练,还需要帮助其制订职业转衔计划,并依照职业评量选择合适的工作。职业评量包括两部分:一是分析听觉障碍者的优势与劣势,二是了解职场的需求与职务再设计的要求。

8. 听觉障碍者职务再设计的意义

听觉障碍者和正常人一样都希望拥有公平的就业机会,但由于他们的身体和心理的功能受到限制,由此带来许多困难与不便。职务再设计就是从工作的流程中找出身心障碍者的困难所在,进而调整工作环境设备,改善工作方法,变更工作流程等,以提高听觉障碍者工作的效能。

9. 执行职务再设计的步骤

一是了解听觉障碍者的身心特征,调整工作受限环节;二是调整职务,包括改变工作内容、实行弹性工作时间;三是调整设施,如为听觉障碍者安装视觉提示的警报器;四是调整辅具,充分发挥辅具和听觉障碍者身心特征相匹配的功能,合理训练,合理利用,强化功能;五是变更职务,调整合适的职务以适应听觉障碍者;六是持之以恒,评估绩效。

六、常识问答①

☞ 聋人听不到任何声音吗?

事实:大多数聋人都有部分残余听力。

☞ 聋这种残疾不像盲那样严重吗?

事实:尽管无法全面评估一种残疾会给个体功能所带来的确切结果,但聋所造成的适应困难通常大于盲。这主要是因为听觉丧失影响了口语的理解和表达。

☞ 对于聋人来说,仅与其他聋人保持社会交往关系是不健康的吗?

事实:现在许多专家认识到"聋人文化"这种现象是正常的。

☞ 听觉障碍者在学习理解其他人在说什么的时候,专注于读唇(lip-reading)吗?

事实:读唇法是指仅靠来自于唇部运动的视觉线索来理解口语。

---

① [美]哈拉汗,考夫曼,普伦. 特殊教育导论[M]. 肖非,等,译. 北京:中国人民大学出版社,2010:304.

一部分听觉障碍者不仅读唇,而且还采用读话(speech-reading),即借助一系列其他视觉线索(如面部表情以及下颌和舌头的运动)来理解口语。

☞ 读话相对易学吗?大多数听觉障碍者都会使用吗?

事实:读话非常难学,事实上只有很少一部分听觉障碍者精通读话。

☞ 手语是一系列结构松散的手势吗?

事实:手语拥有语法规则,是一种真正的语言。

☞ 与父母是健听人的家庭相比,孩子和父母都是聋人的家庭具有显著的劣势吗?

事实:研究已经证明,父母也是聋人的聋童在一系列学业和社会领域中都更为成功。专家指出,这主要是因为父母能够用手语与儿童进行沟通。

第三章 言语障碍学生个别化教育指导

一、言语障碍的定义与分类

言语障碍（speech disorders），又称"言语异常""言语缺陷"，指超过正常限度的言语异常。如果一个人的言语有以下特点中的任何一个，就可以认为是有言语障碍：音量太小不易听到，语言不易理解，某些语音成分发不准、说话费力，韵律不合常规，词汇、语法等方面有缺陷，言语特点与说话人的年龄、性别等不相称。

言语障碍有很多不同的分类。如，根据言语障碍者言语行为中表现出的突出特点，言语障碍可以分为4个基本类别：构音障碍、流畅性障碍、嗓音障碍和语言障碍。

尽管口吃也会有语音的歪曲，但口吃的主要特点是话语的流畅性障碍，所以还是应把口吃归入流畅性障碍。失语症患者也经常表现出构音错误、节律异常，甚至发不出声音，但其主要特点是语言运用发生障碍，因此，我们将失语症归入语言障碍一类。有的患者具有不止一种言语障碍。例如，一个先天性腭裂儿童可以同时有构音、嗓音甚至语言障碍。导致言语障碍的原因可以有多种，如发音器官异常、大脑半球损伤、智力落后、心理因素等。

二、言语障碍的发生率

中国残疾人联合会网站《全国残疾人人口基础库主要数据（2020）》显示，截至2020年12月31日，我国言语残疾人约有61.82万。

《2020年残疾人事业发展统计公报》显示，2020年，1077.7万残疾儿童及持证残疾人得到基本康复服务，得到康复服务的持证残疾人中，言语残疾人有5.1万。

新华医院发表在《中国儿童保健杂志》上的一份报告显示，3～6岁儿童的言语障碍发病率至少在4%~6%之间。亦有研究者推测,10%~15%的学龄前儿童和约6%的小学和初中学生存在言语障碍;2%~3%的学龄前儿童和约1%的学龄儿童存在语言障碍。①

言语障碍不仅严重影响儿童的语言理解和语言表达能力,还将影响儿童的社会适应能力。随着年龄的增长,言语障碍儿童口语能力逐渐落后于同龄人,由于和同龄人沟通交流不畅,他们可能变得社交孤立或孤僻。言语障碍儿童与同龄人相比有更多的负面互动和更少的正面互动,他们发展出行为问题的风险大大增加,如果这些状况持续下去,就会增加注意力缺陷和心理、行为问题的发生率,可能出现阅读和拼写方面的问题,从而导致学业困难。②

三、主要技能学习

言语障碍儿童教育(education of speech disabled children),是指对在一般教育条件下不能进行有效学习的严重言语障碍儿童实施的教育。各国方法有所不同。在俄罗斯,有专为言语障碍儿童开办的特殊教育学校,除承担与普通学校相同的任务外,还需弥补学生的口语、阅读和书写缺陷;进行专门大纲规定的劳动训练;通过合理安排生活和医疗操、推拿、理疗等措施,促进学生的生理和心理健康。学校一般根据言语障碍的类型和程度分为两个教学部:一部接收言语发展不足患者,如失语症、失读症、失写症及严重言语运动障碍患者;二部接收严重口吃患者。学生经矫正教育后可转入普通学校相应年级学习。

在美国,虽有为言语障碍儿童开设的特教班和特教学校,但多数患者是在普通班级中与正常儿童一起接受教育,由接受言语治疗专家指导的普通教师、特教教师及家长提供特别帮助,或由巡回各校的言语治疗师给予直接治疗。我国已在部分地区开展了此项教育,但尚不普遍,在特殊需要学生教育体系中尚是薄弱环节。

四、相关检查

判断是否有言语障碍,应参考健全人群言语、语言和沟通的发展表,见

---

① 刘玉娟.0~3岁儿童语言和言语障碍的早期诊断与干预[J].中国特殊教育,2018(9).
② [美]哈拉汗,考夫曼,普伦.特殊教育导论[M].肖非,等,译.北京:中国人民大学出版社,2010:277.

表 3-1。

表 3-1 言语、语言和沟通的发展①

年龄	技能
新生儿	喜欢人脸和声音 能够区别音量、音调和音节
3 个月	开始咿呀学语 用发音回应同伴
6 个月	开始发出重复的咿呀声"ba-ba-ba"
8 个月	开始有手势 开始发出多样化的咿呀声 模仿成人言语中的腔调
10 个月	增加了语音学上的一致形式
12 个月	开始说第一个词 在说出单词前会先有手势,单词与手势所指向的意图是一致的
18 个月	开始根据单词的顺序规则进行单词组合
2 岁	开始加入相关联的语素 平均句长(mean length of utterance,MLU)为 1.6~2.2 个语素
3 岁	句子结构愈发成人化 平均句长为 3.0~3.3 个语素
4 岁	开始改变说话风格以适应交谈伙伴 平均句长为 3.6~4.7 个语素
5 岁	习得 90%的语言形式
6 岁	开始学习书写和阅读这两种视觉沟通模式
8 岁	习得母语中所有言语声音
青少年	能够完全参与谈话和进行叙述 了解单词和修饰语的多重含义 谈话时表现出或倾向于某种性别风格
成年	词汇量扩展到 3000~6000 个词语 面对不同的沟通对象和沟通目的采用不同的沟通风格

言语障碍检查(speech impairment test),是鉴别言语障碍及其性质、程度的过程。

---

① 资料来源:Owens R E Jr, Faniclla K E, Metc D E. Introduction to Communication Disorders: A Life Span Perspective[M]. Boston: Allyn & Bacon, 2000.

1. 言语接收方面的检查项目

(1) 口语理解力检查

检查者通过口语发出指令,让被检查者做出各种动作,测验其能否听懂和理解。指令可以是单词、词组或句子,内容包括:对词义的理解、对近似音的鉴别、对词组的理解、对长句的理解(对长句的理解可分为对句法及意思正确与否的单句和复句的理解);对相关意义的理解,如问"书上的本子"与"本子上的书"意思是否相同;对祈使词语的理解;对表示时间或空间概念字词的理解。

(2) 书面语理解力检查

检查者通过文字内容测验被检查者能否阅读和理解。内容包括:对词的理解,如看词指出相应的物体或图画;对短句的理解,如诵读短文并指出相应的物体或图画;对长句的理解,如阅读报刊文章后回答有关的提问;对祈使词语的理解,如通过书面语发出正确或错误的指令,观察被检查者的执行情况;复述刚阅读过的文字材料。

2. 言语表达方面的检查项目

(1) 口语表达能力测验

内容包括:言语的连贯性,如连续数数、唱一首歌;言语模仿,重复说出词、短句或长句;给物体命名;给动作行为命名;口述所见所闻;对话。

(2) 书面语表达能力测验

内容包括:书面语的连贯性,如连续写数字、日期、歌词;听写或抄写词、短句或长句;写出检查者呈现的物体或图画的名称;命题作文;让被检查者随意书写。

上述检查多由神经科医生、言语治疗师实施。检查过程中还需询问被检查者的病史,并观察其听觉、言语器官及智力正常与否等。依据检查的情况和对患者的全面了解做出综合分析和诊断。

五、案例指导

案例 1　锐锐,男,8 岁,语言发育迟缓,孤独症

【个案基本情况】

锐锐为早产儿(预产期前 50 天出生),在保温箱里住了一个月。2 周岁

左右时经常发烧,住院挂水将近一年,有惊厥史(母亲也有惊厥史)。4个月会爬,13个月会走,4岁会初步说话,目前也只会说短句,口齿不清。2019年上半年开始接受感统、语言训练。2019年9月,在幼儿园插班上大班,之前已上过一次大班。锐锐精细动作能力较弱,导致生活自理能力不足。其认知能力较弱,缺乏生活经验,注意力时长也较短。在园集体教学与活动期间,不喜欢与其他小朋友互动。较难掌控自己的情绪,遇见突发状况时容易情绪失控。

【专业指导建议】

(一)性教育问题

师:从小班开始,锐锐就特别喜欢午睡室,一不留神就跑到午睡室躺在床上。近期在教室里,或者教室外面,偶尔会把手伸进裤子里,如何引导?

专家:原则上小朋友的性教育三岁左右就要开始进行了。教小朋友与性有关的一些概念时,一定要用小朋友可以接受的方式去教。比如教授身体隐私部位的相关知识,可以先从图片到具体的人偶娃娃,再告诉锐锐,什么地方可以碰触,什么地方不能碰触,最简单的一个概念就是他内裤的范围就是隐私的部位,不能暴露在别人面前,也不能让人家触碰。教师还可以通过角色扮演、创设故事情境等方法,让他直观了解相关知识。如,呈现两张照片,一张是午睡时的照片,一张是厕所的照片,进行渐进式的提醒:这是什么地方?你现在在做什么?你应该去哪儿?一定要让他分清哪些事在哪些场合能做或不能做。

另一个注意点是,孩子无所事事的时候比较容易自我刺激,一个最基本的原则就是一定要让他有事情可做,这些事情是可以让他持续有动力、有动机或者是愿意去做的,可以转移他自我刺激的想法,不要让他有太多无所事事的时间。

(二)社交问题

师:在幼儿园里他从不愿意参与集体活动,不愿意和同伴一起玩,其他孩子邀请他游戏时,他总是立刻跑开,与同伴没有任何语言或眼神交流。有时候教师会主动帮他找好朋友,但是好朋友总是不到几分钟就不愿意和他一起玩了,教师该如何引导?

专家:提高锐锐的社会交往能力,让他习得一些基本的互动能力,可以采用社会技巧教学。比如可以教他别人在玩的时候要怎么参与进去,或者别人邀请的时候要怎么去回应。让小朋友或者老师作示范,或者是用一些图片、影片来进行引导,内化成他真正的能力。建议尽量多一点融合,跟普通幼儿在一起时尽量混合分组,尽量多鼓励每个人都参与、每个人都有贡献的那一组,而不是做得最好、最快、最多的那一组,让小朋友带动彼此互动,教师的鼓励要多强调过程,多强调小朋友的参与、互动。

(三)语言训练问题

师:锐锐吐词不清晰,只能简单地模仿成人说一些句子,还不能说完整,如何提高他的语言能力?

专家:根据相关材料,锐锐语言发音不清晰的问题有点像言语障碍里面的构音异常。假设是构音异常,建议准备大一点的镜子,桌前可以摆一些图画书、图片等等,教师跟孩子面对镜子并排坐练习发音,并录制下来,通过观察、比较发音的口形、声音,做一个构音障碍的评量评估。因为并不是每个音都有问题,所以一定要注意哪些音发音不清晰,有针对性地进行纠正。

一般而言,构音异常的孩子发音通常存在以下几方面的不足:一是舌根音化,常用 k 代替 t,像"蛋挞"说成"蛋卡"。二是舌前音化,常用 d、t 代替 g、k,例如"公园"说成了"东园","裤子"则成了"兔子"。三是不送气音化,有些孩子在气流和音的协调上出现问题,常把气流都省略了,所以"婆婆"成了"伯伯"。

为了发好 g、k、h 等舌根音,建议吃些硬的食物,锻炼咀嚼吞咽能力,增加口腔动作;不侵入性动作练习:喝口水,头往后仰,出现呛咳,咳嗽的那个点发 k 的音;侵入性动作练习:用压舌板压舌根发音。先训练发音位置,再将语音带入,结合起来从而正确发音。

小朋友语言中使用的词非常简单,建议运用自然情境教学法,鼓励锐锐用完整的句子开展对话,并在日常生活中泛化所学内容,逐渐减少使用肢体语言的次数。具体而言就是营造一些小朋友不得不讲话,而且不能让小朋友用肢体来"讲话"的情境,让孩子多一些语言表达的机会,不要太抽象,要跟生活结合,增强实用性,让他可以在生活当中运用。

(四)生活自理问题

师:锐锐自理能力很差,不能自己穿脱衣服和大便,不能自己走进教室,不能在课堂中独立坐着超过 5 分钟,他是否可以进入小学就读?

专家:生活自理方面,"破坏容易建设难",比如穿着的训练,脱衣服比较容易,穿回去比较难。所以可以从教他脱衣服、脱鞋开始,让他有了成就感、建立起一些信心后再开展较难的训练。教穿衣服的时候,也要考虑小朋友容易成功的一些做法,比如扣纽扣,刚开始一定要用大纽扣,先教由下往上,颈部的第一个扣子对小朋友来讲难度较高,因为视线不容易看到。有关如厕的训练,首先要训练小朋友固定时间排便。其次观察小朋友有没有维持裤子干爽的时间,会不会经常失禁。如果裤子是干净的,老师就给他鼓励。建议用适合小孩子稳定坐下来的马桶,大约在固定的排便时间就提醒小朋友要去坐马桶了,如果坐10分钟后小朋友还没有便意,就请他穿裤子回到原来的环境,5～10分钟后再请他去,以此类推。没有大便,就让他穿裤子,也不要有任何特别的表情,在他真正正常拉便出来的时候,教师就大力肯定他。也可以用一些方法来训练小朋友腹部用力。在台湾地区,自理能力比较弱的小朋友也可以进入小学就读,但是进了普通班可能会给教师造成比较大的困扰,小朋友也不容易得到更多自理能力的训练,所以暂时安排在特教班的可能性会比较大。

● 拓展

针对言语障碍的自然情境教学法

针对言语障碍的自然情境教学法有三个部分需要注意。

第一部分是环境安排。教师将孩子安排在能吸引他兴趣、注意,并能促进沟通的环境中,以确保他拥有足够多的机会使用语言。例如,教师找出他喜欢的食物、物品或活动等。

第二部分是回应互动策略。教师通过跟随孩子的兴趣,回应孩子口语或非口语的沟通,从而引导孩子的发音与扩充孩子的词汇量。当孩子在集体活动中准备发出尖叫时,指导孩子用摇头或摆手的动作与"不要"的发音联系起来,以代替尖叫的行为。

第三部分是教学程序。目标为建立功能性沟通技能,包含四项教学策略:示范策略、指令—示范策略、时间延宕策略、随机教学策略。如当孩子对某个事物感兴趣时,边跟他交流边示范说"要玩具",继而询问他"要不要玩具",并引导孩子回应"要"。当孩子发出"要"的声音,哪怕发得不完全正确,只要发出类似的声音,就给他正向鼓励。

感觉统合治疗

我们每个人都可以通过各种感官知觉去接收外界的刺激,这些感知觉包括视觉、听觉、味觉、嗅觉、触觉,乃至本体觉、前庭觉等。收集了外界的刺激、信息,经由脑部组织整合,然后解读、编码,才能形成有意义的认知,才能对外界做出适当的行为。比如看到地上有一个水洼,通常我们不会直接踩下去,大概会去从旁边绕过去,或者跨过去。看到了一个东西,我们做出适当的反应,不会让自己陷入比较危险的状态中。但是当感觉统合失调时,即运用感官知觉收集到的信息进行整合、运用的过程中,有一些整合失调的时候,就需要接受感觉统合的治疗。

常用的感觉统合的治疗有以下几种方式:

1. 触觉系统活动

进行感觉统合治疗的时候,治疗师经常会用一些不同柔软度的刷子,或不同材质的布料等不同触感的东西去摩擦孩子的皮肤。治疗中也会使用到一种治疗球,球面上有小颗的突起,当治疗球在孩子手上滚动的时候,有的孩子就有很强烈的反应。有的治疗球比较大,孩子可以趴在地垫上,用治疗球在其身上滚动。或者让孩子趴在治疗球上面,然后由老师固定他的身体,让他在上面做一些不一样的移动等等,以此去强化孩子的触觉刺激。

2. 本体觉活动

常见的有软垫三明治游戏,可以用大毛巾、大毯子、棉被等把孩子包裹起来,然后滚动或者轻轻压。有的孩子会尖叫,因为他觉得对他来讲本体觉刺激太强烈了,他受不了。但慢慢地,他们的这种过度敏感的现象就会减轻。本体觉刺激可以帮助他们降低敏感度或改善迟钝状况,并让他们感觉感官、知觉统合运用方面的功能变得更好。孩子也可以在海洋球池里面玩,在里面翻滚,躲在球下面爬行或者去寻找东西等等,这也是一种感觉统合治疗的方法。

3. 前庭刺激活动

前庭是人体平衡系统的重要感受器官,位于人的内耳。如果孩子的前庭发育不够好,就需要进行一些前庭刺激活动。可以做一些翻滚活动,如让他在滚筒里面自己摇;或者是做一些滑板游戏,可以做滑梯俯冲,或者旋转;也可以让孩子在悬吊的平板或者原木上面旋转,去增加刺激前庭的机会。有些孩子可能会感到很晕眩,有些孩子则没有太大感觉,都是对前庭刺激的不同反应。

4. 改善身体的稳定度

利用一些器材如滚筒,让小朋友用手去推或拉,或者用头去顶比较轻的物品,或者让他做摆荡的动作,也可以让他跟其他的小朋友、大人手掌互推,以此训练身体的稳定度。还可以开展平衡活动,如身体两侧协调的活动、手眼协调的活动,一些平衡游戏也可以练习孩子的反应力。

5. 培养空间概念

涉及上下、左右、前后等空间概念的活动都可以训练感觉统合,从而改善孩子的感知觉能力。

案例 2　鑫鑫,女,4 岁,语言发育迟缓

【个案基本情况】

该幼儿无语言,无法遵照指令活动,无法融入集体活动,问题行为频繁出现,感知觉存在异常。

【专业指导建议】

(一)听从指令方面

师:鑫鑫没有语言,总是我行我素,不能按指令要求活动,也不喜欢跟同学一起参与集体活动,经常大叫、乱跑。如何让她理解并遵从指令?

专家:首先,要探究鑫鑫不按指令要求活动的原因,是听不懂指令内容,还是因为自身能力限制无法像其他同伴一样参与活动,抑或是她想引起老师和同伴的注意。其次,教师要为其提供更加包容的活动环境(氛围),允许她采取力所能及的表达方式,如用肢体动作来替代口语表达,积极地参与到集体活动中来。最后,教师要教会她理解活动规则,鼓励其他小朋友亲近她,与她开展互动,让她感受到集体的温暖。

(二)沟通能力方面

师:鑫鑫因为无法进行语言沟通,经常用暴力解决问题。如何训练她用合适的方法进行沟通?

专家:建议教师设计有目的的沟通活动,事先拟好对话脚本,找出其中

的功能性语汇,并将功能性语汇进行分类,继而采用配对、指认、按压/点读、仿说/念等方式开展图片教学。在开展沟通活动时,教师(家长)要确定功能性语汇相对应的沟通符号(包括肢体动作),再配以适合的沟通辅具。沟通训练要从理解动作到理解语言,循序渐进地扩充沟通所需的功能性词汇量,不断提升她的认知和沟通能力。

(三)感知觉方面

师:鑫鑫平时喜欢赤脚走或跑,老师担心她会受伤,该怎么处理?

专家:针对鑫鑫不喜欢穿鞋子,喜欢赤脚走或跑的情况,教师首先要考虑是否是触觉防御的原因,家长可以利用软硬程度不同的刷子触碰她的脚,以逐渐降低其敏感度,然后再教导她养成穿鞋子走路(跑步)的好习惯。

案例 3 小宇,男,8 岁,语言发育迟缓

【个案基本情况】

小宇 3 岁之前只会说简单的词,比如"妈妈""爷爷""奶奶"等,不会说句子,直到 5 岁半才开始会讲完整的话。他发音困难且不准确,不能理解别人说的话,不愿意参与集体活动,常有情绪问题,缺乏规则意识。

【专业指导建议】

(一)情绪问题干预

师:当不能满足小宇心意时,他就会出现情绪问题,抗拒,哭闹,并伴随自伤(用手抓自己的耳朵至流血)。

专家:当小宇出现抗拒、哭闹甚至自伤时,教师和家长首先要分析原因,如无法表达自己的情绪、需求得不到满足、身体出现躁动、不知所措等。教师要避免在他自伤时满足他的要求,以免他下次再用自伤进行"表达"。可采用的一种方式是,冷落他,等他情绪缓和时再理他并帮他处理伤口。另一方式是,尝试将他带入活动中,用其喜欢和熟悉的音乐转移其注意力,让他跟着节奏做动作,消除其不良情绪。

(二)活动参与建议

师:小宇在幼儿园里不太愿意参与集体活动,其他幼儿也因为他不会表达以及不主动融入集体活动等原因而不愿意与他互动,作为班级老师应该如何引导?

专家:建议教师先分析小宇不愿意参加集体活动的原因,是不感兴趣还是自身能力做不到。教师可以尝试让同伴陪伴其左右,先从他能参与的游戏(活动)入手,让他尽可能地参与其中。游戏(活动)结束后,教师还要耐心地帮助他回顾游戏(活动)的名称、规则等。这时可以采用夸张的表情并辅以其他形式的视觉提示,吸引他注意,帮助他回忆。对于愿意陪伴其游戏(活动)的同伴,教师要准备一些小礼物,给予及时的表扬奖励,让更多的孩子愿意与他互动,陪他玩耍,增加他与同伴交流的机会,让他交到更多朋友。

(三)规则意识训练

师:小宇缺乏规则意识,在游戏时随意性较大,对于同伴或老师的提醒也不予理会,该怎样培养他的规则意识呢?

专家:针对小宇缺乏规则意识这一问题,建议教师设计一个主题活动,由同伴来示范,帮助其建立初步概念。比如玩火车的游戏,同伴示范排成长队,帮助他建立起按序排队的意识。当游戏结束时,可以通过放音乐或者吹乐器来代表这个活动的结束。教师可以引导他跟着同伴学习收拾东西,通过观察模仿达到学习规则的目的。

(四)动作发展及行为改变

师:小宇动作能力发展迟缓。大动作和精细动作的发展水平与同龄儿童相比均存在较大的差距。他对建构、绘画不感兴趣,缺乏建构能力,还常有破坏别人搭建作品的行为。该如何帮其改善?

专家:建议教师给予小宇肢体协助,以帮助他成功开展建构活动,并使其与同伴开展轮替活动,如共同参与"搭积木"活动,培养其兴趣,帮助其获得更多的成功体验,同时品尝到与同伴合作的乐趣。针对该生的问题行为,建议采取如下几个步骤来干预:确定目标行为—分析当前行为状况—安排有利情境—选择适当的强化物—运用适当的行为改变策略—定期评估实施成效。

(五)发音训练指导

师:小宇已经就读于幼儿园大班,有些音还是发不出,比如 g、k、h 等,还有很多字的发音不正确。应怎么做?目前,学校也采用了一些训练方法,但是效果不明显。

专家:小宇发音存在诸多问题,其原因可能是他的语言纯熟度不够,教师和家长要耐心地予以引导和训练,随着他语言发展越来越成熟,其构音问题会逐步得到自行修正。但如果经过干预训练后仍没有明显进步的话,则需要专业语言治疗师介入指导。

g、k、h 等舌根音发不好,可采用如下方法进行训练。第一,吃些硬的食物,锻炼咀嚼吞咽能力,增加口腔动作;第二,增加不侵入性动作训练,如喝口水,头往后仰,出现呛咳,咳嗽的那个点发 k 的音;第三,增加侵入性动作训练,如用压舌板压舌根发音。先训练发音位置,再将语音带入,直至正确发音。

案例 4 月月,女,10 岁,癫痫,沟通障碍

【个案基本情况】

月月缺乏与人沟通的意愿与能力,无法参与课堂学习。

【专业指导建议】

(一)建立沟通策略

师:月月的首要问题是难与他人建立沟通,什么样的策略能有效帮助其建立有效沟通?

专家:第一,在考察她沟通能力与表现的同时,要评估她生活功能的需求,即以功能性为优先。第二,关注她沟通的动机、兴趣、方式和机会选择,教师可以创设自然的沟通情境,适时增加提示与协助,让她有更多机会发展正向互动,增强其表达性、接受性的沟通技能,跟他人建立良好的关系,让其愿意亲近他人,发展社交技巧。第三,通过团队合作的方式,由家长、教师、语言治疗师全力合作,了解月月沟通学习特点,拟定沟通教学目标,帮助其发展沟通技能,克服沟通障碍。第四,加强学校、家庭与社区的合作,让她把学到的语言和沟通的技能运用到家庭、居家社区的环境当中。

对于无语言的学生,我们要设法建立图片沟通方式,将学生的动作行为画下来(拍下来),训练她把自己的行为与相应的图片匹配起来,借助图片开展有效沟通。教师(家长)要想方设法激发其语言沟通的意愿,慢慢增加其口语量,训练其发出准确的语音。

(二)学习参与支持

师:月月各方面的能力与班上其他同学相比都是严重滞后的,在一节集体课中,我们很难兼顾到她。如何才能让她也参与到集体教学中来?

专家:针对月月因能力较差,无法参与课堂学习这一问题,建议根据课程标准设计分层教学,进行合理的课程与教学调整,采用简化、浓缩或工作分析的方式做小步呈现,以便让她去学相同的内容,但要降低对她的目标要求。

此外，教师还可以利用环境评量技术，通过观察与评量，对她在学校以及社区环境中展现出的各种能力进行分析，设计出适合她的功能性课程教学内容，促进她与环境的有效互动。

● 拓展

癫痫急救①

癫痫大发作通常是非常引人注意的，但它通常只持续几分钟，因此一般不需要专业人员护理。应该按照以下简单的程序展开急救：

① 保持冷静。当发作开始后不要阻止，就让它自然发作，不要试图使病人苏醒。

② 如果病人是直立的，把他（她）平放到地上并松开他（她）的衣物。

③ 试着阻止病人用坚硬、锋利或者烫的物体敲打自己的头部或者身体，但是不要阻碍其活动。

④ 把病人的脸转向一边，让唾液从口中流出。

⑤ 不要在病人齿间插入任何物体。

⑥ 如果病人看起来呼吸暂时停止了也不要感到恐慌。

⑦ 当动作停止，病人松弛下来后，如果他（她）愿意，就让其睡觉或者休息。

⑧ 并不总是需要叫医生，除非马上又接着出现另一次发作或者发作超过 10 分钟。

⑨ 告知其父母、监护人或者近亲属这一次的发作。

⑩ 发作结束后，很多病人都能够继续做之前的事情。如果在休息后，病人看起来虚弱无力、迷迷糊糊，最好陪他（她）回家。

案例 5　小姜，男，11 岁，沟通障碍

【个案基本情况】

小姜有沟通障碍，但未经医院正式诊断，害怕响声，有时会与他人产生

---

① ［美］哈拉汗，考夫曼，普伦.特殊教育导论［M］.肖非，等，译.北京：中国人民大学出版社，2010：457.

肢体冲突,沟通有困难,规则意识不强,手眼协调能力弱。

【专业指导建议】

(一)害怕响声问题干预

师:小姜害怕响声,特别是鞭炮声(可能与小时候放鞭炮时受到惊吓有关),有时甚至连读书声、说话声都害怕。

专家:减少对响声的害怕,可以采用系统脱敏法。其一,确定小姜焦虑的来源、情境和反应等;其二,配合肌肉松弛训练;其三,依小姜惧怕事物的刺激强度划分层级,并由低阶逐步至高阶刺激进行脱敏;其四,采用渐进原则,使小姜逐渐接近惧怕的刺激或类化刺激。可配合使用情绪想象,如某学生非常怕狗,让他想象一条狗,有着地毯般的毛,摸起来很舒服,非常安静地躺在他面前。此外,也可以采用刺激控制塑造策略,即淡入不被接受的刺激,淡出被接受的刺激。

(二)肢体冲突行为干预

师:小姜与人沟通能力极差,且常常与他人发生冲突,咬人、掐人等行为时常出现,特别在学习压力大或遇到困难时表现得尤为明显。

专家:建议使用"目标行为问题原因与功能观察记录工具",记录目标问题行为发生的地点、课程或活动、背景因素、立即前事(近因)、目标行为问题、后果、最终后果及可能的功能。接着设计正向行为支持策略,首先找到导致目标行为问题的立即前事以及不会导致问题行为的前事,同时记录目标行为问题得到的后果,并在此基础上分析其背景因素(包括环境背景因素和个体背景因素),据此找到前事控制策略。

(三)沟通能力干预

师:小姜在家习得语言的机会极少,因此他只会一些简短的语句。当他不高兴时,嘴里会冒出一些重复的、无意义的语音,课上经常自言自语,有时还会发出怪声。小姜没有主动语言,有交流需求时也不说话,喜欢用手势表达自己的需求。如何改善他的语言沟通能力?

专家:建议使用"行为沟通分析检核表",了解小姜的沟通能力,然后使用回应互动策略,教师通过引导沟通方向,回应他的口语和非口语沟通,以引导和扩充他的语言等。沟通能力干预方面强调互动的参与、互动的轮替、维持互动、延续交谈主题,以及开启其与成人的自发性沟通行为。

(四)遵守规则干预

师:小姜无法遵守规则,目前仍有课中离开座位出去玩或者上厕所的现象发生。如何规范他的行为?

专家:第一步,了解小姜无法遵守规则的原因,出现这种情况可能是课堂对他来说比较枯燥,有些教学内容对他而言有难度;第二步,给予课前的提醒;第三步,赋予他班级任务,老师可以做一些课前准备,帮他来适应课堂;第四步,强化遵守规则的行为,让孩子上课时有事情可做,并且适当地激励和表扬孩子。

(五)手眼协调干预

师:小姜的手眼协调能力较弱,影响他有效参与课程学习,应该如何实施干预?

专家:建议采用融入式教学,将手眼协调能力的干预训练融入小姜每天的课程、活动中。例如,可以根据IEP目标,在晨间活动、综合活动、午餐以及其他活动中穿插设计相关训练,包括用手腕旋转开塑料瓶、抓握球投篮、抓握棒子与同伴交接、握住杯子接水、手握汤匙舀饭菜入口、旋转罐子盖、夹蜜饯至盘中等,增加其手部抓握(球状、拳状、柱状、三指、指腹、指尖抓握)和旋转的力量与稳定度。

案例6 小诺,男,12岁,沟通能力发育迟缓

【个案基本情况】

小诺缺乏与人主动沟通交流的欲望,无法主动拓展人际交往,交往圈子狭窄;认知能力发展的主要障碍体现在对数字概念的理解与运算上;注意力保持时间短,主要表现为听觉注意力不足;生活自理能力弱。

【专业指导建议】

(一)沟通交流能力培养

师:小诺平时表现良好,但不能主动与他人沟通交流。他常年与祖父母一起生活,但因祖母听力衰退,与他沟通存在障碍,他经常处于无沟通的环境之中。应如何帮助他?

专家:首先要探究小诺不愿意主动说话的原因,是因为个性问题,还是听不懂或不会说。如果是个性问题,又没有影响到他的生活和安全,就没有太大问题。但如果是听不懂或不会说,就需要教师加以教导和训练。如教小诺主动打招呼,需要教师每天提醒、教育,并用好奖励机制,如代币制或强

化物等,逐步培育其良好的沟通习惯。此外,还可以采用桌游或者看社交绘本,以及和同学做社交游戏的方法。

(二)数学能力培养

师:小诺不能理解数的概念,且不能进行较复杂的运算。如何提高他的数学能力?

专家:第一,计算能力训练方面,可以尝试进行加强练习,若是对于数位不清楚,还可以借助古氏积木进行指导,从借助辅具(学具)实际操作逐步过渡到用笔(用心)计算。第二,时间概念方面,可以借助绘本来辅助小诺理解时间概念,也可以用节拍器等帮助其了解时长。第三,推理能力方面,可以借助阅读来培养、提高其推理能力。

(三)注意力干预

师:小诺的听觉注意力弱,集中注意听讲的时间较少。如何提升他的注意力?

专家:首先要判断小诺是否有多动症,这需要医院诊断。如果不是多动症,就要探究他是听不到、听不懂,还是学不会,要根据具体原因加以正确应对,并开展有针对性的听觉注意训练。

(四)自理能力培养

师:小诺的生活自理能力较弱,也没有主动做事的意愿。如何培养其自理能力?

专家:首先要评估小诺现有的自理能力,即看他在家中能做什么,然后为其设置合理目标,让家长配合在家安排适量的家务练习,给他创造学做家务的机会。家长可将他在家的自理表现和能力现状与教师及时沟通,开展家校互动,合力指导,帮助他发展自理能力。

六、常识问答[①]

☞ 有语言障碍的学生通常也有言语障碍吗?

事实:一个孩子总说无意义的话并不意味着他(她)存在言语障碍,但大部分有语言障碍的儿童存在言语障碍。

---

① [美]哈拉汗,考夫曼,普伦.特殊教育导论[M].肖非,等,译.北京:中国人民大学出版社,2010:273-274.

✉ 沟通障碍的个体通常存在情绪或行为障碍吗？

事实：一些沟通障碍儿童在认知、社会性和情绪发展上是正常的。

✉ 现在我们是否已经能够很好地理解儿童如何习得语言？

事实：虽然近年的研究已经揭示出相当多语言获得的规律，并且已归纳出语言发展的理论，但是对于儿童如何正确地习得语言仍然是未知的。

✉ 口吃主要是一种高智商人群的障碍吗？口吃的儿童成年后也会口吃吗？

事实：口吃会影响各种智力发展水平的个体。一些口吃的儿童成年后仍会口吃；但是，大部分口吃儿童可以在言语—语言病理学家的帮助下在成年时不再口吃。口吃主要是一种儿童期障碍，通常多见于男孩。

✉ 语音障碍（或构音障碍）不是非常严重，而且易于矫治吗？

事实：语音障碍可能造成言语无法被人理解；有时很难矫正语音或发音的问题，特别是个体患有脑瘫、智力障碍或者情绪行为障碍时。

✉ 沟通障碍与智力有关系吗？

事实：虽然沟通障碍也可能发生于高智商个体，但更常见于低智商个体。

✉ 语言障碍与学习障碍不存在交集吗？

事实：听、说、读、写等语言技能的问题通常也是学习障碍的核心特征。语言障碍的定义和一些其他障碍的定义是有交集的。

✉ 如果儿童在普通班级中有很好的同伴作示范，在上幼儿园前没有学习语言技能的儿童也能够容易习得所有他们需要的技能吗？

事实：早期语言学习对后期语言发展是很关键的，一个语言发育迟缓的儿童不可能仅仅通过观察同伴的示范就能有效地运用语言。他通常需要更为直接的干预。

第四章　智力障碍学生个别化教育指导

一、智力障碍的定义

智力障碍(MR)又称智力残疾,在特殊教育中,一般采用"智力障碍""智能障碍""智力残疾""智力缺陷""智能低下"等术语,虽然在含义上有一定的差异,但通常交互使用。对智力障碍的界定,不同国家和地区、不同的学科领域各有差异。

1987年,我国第一次全国残疾人抽样调查将智力障碍定义为:人的智力明显低于一般人的水平,并显示出适应行为的障碍。包括:在智力发育期间(18岁之前),由于各种有害因素导致精神发育不全或智力迟缓;智力发育成熟后,由于各种有害因素导致智力损害或老年期的智力明显衰退。

2006年,我国第二次全国残疾人抽样调查中提出的定义为:智力显著低于一般人水平,并伴有适应行为的障碍。由于神经系统结构、功能发育的障碍,个体活动和参与受到限制,需要环境提供全面、广泛、有限或间歇的支持。

二、智力障碍的发生率

《2020年残疾人事业发展统计公报》显示,2020年,1077.7万残疾儿童及持证残疾人得到基本康复服务,得到康复服务的持证残疾人中,有智力残疾人86.4万。

智力障碍发生率(prevalence of mental retardation),表示在特定时间某一人群中智力障碍患者所占比例。按智力常态分布曲线计算应为2.27%。实际调查研究因受定义、方法、地区状况及年龄诸方面差异的影响,所得结果很不一致。如美国约3%,英国约1.2%,苏联约0.6%,日本约2.07%。

1987年中国残疾人抽样调查结果为9.65‰。按2001年我国0～6岁残疾儿童抽样调查报告,我国0～6岁智力残疾儿童发生率为0.931%。

三、相关检查

（一）筛查与鉴定

智力障碍儿童筛查(screening for mentally retarded),是指将智力落后儿童从儿童群体中区别出来的活动。目的是为了在大量的儿童中发现可能有问题的儿童,从而建议专业人员对他们进行更深入细致的评估和测试,做出诊断。其一般采用简便、快捷、易行的测验工具,由专业人员或受过训练的非专业人员实施。目前国内常用的筛选工具有"丹佛智能筛选检查"(DDST)、"绘人测验"等。"雷佛测验"(Rapid Exam for Early Re-feral,REFER)是国外广泛使用的筛选工具。

智力障碍儿童鉴定(identification of mentally retarded),是指对智力落后儿童做出鉴别诊断,评定其落后程度,提出教育安置意见,评价教育效果的过程。这是智力落后儿童教育过程的第一个和必不可少的步骤。通常采用多种方法从医学、教育、心理、社会等方面进行观察和测查。

鉴定过程一般分为四步:

(1) 转介

根据教师、家长或其他有关人员的观察及学业考核的结果,将怀疑为有智力问题的儿童送往专门的诊断机构,请求进一步的检查。

(2) 初步审查

确认被转介儿童是否真有问题。如果有,问题的情况如何,需要进行哪些方面的检查和诊断。

(3) 个别评估

由专业人员对儿童进行诊断性测验,包括各种智力测验和适应性行为测验。如有必要,还需进行神经系统功能检查、听力检查、视力检查、言语能力检查、运动能力检查等。通过多方面的综合评估,才能最终确定儿童是否确属于智力落后以及智力落后的性质和程度。

(4) 决策

由教师、学校领导、家长、心理学工作者、医生等人组成小组,确认上述评估的合法性、公正性,解释和分析评估的结果,鉴定儿童的特殊需要,做出教育安置决定,并制订出具体的教育和训练方案。

(二)分类标准

国际上普遍采用美国智力与发展障碍协会(AAIDD)和美国精神病学协会的智力障碍诊断标准。我国在参考其基础上一般采用以下三条标准:

第一,智力功能显著低下,在个别施测的标准化智力测验中,其智商①在70以下。

第二,有适应行为方面的缺损或障碍,即在下列十项技能中至少有两项存在缺损或障碍:沟通、生活自理、居家生活、社交技能、社区利用、自我管理、功能性学业技能、工作、休闲活动、健康与安全。

第三,在18岁之前发病。

我国在2011年实施的《残疾人残疾分类和分级》国家标准中,按0~6岁和7岁及以上两个年龄段的发育商②、智商和适应行为③进行分级。0~6岁儿童发育商小于72的直接按发育商分级,发育商为72~75的按适应行为分级。7岁及以上按智商、适应行为分级;当两者的分值不在同一级时,按适应行为分级。WHO-DAS Ⅱ④分值反映的是18岁及以上各级智力残疾的活动与参与情况。具体见表4-1。

表4-1 《残疾人残疾分类和分级》国家标准:智力残疾分级(2011)

级别	发育商 (0~6岁)	智商 (7岁以上)	适应行为	WHO-DAS Ⅱ分值 (18岁及以上)
四级	55~75	50~69	轻度	52~95
三级	40~54	35~49	中度	96~105
二级	26~39	20~34	重度	106~115
一级	≤25	<20	极重度	≥116

各级智力残疾的一般特征如下。

(1)四级智力残疾(轻度)

适应行为低于一般人的水平;具有相当的实用技能,如能自理生活,能

---

① 智商(intelligence quotient,简称 IQ):智力商数,衡量个体智力发展水平的指标。
② 发育商(development quotient,简称 DQ):衡量智障儿童智力发展水平的指标。
③ 适应行为(adaptive behavior,简称 AB):个体实现人们期待的、与其年龄和文化群体相适应的个人独立与社会职责的程度或效果。
④ WHO-DAS Ⅱ:即 WHO Disability Assessment Schedule Ⅱ,译为"世界卫生组织残疾评定量表Ⅱ"。

承担一般的家务劳动或工作,但缺乏技巧和创造性;一般在指导下能适应社会;经过个别化教育,可以获得一定的阅读和计算能力;对周围环境有较好的辨别能力,能比较恰当地与人交往。

(2) 三级智力残疾(中度)

适应行为不完全;实用技能不完全,如生活能部分自理,能做简单家务劳动;具有初步的卫生和安全常识,但阅读和计算能力很差;对周围环境辨别能力差,能以简单方式与人交往。

(3) 二级智力残疾(重度)

适应行为差;生活能力即使经过康复也很难达到自理,仍需要他人照料;运动、语言能力发展差,与人交往能力也差。

(4) 一级智力残疾(极重度)

适应行为极差,面容明显呆滞;终身生活需由他人照料;运动感觉功能极差,即使通过康复,也只在下肢、手及颌的运动方面有所改善。①

四、案例指导

案例 1 俊俊,男,5 岁,智力发育迟缓

【个案基本情况】

俊俊主要由外婆照顾,比较受溺爱,除了看电视时比较安静,其余时间均不受约束。俊俊目前在幼儿园上中班,入园初期情绪波动较大,不会与人交往,语言沟通能力较弱;由家人陪读后,已比较熟悉幼儿园一日生活,与师生也建立了良好的关系,沟通方面也有了进步。

【专业指导建议】

(一) 语言表达能力训练

师:俊俊语言发育迟缓,教师与之沟通、交流时,他通常不给予回应。

专家:要加强俊俊的语言表达能力,我们可以采用自然情境教学法,例如在他需要帮忙时可以引导他进行语言表达,在真实的生活情境中,创设机会让他练习、强化语言。当然,教师(家长)还可以教会他更加适当的沟通方

---

① 何侃.特殊儿童康复概论[M].南京:南京师范大学出版社,2014:220-224.

法。这些都需要一个过程,刚开始可能需要多一点提示,然后慢慢减少提示,不断提高他自主沟通与表达的能力。

（二）负向行为纠正

师:音乐课上他会突然拍手跺脚,声音很大。有同学在旁边时他就会大叫,一个人坐着反而不会大叫。他还会带动其他小朋友跟着他一起大叫,这样他就觉得很开心。这类行为如何纠正?

专家:俊俊是想通过大叫来引起同学的注意,他可能没有好的方法能引起别人的注意,所以只能用负向行为达到这一目的。我们不要强化他的大叫行为,而是要忽略他的大叫行为,引导他向好的行为方向发展,让他能通过好的行为去得到同学的注意,让他意识到只有好的行为才能达到他的目的。其实,我们在纠正他负向行为时,就是在对他关注。老师可以设计一些他能参与的活动或者是让他用不同于他人的方式来参与活动,对他表现出来的好的行为及时进行表扬鼓励;也可以采用同伴学习法,发挥伙伴的力量,使他经常能得到关注。

（三）正向行为支持

师:俊俊在活动中经常出现搞破坏的行为,如故意把别人搭建好的房子推倒。外婆带他出去玩时,他也经常会出现此类行为。如何教他好好跟伙伴玩耍?

专家:从俊俊的这种行为可以看出,他是有沟通需求的,只是他不知道如何去表达自己的需求。老师要细心观察孩子出现破坏性行为的先兆,这样就可以及时引导他的行为。问题行为的背景因素分为个体因素和环境因素:个体因素包括沟通能力的限制、认知理解能力不足;环境因素指的是环境中的人员对他行为的处理不当。要改变俊俊不好的习惯,一定不要等出现破坏性行为后再去干预,教师要做到未雨绸缪,比如,大家在玩沙子、搭积木的时候,俊俊可能也在玩,教师要仔细观察其先兆性行为,进行适当的介入和干预。当俊俊和其他同学互动得好的时候,也要适时给予正向反馈。

改善环境则需要做好家园沟通,形成培养他规则意识的共识,共同引导他慢慢加入同学的活动中。玩游戏前可以让他在家里和学校事先演练,待掌握了规则再让他去参加伙伴游戏。我们要时刻注意强化他的正向行为,对他的正向行为进行鼓励,并引导他在做错后及时向同学道歉,指导他把破坏的东西重新恢复,让他知道并学习对负向行为负责,家校共同努力,指导并帮助俊俊和同学建立正向互动关系。

(四)集体活动和伙伴帮助

师:俊俊专注度不够,在室内集中学习时总是坐不住,不一会儿就会溜走玩小汽车。但他在上音乐课和故事课时注意力会集中得久一些,他还很喜欢唱歌。在户外活动中,俊俊经常乱闯、乱跑,教师经常看不到他的人影。他不愿意跟班里的小伙伴一起玩,也无法进行伙伴学习。如何维持他对于活动和伙伴的关注?

专家:教师可以请班级小朋友做小助手,让小朋友感到当教师的助手是件很光荣的事,让更多的小朋友参与进来,共同用示范性的语言让俊俊去模仿,提高他的语言能力。当俊俊表现好时,教师也要给予俊俊和其他小朋友表扬和赞美。

当然,教师还可以利用他的爱好——音乐做媒介,发展他的语言,也可以把音乐带入他不感兴趣的集体课程中,提高他的参与度,或者用他感兴趣的物品,做好静态和动态的搭配。

针对俊俊在户外活动时会乱跑、不愿和其他小朋友一起玩这一问题,教师首先要评估他从事这些户外活动是否有困难。比如说,他在攀爬方面有困难,教师就应给予一些协助,或者将梯子放平,让他尝试一下,减少他的恐惧,并让更多的同伴与他一起参与这个活动,让他有更多更好的体验。

(五)家园沟通合作

师:幼儿园在跟家长沟通时,家长总是发现不了俊俊跟其他孩子的差异,不愿意承认孩子的问题,常说等他长大就好了。如何与这样的家长沟通?

专家:教师不仅要跟老一辈人沟通,还要跟爸爸妈妈沟通,父母对孩子的成长是相当重要的。有时我们需要鼓励家长,改变家长,与家长建立更密切的合作交流关系,并教给家长更多的方法策略,让家长也能看到孩子的变化和进步,增加教养的信心,循序渐进地帮助家长建立正确的教养理念,习得科学的教养方式。

案例2 小云,男,5岁,唐氏综合征

【个案基本情况】

小云出生后就被确诊为唐氏综合征。2018年9月,他进入幼儿园随班就读,每周接受两次针对性的感统训练。

【专业指导建议】

（一）动作和自理能力训练

师：小云肌张力低，在家时能躺着就不坐着，在学校自理能力较差，表现在吃饭、穿衣服和上厕所等方面。

专家：建议小云到医院做康复训练，最好是一对一的治疗。家长、教师和治疗师要组成一个团队，共同面对、分析他的问题，给他制订科学有效的治疗（康复）计划。平时家长和老师可以跟小云做一些感统游戏，如抛接球、爬行、"老牛耕田"、滑滑板、自由滚等。

在指导小云吃饭、洗手和上厕所时，可以采用工作分析法。一开始，教师（家长）可以带着他完成一些较难的动作，留一些简单的动作让他独立完成，给他更多的成功体验，激发他自理的动机。

（二）问题行为干预

师：小云对玩具比较有兴趣，但玩的时间长了就会失去兴趣，会去转圈圈。他还时常会捣蛋或发脾气。

专家：建议将游戏（活动）分段进行，在他失去兴趣之前就替换新游戏（活动），或者利用他特别喜欢的音乐和舞蹈来丰富游戏（活动）形式。此外，还可以给他安排一些力所能及的班级事务。

小云捣蛋或发脾气可能有两种原因，一是为了得到物品（奖励），二是为了逃避有难度的活动。这时就需要教师指导、帮助他完成一些他做不到的动作，及时给予表扬鼓励，通过激励的方式，让他有兴趣参与活动，获得更多的成功经验。教师和家长还要注意，要尽可能在问题行为发生之前就阻止他，减少其问题行为的发生。这方面，家校要加强沟通合作，教导正向行为，减少负向行为，培养好习惯。

（三）发音与沟通训练

师：小云发音不清楚，会模仿他人说话，以叠词为主，有时老师不能理解他的意思，不知道怎样去帮助他，无法做到一对一教育。

专家：教师和家长即便是听不懂小云的话，也要假装听懂，还要鼓励他多说，要根据说话情境猜测他的意思，这样他才会有说话的动机。语言训练最重要的就是动机，必须要想方设法让他开口，也可以用照片或图片去辅助他。

此外，小云发音不清晰，可能是因为他的口腔敏感度差、口腔肌肉力量不足。建议在他的食物中加入一点酸、辣、冷的东西，增加其口腔敏感度。

家长要时常给他做口腔、嘴唇的按摩。此外,建议家长让他用吸管喝水,训练他用双唇固定吸管,平时还可以玩吹气的游戏,如吹泡泡、吹哨子等。当他有些音发不出来的时候,可以让他通过看教师或同伴的口形进行模仿。

> **● 拓展**
>
> ### 唐氏综合征
>
> 唐氏综合征即21三体综合征,又称先天愚型或Down综合征,是由染色体异常(多了一条21号染色体)而导致的疾病。60%患儿在胎内早期即流产,存活者有明显的智能落后、特殊面容、生长发育障碍和多发畸形。高龄产妇所生婴儿中唐氏综合征发生率较高。唐氏综合征是一种症候群,此类人群外观甚至表情都很像。鼻子扁平,舌头肥大,四肢短小,刚出生时肌肉张力低,软绵绵的。有断掌,手指粗短,小指内弯,指节发育不完全,下半身比较短。染色体异常会影响中枢神经系统,影响免疫力,引发智力障碍、发育迟缓,影响寿命。从临床观察看,很多唐氏儿的智力只能达到6～9岁,小学一至四年级水平,轻度的能达到五六年级的水平。但由于患儿心理、社交能力也在成长变化,在15岁测智力才能比较稳定和准确。

案例3 小树苗,女,6岁,唐氏综合征

【个案基本情况】

小树苗只有一只耳朵有听力,曾经患有心脏房缺但不严重,后经复查恢复正常,曾在康复机构做过康复训练,目前在幼儿园中班就读。

【专业指导建议】

(一)生活自理

师:小树苗目前不能自己穿衣服、穿鞋子、上厕所,生活基本不能自理。如何训练?

专家:对唐氏孩子来说,通常会优先培养其生活自理能力,其次是语言沟通、情绪管理能力,最后才是认知能力。生活自理训练要优先训练上厕

所。因为她是个小女孩,所以要训练"蹲下去—起立"的动作(姿势),还要不断延长其蹲下去的时间,锻炼其肌力和耐力,逐步提高直至达标。家长和教师要对如厕活动进行任务分解,即将如厕步骤化,一个动作一个动作地训练,直至她能独立如厕。吃饭训练最开始不要纠结于用筷子还是用勺子,对孩子来说把饭吃完比较重要。用不好餐具很有可能是因为她手部的精细动作能力差,这需要另外给她训练。按照生理年龄发展规律,普通儿童2岁半到3岁能独立穿套头的衣服,通常要到4岁或是4岁半才能学会拉拉链这个动作。目前,她的生理年龄为6岁,心理年龄是2岁至3岁,才刚刚进入练习穿衣的阶段。所以建议从练习穿裤子入手,先训练坐着穿,再训练站着穿,因为站着穿裤子会用到比较高级的能力——单脚站,普通儿童通常要到2岁半才能稳定单脚站。接着就是训练其穿套头的衣服。建议家长现阶段先给孩子选择有魔术扣、自粘贴或是一脚蹬的鞋子,方便她穿脱。

(二)语言沟通

师:小树苗会用简单的语言进行沟通,遇到无法表达的情况时,她会拉人寻求协助。这种状况正常吗?

专家:小树苗目前的表现是符合这个年龄段的能力表现的。建议幼儿园使用绘本,从"教师讲,她听"过渡到"有问有答",让她用语言去模仿,并尽可能说完整的句子。同时,教师可以将语言教学融入活动当中,让她在自然情境中习得语言,学会沟通。

唐氏孩子因生理缺陷,呼吸协调能力不佳,讲话的流畅度跟发音的质量通常不太好,遇到无法表达或者表达不清的时候,则会用自己的方式来求助大人。这时家长和教师需要抓住她的需求,有意识地训练她的表达能力。

(三)情绪行为

师:小树苗平时情绪比较稳定,看起来比较友善,但性格固执,遇到不顺心的事会对亲人发脾气。如何稳定她的情绪?

专家:唐氏孩子通常会因固执于某一件事而发脾气,且不容易改掉。建议不要去增强她的负向行为,比如她跟外婆发脾气,动手打外婆时,外婆必须要语气坚定,不带情绪地告诉她不可以这样做。此外,家校之间也要密切沟通,了解她有没有发脾气,以及家长和教师对她发脾气的处理方式和效果等。

(四)动作能力

师:小树苗可以在平地上独立行走,能自己拿着勺子吃饭。但她跑的能力较弱,容易摔跤,上楼梯的表现也不好,不仅要自己扶着扶手,还要拉着别人的手。她能双脚跳,但双脚同时离地跳得不高。如何增强她的动作能力?

专家:首先,要做一系列测试,如头向后看往后走5步、头不向后看往后走5步,判断其颈部肌肉的张力如何,以及有没有发展出对被遮蔽物的预测能力。接着,再测试其双脚同时离地往上跳、双脚同时离地往前跳,以及双脚同时离地往后跳的能力,要前后左右各跳一次,测试她的惯用脚和非惯用脚,以及她两侧腿部肌肉的发育情况。然后,家长和教师可以训练她从高处往下跳的能力,用跳的方式来替代跑和走,让孩子戴上智能运动手环,监测她的体能和心跳,避免运动给她的身体造成意外伤害。关于精细动作训练,建议幼儿园用积木、小皮球训练她用手指抓握的能力,尽可能将这些训练融入有趣的游戏中,增加乐趣,让她体验到更多的成功和快乐。

(五)感知觉协调

师:小树苗的手眼协调和脚眼协调能力均较弱,传球和抛球动作做不好,走路摇摇晃晃。

专家:建议用抛球的方式训练她的手眼协调能力,鼓励她跟小朋友一起玩球,在模仿中学习。此外,我们还可以利用团体游戏的方式,让小朋友一起做同手同脚的动作,并跟上一定的节奏,这样能较好地改善她的问题。

案例4 彤彤,女,7岁,智力障碍,发育迟缓,癫痫

【个案基本情况】

彤彤为智力残疾二级,发育迟缓伴有反复发作的癫痫,走路不稳,基本无语言表达,4岁时才会叫"爸爸"。2019年9月进入普通幼儿园中班随班就读;2020年1月在语训机构开始接受康复训练,每周两节课;2020年9月进入普通幼儿园大班随班就读,该园每天给彤彤上一节个训课。

【专业指导建议】

(一)缺陷补偿

师:彤彤为智力残疾二级,癫痫也影响了她的智力和身体协调平衡能力,使她出现如行动缓慢、平衡较差、记忆力较差、注意力不集中、学习动机不强等问题。应该如何帮助她弥补缺陷?

专家:第一,在知识教学方面,应更具体、直观,要优先教生活知识,反反复复地教,不光让她听,还要让她利用多种感官进行学习。比如教"杯子",先教她怎么使用,让她知道杯子有什么用,然后让她用手触摸杯子,经过反复多次的教学和使用才能让她记住知识。

第二,在情绪、社交方面,彤彤的社会适应能力不足,自我控制能力比较弱,容易受外界刺激影响,产生一些攻击破坏行为。彤彤口语发展上存在缺陷,沟通有问题,情绪无法表达,需求无法满足,因此她才会出现一些诸如"抢"的不好行为。家长和教师要研究彤彤行为背后的意义,慢慢教她使用适当的方法表达自己的需求。

第三,在适应能力方面,中重度智力障碍儿童受智力限制,主要以生活适应技能训练为主,而轻度智力障碍儿童以提升沟通能力、学习工作技能为主。独立生活能力是他们学习的第一目标,包括个人适应能力(生活自理方面,如自己吃饭、上厕所、穿衣服、使用电话、知道时间、跑跳、骑自行车)和团体适应能力(非口语的图卡书写等沟通、社交技巧、游戏)。

第四,在动作方面,针对彤彤走路内八字的情况,家长要带她去医院进行矫正,看骨骼是否变形,是否已经伤到骨头,是否需要穿矫正鞋。日常生活中,家长和教师都要注意她的行走安全,因为跌倒会导致更多问题的出现。此外,彤彤手部精细动作较弱,生活自理能力不足,需要家长找到专业的治疗师,让她接受物理治疗。一开始可以使用辅具来帮助她吃饭,给予她鼓励,让她增强信心,克服困难,提高能力。

(二)行为训练

师:彤彤因语言表达问题导致了一些不恰当的行为,教师和家长该如何训练她?

专家:彤彤掌握的口语较少,且都是比较具体的词汇,表达上存在较大局限,无法用语言表达如失落、挫折、不高兴等情绪,缺乏临机应变的能力,容易出现一些不恰当的行为。在训练中,家长和教师不要给她太多指令,这会使她不自信和焦虑,而应让她通过观察、模仿来学习辨别行为的对错,并了解自己的行为要随着时间、情境的变化而变化。

(三)语言表达训练

师:彤彤最大的问题是语言表达,如何有效促进彤彤的语言发展?有什么促进此类儿童语言发展的课程或资源?

专家:可以借助图片开展语言沟通,让彤彤通过图片来告诉老师自己想

第四章 智力障碍学生个别化教育指导

做什么,比如当她拿出一张握手的图片,就要让她和小朋友握手,并及时给予正强化。这样的沟通方式有助于减少她的攻击性行为和其他不当行为。教师要创设机会让彤彤参与到集体活动中,比如拍手鼓励小朋友,或者让她做小裁判等,引导她用动作、图片或语言来表达自己。

● 拓展

智力障碍儿童的特征

1. 心智能力的特征

智力障碍儿童天资比一般儿童差,学习能力弱,不喜欢抽象的学习,喜欢具体直观形象的学习。

2. 人格与行为的特征

智力障碍儿童缺乏随机应变的能力,害怕失败,依赖他人指导帮助,缺乏积累新经验的欲望和动力以及参加团体生活的热情,遇事缺乏自我检讨的能力,通常怪罪外在的因素,比如命运、运气等。

3. 社会适应能力的特征

智力障碍儿童通常会有安静、害羞、退缩、孤独、不合群、内向的特点。由于从小易被歧视,他们很容易看不起自己,容易自卑。智力障碍儿童的情绪不太稳定,意志薄弱,有时候会有任性的行为,以此引起别人的注意,或满足自己的自尊需要。

案例 5　恩恩,男,7 岁,智力障碍

【个案基本情况】

恩恩在普通学校随班就读,一开始生活不能自理,由母亲陪读,目前能独立上厕所。恩恩刚进入小学时,因身体协调能力差,不会握笔,不能独立写作业,老师对他也不做硬性要求。因语言表达能力较弱,他无法融入集体,无法与同学、老师沟通,几乎不参与同学的交流游戏。恩恩听觉正常,听到嘈杂的声音时,嘴里也会跟着念叨不完整的话;视力正常,嗅觉正常,但触觉比较迟钝。

【专业指导建议】

（一）社交技巧训练

师：恩恩无法跟上普通儿童交流玩耍的节奏，如何让普通儿童接纳他？

专家：首先要对恩恩开展社交技巧训练，通过沟通辅具、设计游戏、动作模仿、讲故事、演戏、绘本教学等方法开展一些语言沟通和互动的教学活动，当他具备一定能力后，再引导其他学生与之互动，并鼓励恩恩回应。教师还可以在家长同意后录下恩恩的活动过程，更细致地分析以优化教学。

其次是采用鼓励的方式，可以运用自我决定策略，让恩恩充分自主，建立自我意识，进行自我决定，让他知道自己有能力做哪些事情，知道自己能够与别人互动。建议通过形象、具体、有趣的游戏方式提升恩恩的自尊和自信，而不是用学业水平来评定他。

（二）建立接纳的人文环境

师：特殊儿童在日常生活学习的过程中，会从普通儿童或者成人的行为、言语上认识到自己的不同，从而产生自卑心理。应该如何应对这一问题？

专家：建议班主任面向全体学生做好入班宣导，教普通儿童怎样与特殊儿童互动。教师可以发动班级有爱心、有同理心的同伴来主动跟恩恩沟通交流，让班级中更多的同学去认识和接纳特殊孩子，建立融合友善的班级环境，帮助他敞开心扉，融入集体。对于和特殊孩子互动良好的儿童，教师要及时表扬鼓励。总之，教师要呈现正面态度，营造班级正向气氛，塑造班级良好风貌。这样，特殊孩子的心理、学习、生活等方面才会不断进步。

（三）动作训练

师：恩恩的协调能力弱，握笔没有力度，书写能力差。

专家：建议加强恩恩的小肌肉训练，比如让他拧螺丝、玩分珠子游戏等；加强多感官精细动作和手眼协调训练，从整手掌握，到手指弯曲握，到成熟地抓握，循序渐进地开展训练，这样会有助于他提高握笔和书写能力。

在粗大动作训练方面，可以开展如抓球、双脚跳蹲、单脚站10秒、挥臂投球、后退走、接球、走独木桥、骑三轮车、后脚趾头碰脚跟5步走等游戏活动。

案例6 涵涵，女，8岁，重度智力障碍

【个案基本情况】

涵涵目前在幼儿园上大班。涵涵妈妈孕期一切正常，孩子足月顺产，出

生后由妈妈和奶奶照顾,从小比较惧怕爸爸。2016年9月就读于普通幼儿园。入园初期自理能力较弱,不能自主上厕所,经常会尿床或尿裤子,穿衣吃饭等方面都需要老师帮助。她的语言表达能力较弱,只会自言自语,不会回应教师或者同伴。

【专业指导建议】

(一) 语言交流问题

师:涵涵在教师面前很少说话,但是当她遇到困难,比如需要穿衣服、穿鞋子时,她会根据自己的需要求助教师,如"老师,我要拉衣服""老师,我要穿鞋子"。但她在平时的教学活动中,不回应教师和同伴。如何增加其交流性语言?

专家:建议采用环境教学法,即在自然情境中创造机会,增加语言交流的意图,引导学生发展语言。一是环境的安排,创设能吸引涵涵兴趣、注意和促进她沟通的环境,确保她拥有足够的机会来使用语言。二是回应互动策略,教师通过引导沟通方向,回应她的口语和非口语沟通,扩充她的语言内容和长度。三是环境教学程序,用以建立功能性技能,主要策略包括:示范策略,教师首先要找到她感兴趣的物品,然后建立共享注意力,由教师示范,让她进行模仿,她若能做到,即给予肯定,扩充她的语言内容;指令—示范策略,重复示范策略的步骤,教师提供她感兴趣的物品,安排多种自然情境进行练习,帮助她习得功能性的沟通技能,并泛化到不同的情境中去;时间延宕策略,教师推迟给予示范或言语指令的时间,鼓励她在自然提示出现后产生自发的沟通技能;随机教学策略,教师通过环境安排提高她的动机,当她表现适当时及时给予赞美,当她表现不当时,教师视其反应采用示范策略、指令—示范策略、时间延宕策略等。

关于涵涵不回应同伴和教师的情况:首先,分析哪些问题她不回应,哪些问题会回应,判断不回应是不是由于她不理解所导致的。可以在资源教室讲解同伴所玩游戏的规则,如果在情感交流方面表现出同伴交流优于教师交流,则需要教师花更多的时间与她建立联系。其次,引导沟通方向,制造回应的机会。最后,将回应他人询问等回应行为的训练融入多个课程领域、生活作息或活动领域。

(二) 咬手指问题

师:涵涵经常咬手指,应该如何减少这种行为?

专家:涵涵咬手指可能是由于分离焦虑引起的,或者是希望获得同伴的关注,如她想要和某个小朋友玩时,就会不由自主地把手指放到嘴巴里,此时同伴要提醒她把手指拿出来,并带她去盥洗室洗洗手指。我们要确认咬手指的原因与功能,如取得外界刺激、逃避外界刺激、取得内在刺激、逃避内在刺激。如果这是涵涵的习惯性行为,可以使用行为习惯破除的策略,来形成正向的替代行为。

（三）思维能力问题

师:虽然孩子已经到了上小学的年龄,但是思维能力还停留在幼儿园的前运思阶段,具体表现为以自我为中心,思维方式不可逆,整体表现出小班的年龄特征。如何提升其思维能力?

专家:建议教导涵涵辨认自己和他人因情境或事件产生的基本情绪,如高兴、生气、难过、害怕等,可以让她去体会自己被狗追赶时的情绪,然后推己及人,以此来理解情境(事件)与情绪之间的因果关系。同时,家长和教师在生活情境中要教导她思考如何解决问题,以提高其思维能力,比如点餐时遇到问题如何求助、找不到东西该如何解决、活动时遇到变化该如何处理等。

（四）生活自理问题

师:涵涵经常尿床或尿裤子,应如何训练如厕能力?

专家:首先可以作如下分析:开始——有尿意;准备——告知老师我要上厕所;核心——进入厕所、定位脱裤子;结束——穿好裤子再出来。由此来分析解决这个问题所需的相关技能,包括感官知觉和动作技能、沟通与社会技能、认知技能、问题解决技能。接着,根据如上分析来分步骤训练。

案例7　夏夏,男,8岁,智力残疾四级

【个案基本情况】

夏夏就读于普通小学二年级,但其心理年龄还停留在3岁左右。母亲怀孕史正常,夏夏出生史正常,无其他疾病。上幼儿园时曾出现大小便失禁,要用尿不湿。从幼儿园到小学一直就读于普通学校,没有接受过特殊教育和康复治疗。夏夏母亲不在身边,家里只有爷爷、奶奶和爸爸,经济状况一般,平时主要由爸爸辅导学习。

第四章 智力障碍学生个别化教育指导

【专业指导建议】

（一）精细动作训练

师：夏夏握笔困难，应该如何训练他的精细动作？

专家：针对夏夏握笔困难的问题，可以对其开展个别化教育，如让他玩锁螺丝、分珠子游戏，加强孩子多感官精细动作训练。从整手掌握—手指弯曲握—成熟的抓握，渐进训练。加强孩子小肌肉训练、手眼协调训练，有助于他握笔书写。

（二）学业教育

师：如何对学习能力较差的夏夏开展有效的知识教育？

专家：夏夏前期感知觉训练欠缺，因此要先加强其感知觉训练。课堂教学需要基于他能够习得的内容进行有选择、有侧重点的教学，待其感知觉训练取得成效，感知功能逐渐发展起来后，才能够有效促进其学业的进步。

（三）口语沟通训练

师：如何对夏夏开展口语沟通训练？

专家：根据提供的材料，夏夏有构音障碍，对于这类孩子，我们要去研究到底是哪一个部分出现了问题。他会经常吐舌头，需要找专业的机构，检查是否有病理的因素。普通学校没有专业的特教教师，需要请语言治疗师来分析并对症下药。语言治疗师评估之后会给学校教师建议，教师再着手开展有针对性的训练。这需要家长的配合，在学校和在家庭都要一直练习，持之以恒地坚持下去，才会有成效。此外，要抓住夏夏的兴趣点，只要他能讲清楚、讲完整，家长和教师就要满足他的合理需求。

（四）问题行为干预

师：夏夏平时不好好吃饭，还会乱走动、大叫，下课时还会睡地上。这些行为都令教师和家长无从下手，如何改善？

专家：关于吃饭问题，首先要了解孩子不认真吃饭的原因，是中午不饿、家长喂食，还是家里有好吃的东西等。处理方法包括减少家庭喂食，设置单独的吃饭区（不适合太小的孩子），吃饭完成后进行奖励（饮品、糖果等）。

针对夏夏乱走动的问题，建议引导他画画、听故事，从事他喜欢的活动作为替代。教师可以为其设置学习角，让他在限定的范围内做他喜欢的事情。

针对夏夏大喊大叫的问题，建议先尝试了解他大叫背后的需求，如果他的需求被满足，那么大叫的频率会减少，甚至消失。如，可以安排孩子坐得靠前一些,在教学中多与他互动、多关注、提醒他;还可以布置夏夏参与擦黑板、发本子等班级事务,赋予他责任,增强其集体责任感。

针对夏夏下课睡地上的问题,建议让班里有同理心、有能力的同学多引导他,发动全班学生轮流来帮助他。及时发现学生帮助他的好办法,进行表扬和推广,营造一个和谐、接纳的班级氛围。

案例 8 小 L,男,8 岁,智力发育迟缓

【个案基本情况】

小 L 幼儿园小班时被医生诊断为智力发育迟缓。在幼儿期,小 L 开口说话和学会爬坐的时间与同龄人差不多,但随着年龄增长,他逐渐表现出无法说完整的句子和用语言正确表达自己想法的问题。小 L 曾在康复机构进行过两个月的语言康复训练,效果甚微。妈妈还给小 L 报过课后辅导班,但他对学习不感兴趣,出现了厌学的情绪,无法按照教师的规定完成学习任务。小 L 的语言表达水平仍处于使用简短词语的水平。不过,通过在校观察发现,小 L 很喜欢画画和音乐。

【专业指导建议】

(一)创设语言情境,提升语言表达能力

师:小 L 会用单字表达需求或想法,比如他想表达"我要喝水,请帮我打开水杯"就会拿杯子跟教师说单字"水"。与其他同学玩时,他没有任何语言交流。教师应该如何帮助小 L 提升语言表达能力?

专家:教师可以从常见的物品入手,当小 L 说单字时,教师在此单字的基础上增加字数,拓展他的词汇量,进而创设情境引导小 L 说出完整的句子,帮助他建立使用完整句子表达想法的意识。比如小 L 说单字"书",教师可以一边翻书一边说"看书"以帮他拓展单字。教师也可以从小 L 喜欢的画画和音乐入手,减少他的厌学情绪。比如和他一起讨论颜色、画笔或绘画作品等。再比如可以创设一定的情境与小 L 互动,让他单曲循环听喜欢的儿歌并跟唱以促进他的语言发展。智力发育迟缓学生在记忆、联想、概括等能力方面较为薄弱,教师需帮助小 L 理解指令的内容,比如听指令涂色、拿物品等,以加强他的认知能力,进而引导他在游戏中进行仿说,练习交流时所用的基本对话,提升语言表达能力。

（二）依据现有水平，简化教学内容

师：小 L 会数数字 1 到 9，会做简单的加减法运算，能够随意写数字和英文字母。但他很容易遗忘所学内容，通常教第三个汉字的时候，第一个汉字已经忘了，也无法完成教师规定的作业。教师应该如何调整教学以帮助小 L 更好地习得知识？

专家：在语文方面，由于小 L 容易遗忘，建议教师每次只教一个汉字，等他熟悉这个字之后再加 1~2 个字。在小 L 掌握一定数量的字后，教师可以简化课文的内容，用图搭配短句的方式帮助小 L 理解句子的含义，或让他通过给图涂色来体会句中情境，引导小 L 使用适合自己的学习策略。

在数学方面，建议教师从最简单的认数字开始，尽量一对一地辅导。简化教学内容会让小 L 更容易掌握所学知识，同时可以激发他的学习动机，减少厌学情绪。

另外，教师可以根据简化的教学内容对普通学生的作业进行调整，选择适合小 L 的题目，题目类型主要以选择题、连线题为主。家长的支持也很重要，教师可以指导家长掌握一些教学策略，使小 L 在家也能巩固知识，巩固干预效果。

（三）采用适当的干预策略，有效缓解问题行为

师：在晨读的时候，小 L 听到较大的声音会捂住耳朵、跺脚。在课堂上，经常有撕纸、吃水彩笔的行为，但不撕美术书。有时他会突然跑出教室，教师去追他却被他误以为是在玩，他会跑得更快。教师如何改善小 L 的这些问题行为？

专家：首先要判断小 L 是对声音敏感还是对较大的声音有过不好的经历。如果只是对声音敏感，建议教师在集体朗读时，提醒小 L 捂住耳朵或戴降噪耳机，在有准备的情况下，他的反应会相对平和。另外，建议教师安排小 L 坐在讲台一侧，这样既不会影响其他同学学习，也方便教师进行一对一的辅导。

小 L 喜欢画画，因此他没有撕美术书，而其他学科对他来说相对困难，使他产生无聊或焦虑的负面情绪，撕、揉纸张和吃物品的行为很可能是为了缓解这些情绪而发生的。这些问题行为会使其他同学对小 L 有异样的看法，影响他的人际关系。教师要降低小 L 这些问题行为的发生频率，需要对课程的安排及内容进行一定的调整，同时可以让班里的同学监督小 L，当他出现问题行为时，其他同学需及时制止。比如利用下课的时间安排与小 L

相熟的学生轮流和他一起玩,减少小L因为无聊而去吃物品的行为,最大限度地发挥同伴作用。

小L会乱跑是因为他的规则意识较弱,教师应培养他在课堂上举手请求离开教室,在征得教师同意之后再离座的意识。在课间休息时,教师可以牵着他的手离开教室,引导他在走廊里慢慢走,并适时给予奖励以强化小L不乱跑的行为。

智力发育迟缓学生在语言表达及认知方面较弱,并存在容易遗忘所学内容的特点。教师应从学生喜欢的事物入手,简化教学内容,从而激发学生的学习兴趣,帮助学生循序渐进地学习知识点。在行为干预方面,教师需了解学生发生问题行为的动机,培养学生的规则意识,同时充分发挥同伴作用,为学生更好地融入主流集体夯实基础。

案例9 晴晴,女,9岁,智力障碍,癫痫,多动症

【个案基本情况】

晴晴目前就读于小学三年级,注意力不集中,注意分配与转移能力弱,上课时不停地动,心不在焉,难以完成作业或参加活动,思维能力差。她在确诊癫痫后一直服药,目前发病的时长在缩短,症状逐步减轻。

【专业指导建议】

(一)提升注意力

师:有什么有效的策略和方法可以提升晴晴的注意力?

专家:首先要了解孩子注意力不集中的原因。癫痫经常发作,可能造成脑损伤,而脑损伤会导致智力缺损和注意力缺陷。其次要了解控制方法。第一,药物控制。用药有可能会造成食欲下降;如果不用药,孩子会躁动,影响课堂专注力,影响学业成绩。关于用药的利弊,家长可以与医生讨论,医生通常会给出专业的建议。第二,行为控制。了解孩子的兴趣点和认知水平,了解课程难度,不宜太难,也不能太无聊,这些都会影响其注意力。行为改变的方法有很多,比如联机、连点点、走迷宫等等,可以找一个与她心理年龄相当的孩子跟她一起做,锻炼她的手眼协调能力,提升注意力。当然,短暂的身体运动也可以提升其注意力,体育老师要多多关注她,在做好准备活动后可以让她尝试做一些运动,如起立—蹲下、对墙抛球等,运动强度不要

太大,要适时地安排她休息,以免诱发癫痫。

（二）学习动机激发

师:怎样激发该生的学习动机,增强其学习的自信心?

专家:一般来说,智力障碍的孩子可以学习到初中。晴晴的智商大约在50左右,学习方面也只能达到四五年级水平,因此要找出她感兴趣的事情（活动）来激发她的学习动机。晴晴比较感兴趣的是玩当医生的游戏,建议教师可以找一些相关的书籍来读,搜集一些与医疗有关的绘本,带着晴晴去阅读。还可以让妈妈带晴晴在看病的过程中,将一些语言和知识融入其中,增加孩子的语言表达机会,不断提升她的学习自信心。

（三）培养专长

师:应该如何培养晴晴的专长?

专家:学校老师可以安排晴晴做一些小手工,发现她的兴趣或专长所在。家长也可以利用假期,带晴晴多走走、多看看,多接触一些职业技能,看看她可以接受哪一种类型的工作。一旦发现她的兴趣点和职业专长,学校就可以在职业启蒙教育方面为她量身定制个别化支持计划,为她奠定就业基础。

案例 10　小江,男,10岁,智力障碍,孤独症倾向

【个案基本情况】

小江父母残疾,自身智力不足,平时不爱言语,鲜少露出笑颜。他学习文化知识的能力较差,目前只能识得二三十个字,能掌握两位数加减一位数的简单运算。

【专业指导建议】

（一）树立自信

师:怎样鼓励小江树立自信心,让他也能勇敢地与他人交流,不再自卑?

专家:小江不主动和人交流,不一定是孤独症的表现。很多家长对惜字如金的孩子束手无策,其实掌握好原则就会顺利很多。首先,我们不要逼迫孩子,要接纳尊重。作为老师,我们要给予他们表达的机会。其次,在合适的时机与孩子谈心,让孩子分享自己的感受。目前小江愿意和老师沟通,这

是他的一大进步。建议家长也要注重亲子互动,专心聆听孩子主导的对话,不要随便打断孩子不成熟的语言,不要随便作评价。再次,从旁倾听的对话方式能有效拉近与孩子的距离,了解孩子的真实感受,也能让孩子体会到家长的鼓励与支持。

根据小江的基本情况描述,小江更像性格孤僻。性格孤僻的原因有很多,如自身性格倾向、幼年创伤、与人交往过程中受到过挫折、过分依赖电子设备、淡化与社会和家人的交往、生活环境的突然变化等。我们可以从以下几点着手,其一,让小江正确认识自己;其二,让小江学习与他人交往的技巧;其三,家长营造良好的家庭氛围;其四,家庭和学校尽可能减少网络及电子设备的负面影响;其五,多和孩子进行交流,帮助其管理情绪。

（二）家庭教育

师:就小江家庭目前的情况,怎样通过改变其家庭来改变小江?

专家:一方面,家长要学会从旁倾听。父母要找到小江愿意参与的活动,从而自然而然地开始对话。要观察小江是否愿意和父母讲话,如果他愿意讲,父母就可以引导他和其他家人进行更多互动。另一方面,家长要利用情境引发自然对话,比如利用餐桌时光鼓励小江说话,并及时称赞他。

（三）主动交流

师:孩子与父母在一起的时间更多,父母该如何营造家庭氛围,让孩子主动与人交流?

专家:家长要以身作则,不要苛求孩子,要回归孩子的学习表现,不能有过高期望;家长要善于控制自己的情绪,充分理解并尊重孩子,不要随便帮孩子做决定,可以引导孩子自己做出正确决定;家长要以乐观细心的态度教育并影响孩子,不要抱怨,要为孩子提供培养积极情绪的条件,如家庭关系和谐、家长对日常事务的态度认真平和、家长的形象良好向上、家长对孩子理解尊重等。

（四）行为治疗

师:如果是轻度孤独症的孩子,是否需要接受专业的心理治疗?

专家:即使是孤独症儿童,个人也更倾向于采用行为治疗、活动参与来增强孩子的社交能力。小江很可能不是孤独症,在老师的帮助下他的进步越来越大,就足以说明参与活动、善意行为能让小江自然而然地获得进步。所以个人倾向于多给小江机会和时间,通过团体的力量、和谐的环境帮助他获得更大的发展。

案例 11　小杨,女,10 岁,唐氏综合征,先天性心脏病

【个案基本情况】

小杨目前身体状况良好。曾经在专门的周托康复机构训练过 2 年,2018 年 9 月到特殊教育学校就读。

【专业指导建议】

(一)情绪和行为管理

师:唐氏儿童往往不能很好地控制情绪,有时会出现打人的情况,有什么方法可以逐渐减少问题行为?

专家:小杨目前的生理年龄为 10 岁,但她的心理年龄应该小于实际年龄。教师要有这样的认知,才能判断小杨目前的表现是否符合她的心理年龄特征。

对于小杨的打人问题,建议先了解导致其不良行为出现的背景因素。家长要积极与学校老师配合,在家庭中设置情境,通过角色扮演来训练她的社交技巧,即用语言来表达自己的情绪,而不是动手打人。学校老师在教学中也可以设计这样的社交技巧情境,如 5 个孩子上篮球课,只发 4 个球,让同学去拿小杨的球,并适时地引导小杨:"同学拿了你的球,你是不是很生气?生气了该怎么办?"由此引导小杨表达出功能性的语汇或词句"生气""老师,我生气了"等,逐步引导她用语言表达自己的情绪,不断减少其问题行为。

(二)注意力保持

师:在课堂上,小杨时常会出现注意力不集中的现象,有什么方法可以维持她的注意力呢?

专家:大部分特殊儿童的注意力都存在不同程度的问题。日常观察显示,小杨约 5 分钟就会出现注意力涣散,相当于三四岁普通孩子的注意力维持时间。建议老师试试如下的方法,"请你跟我这样做"(如双手摸耳朵;用手摸鼻子;右手拿笔放到左手边),通过手眼协调的视知觉动作帮助小杨集中和调整注意力,改善注意力不集中的问题。同时教师要将过长的教学过程分解为 5 分钟以内的阶梯式活动步骤,并结合教学内容,把视知觉手眼协调的内容适时地加进去,这样能较好地延长她有意注意的时间。

(三)语言训练

师:在语言训练中,小杨总是漏掉句子重要的成分,往往只能说出其中

的关键词,这是由于她语言能力不足,还是不理解句子中成分或者句子的意思呢?

专家:小杨不能主动完整地陈述一个句子,不是她不想说,而是限于唐氏宝宝的心智能力做不到。根据小杨目前的语言水平,建议结合她的生活经验来教,当她说不出时,可以用替代的方法让她说出来,如用沟通板的方式,用几张图片替代几个词语组合成一个句子。教师要考虑加入沟通辅具来满足她更多的沟通需求。此外,建议家长带孩子去医院做一次全面的感官测试,看看小杨是否有唐氏儿常有的听力损失,这样教师才能判断小杨不回应老师的原因所在,更有针对性地对其开展个别化语言训练。

案例 12　琪琪,女,11 岁,智力发育迟缓

【个案基本情况】

琪琪早期没有接受康复干预。她的口语表达能力及语言理解能力较弱,词汇量较少,写字不工整,构音不准确,导致她无法明确描述所想,难以与他人沟通,性格孤僻且容易焦虑、自卑。由于琪琪心智发展较慢,信息处理能力及归类、运算、逻辑推理能力较弱,认识 100 以内的数字,会点数但不会加减法。在学习过程中,琪琪的注意力难以集中,且类化及应用能力较弱,较难理解互动规则,无法适应突发事件。在自理能力方面,琪琪的动作模仿能力较弱,饮食、穿衣、洗澡等日常活动需要他人的协助,但基本动作的掌握情况较好。

【专业指导建议】

(一)加强居家康复训练,提升自理能力

师:琪琪的动作模仿能力较弱,缺乏锻炼且体重超标,日常的自理活动也不能很好地完成。如何帮助她更好地独立生活?

专家:首先,要培养琪琪运动的习惯,提升她的体质是培养其自理能力的重要一步。在粗大动作方面,家长可以跟琪琪一起进行单脚跳、抛接球、爬行等居家运动,也可以播放律动歌曲陪着琪琪一起跳舞,并将她喜欢的活动作为完成运动任务后的强化物。在手眼协调能力方面,琪琪喜欢做手工,因此可以做一些手部精细动作的训练。其次,家长要让琪琪学习做各种家务,为她将来独立生活甚至就业做铺垫,如跪着擦地、用夹子晾衣服、叠衣服等。

(二)加强语言训练,提升语言表达能力

师:琪琪语言能力较弱,说话不完整,例如需要上厕所时只会说"厕所"。如何引导她主动说、准确说?

专家:在语言训练方面,教师可以从琪琪喜欢吃的食物入手,教她食物的名称,提高其构音的准确性。教师也可以通过课上提问的方式使琪琪参与课堂,提升其学习的积极性,例如先提问班上语言能力较好的学生,让琪琪仿说同学的回答。如果琪琪不能仿说所听到的句子,教师可以提供选择题或是非题让其进行回答;也可以在课后让琪琪去小卖部买东西,以提高其语言表达能力。另外,建议家长在家与琪琪进行对话时放慢语速,并刻意跟她聊生活中的事情,让琪琪了解她周围发生的事,如最近听到的事情或电视上播放的新闻等,同时适当追问琪琪一些问题,如今天中午在学校吃了什么。频繁的沟通能够激活琪琪的大脑,加强她对他人话语的反应能力。

(三)调整教学策略,提升学习能力

师:在学习方面,琪琪比同龄学生理解能力弱,不能独立完成学习活动,应做哪些调整助其更好地跟上教学进度?

专家:需要强调的是,不建议琪琪回到低年级重读,琪琪的学习能力较弱,但不代表其他方面没有进步。建议教师对现在的教学内容、教学难度、教学进度进行调整,并简化和减少教学任务。

在数学方面,教师可以设计操作性强的教学活动,如在教对称图形时,让琪琪通过剪对称图形来对所学知识进行深入理解;再如做加减法时,教师可以提供辅具如计算器、手机等,协助琪琪进行运算。在语文方面,由于琪琪词汇量有限,可选择常见的、与生活有关的生字进行教学,并用字卡先教琪琪名词和动词,再教副词。教师也可以用手机扫描生字,以语音点读的方式帮助琪琪理解和掌握新字。由于琪琪的书写不工整,建议她在大格子里写语文的书写作业,先写笔画简单的字,然后再写多结构的字。在朗读课文时,不要求琪琪可以独立朗读,只要她能够清晰地跟读即可。另外,教师可以让热心的同学帮助琪琪出作业题、改作业或检查作业,也可以让琪琪帮忙发作业、收作业或数作业本,以加强她和同伴之间的友谊,使琪琪更好地融入班集体。

(四)丰富教学设计,提供生活化教学

师:在融合教室里,哪些教学方式适合中高年级智力发育迟缓的学生?教师开展融合教育时,又需要注意哪些方面?

专家:对于中高年级智力发育迟缓学生来说,更适合用常见的实物来教一些生活中会用到的物品的相关知识及使用方法,而不是用教具。在运用蒙氏教具和感统训练球时,需要为中高年级的学生设计更丰富的教学活动,设置游戏关卡,如比一比、赛一赛等。在集体课中,教师需引导学生理解并遵守游戏规则,让学生学会等待和主动分享,规范其课堂行为。

针对中高年级的智力发育迟缓学生,教师不仅要加强其自理能力,为将来独立工作做铺垫,更需要对当前的教学内容及难度进行适宜性调整。在融合教育的过程中,教师需为学生提供融入集体的机会,使学生参与集体活动,以提升其社交能力。

案例 13 小蒋,男,11岁,智力障碍,精神发育迟滞四级

【个案基本情况】

小蒋小学一、二年级时跟不上班级同学的教学进度,三年级时进入随班就读名单,随后接受学校资源教室相关服务,目前在五年级就读,没有接受过专业医疗康复。

【专业指导建议】

(一)学习方面

师:在小蒋反感学习的情况下,怎样激发其学习兴趣?

专家:建议将学习内容与小蒋的生活相关联,使他感到学习对自己有帮助,从而激发其兴趣。比如教"5+5=10",可以让他通过生活中钱的使用来开展学习,如,5元钱加5元钱是多少。这样的教学与他的生活经验相贴近,他也容易掌握。

教师要注重反复训练小蒋的注意力,因为智力障碍学生都需要经过较长时间训练,才能集中注意力。同时,还应注意:第一,减少干扰物。给予他的刺激不能太多,否则会导致他无法记住。第二,通过奖励给予肯定,强化其积极行为。正强化可以是物质的,也可以是社会性的,比如口头表扬,关键是要激发他的荣誉感,促使他表现得越来越好。

教导智力障碍孩子时,一定要从简单容易的开始教,他才会有信心,然后再循序渐进地增加学习难度,让他更容易接受。要正确引导其行为,告诉他哪些行为是不好的,比如发脾气、打人或摔东西。教师要教会他们用恰当

的行为来替代不好的行为,通过多次的练习,他就会理解并选择好的行为方式。

（二）功能性训练

师:面对小蒋这样的孩子,资源教师能做哪些功能性训练帮助其提升学习能力?

专家:智力障碍孩子在生理方面要比普通孩子发展得慢,如视觉动作方面、协调控制方面(平衡感、速度、灵巧度等)都会落后于普通孩子。认知学习方面,他很难掌握组织和分类,比如将椅子、桌子、沙发归类为家具;记忆力方面,学过的知识忘得快,需要多多练习,不断强化他的记忆。因此,对于小蒋来说,训练他的视觉动作能力、协调控制能力、注意力、记忆力,包括生活自理能力,都有助于他提升认知能力。

（三）缓解学习压力

师:强制小蒋学习会引起他强烈的反感,有时还会引起反抗行为,怎样才能缓解其学习压力并稳定其情绪?

专家:家长和老师都要努力去发现小蒋的特长,比如他的粗大动作就不错,一直在练习跆拳道。教师可以将跆拳道作为他的强项(优势能力)深入挖掘,给他搭建舞台展示自己,让他赢得赞许、激发自信,鼓励他把跆拳道学得更好,并将这份自信迁移至学习上来。通过优势能力挖掘,激发学习自信,能有助于小蒋缓解学习压力和稳定情绪。

案例 14 小健,男,13 岁,智力障碍

【个案基本情况】

小健母亲也有智力障碍,家中只有父亲正常。他 5 岁进入当地幼儿园就读,8 岁进入特教学校就读。上课注意力不集中,难以完成作业。平时很少与人交流,很难参与集体活动。

【专业指导建议】

（一）注意力训练

师:小健是遗传性的智力障碍,教师该怎么训练他的注意力?

专家:训练小健的注意力,不妨从注意力广度、注意力持续性、注意力集中度、选择性注意力、注意力转移等方面着手。推荐采用的干预策略有如下

几种。

其一,增加注意力广度,可以通过同时挑两种颜色物品的方式,如要求孩子左手挑出红豆,右手挑出绿豆,分别放在两个不同的盘子里。其二,训练注意力集中度,可以通过玩"听一听,拍一拍"的游戏,如要求他在听音乐时,如果听到鼓声,就要拍一下手。其三,训练选择性注意力,可以通过"在适当的地方,挑出适当的物品"的方式,例如,让他在混杂红豆、绿豆和黄豆的盘子里分别挑出三种豆子,然后放在不同的盘子里。其四,训练注意力转移,可以通过串珠的游戏,如给他多种颜色的串珠,要求他必须按照规定的颜色排列方式进行串珠,并不断增强难度。其五,训练注意力的持续性,可以利用迷宫图,让他用手指或笔走出迷宫。其六,训练替代技能,如果分心行为的功能是为了逃避学习或者作业需要协助,那么可教授他沟通技能,表达自己听不懂或不会做,需要老师的协助。

(二)教学活动

师:如何基于小健的认知特点实施适宜的教学活动?

专家:首先要改善环境。其一,座位安排在不受干扰、易于提醒注意的位置;其二,四周安排适当的同伴;其三,调整物理环境;其四,消除或减少诱发分心行为的刺激;其五,改变对他的态度,容许他进行不影响别人的小动作;其六,提示同伴注意他表现的适当行为。

其次要设计科学的教学环节。其一,提供结构化的教学流程,配合他的注意力特性设计教学活动。例如,他的注意力持续时间最多为五分钟,教师就要注意在五分钟静态的课程之后变换为动态活动,使教学活动静动搭配。此外,可以在静态的活动中注入一些动态的成分,比如允许他阅读时站着或走动,也可以边听音乐边有节奏地拍手。其二,安排多感官的教学活动。变化信息接收的通道,用不同方式重复呈现重要信息,例如除听觉方式之外,教师也可以提供视觉的线索,或者要他复述教师所说的内容。其三,创造能发挥小健"动"的优势能力的机会。其四,活动前预告或制定清楚具体的规则。其五,善用明显多元的提醒线索,比如使用一些手势或动作(拍桌子、轻拍桌面、眼光接触、提示词或改变声调)做引导来提醒他,及时吸引其注意力。

(三)眼神闪躲干预

师:有时候教师跟他说话,他并不理睬,眼神有闪躲。

专家:建议先以小健喜欢的物品(比如布偶)为媒介,教师手上拿着布偶与他互动,从看布偶开始,由远至近,慢慢地将布偶拿到教师眼前,让他与教师眼神接触。另外,可以通过小健感兴趣的活动,促进其与教师和同伴交流。

(四)教学活动参与

师:怎样让小健更好地参与到教学活动中来?

专家:一方面,教师要创设情境,增加小健使用语言的机会,比如运动会上给每个小朋友发糖果,这时候可以邀请小健给全班同学发糖果,让他主动与同伴产生互动。再比如小朋友们收到小健发的糖果说"谢谢",教他回应"不客气"。另一方面,要增加小健与周围同学的互动,让同学发现他身上的闪光点,让他在班级中积极发挥作用,让更多同学理解小健特有的行为方式,形成一种鼓励、赞美的融合氛围,让愉快的交流、互动时常发生。

(五)提供差异化教育服务

师:学校该如何根据小健的个体特点与需求,为他提供更有效的教育服务?

专家:第一,要对小健进行分析,先列出他学习课程时需要的一些能力和行为,对照他的实际情况进行列表分析,表格左侧列出所需要的行为,对照该学生此项能力的表现,表格右侧可以用"+"或者"-"来进行评价,然后总结出小健的学习需求。第二,学校可以根据小健的个体需求,调整课程教学目标,从他能掌握的内容着手教学,当他无法独立表现出某种能力和行为时,可以给他适当的提示或者协助。在实施课程教学计划时,可以考虑从衔接和复习过去所学的概念(知识)入手,减缓坡度,降低难度,同时通过调整教(学)具或辅具、减少文字呈现、多用图片表征等方式来提供差异化的教学服务。

案例 15 小艾,男,13 岁,智力障碍,精神发育迟缓

【个案基本情况】

小艾 2 岁时出现多动、抽动、流涎、舌头外翻等行为表现,4 岁时出现注意力不集中、情绪不稳定、自控力差、交际能力差、大小便失控等情况。该生曾经在普通学校随班就读,目前在特殊教育学校就读。他能安静地坐一堂课时间,学习能力优于同类孩子,有长时记忆能力,但是仍存在舌头外翻、眼睛经常往两边斜视、大小便偶尔弄到身上的现象。

【专业指导建议】

（一）情绪控制

师：小艾上课的时候会无缘无故地大笑起来，手舞足蹈的，特别是季节交替的时候最明显。如何帮助他控制情绪？

专家：第一，当小艾开心发出很大笑声时，家长或老师先不要训斥他，而要引导他，让他用语言表达。可以让他把好笑的事记录下来，给他语言表达的机会，并平息他激动的情绪。第二，教师可以让小艾看别的小朋友用什么方式表达，可以用讲绘本故事的方式告诉他如何表达自己的想法，让他通过读故事，或观察、学习别人，习得合适的表达方式。第三，小艾很敏感，他很在意别人说的话，想得到别人的关注。因此，我们要表扬他好的行为，用放大镜看他的优点，多鼓励他，让他充满信心。在他表现不好的时候，教师还是要以表扬的方式鼓励他好好表现，当他情绪激动时，要引导他用语言来表达自己。

（二）行为干预

师：他意识中还没有"偷"的概念，常私自拿家里人的钱偷偷去超市买东西吃，还有几次被发现在超市偷拿东西，但他却不承认自己的行为。这种行为应如何干预？

专家：对于"偷"的行为需要及早干预。首先，要了解小艾"偷"东西的需求（动机）是什么；接着要让他区分自己的零用钱和家里的钱，告诉他只能花属于自己的钱，拿别人的钱是需要付出代价的，如他出现偷拿别人东西的行为，就要用自己的钱来赔偿。如果他一段时间不再出现偷拿的现象，家长可以多给他一些零用钱作为奖励。家长和老师要经常关注并提醒他，可以让他去买东西，教他学会规划用钱。在教育时要注意语言措辞，保护他的自尊心。

（三）医疗干预

师：小艾眼睛一直往外斜，舌头一直往外舔，经常手舞足蹈，并且无缘无故地笑或敲桌子，两只脚生有神经瘤，习惯斜着走。

专家：舌头外翻是染色体异常的一种症状，要带他去医院做个身体检查；斜视、脚上的神经瘤也需要专业医生诊断原因。他无聊的时候笑或发出一些声音，抑或敲桌子，这都是他对自己的感官刺激，我们可以安排他做一些有意义的事情，一方面满足他感官刺激的需要，另一方面也减少他自我刺激的行为。

第四章 智力障碍学生个别化教育指导

（四）饮食建议

师：小艾贪吃，现在身高165厘米，但体重已经有85公斤，看到喜欢吃的东西就吃个不停，而且吃得很快。如何控制他的饮食，帮助他养成健康的饮食习惯？

专家：第一，要避免给小艾吃高热量的食物，多吃低热量且饱腹感强的食物。第二，饮食量要慢慢减少，一下子减少会不适应，要渐进地改善他的饮食。第三，要让他知道肥胖会对他的健康产生不好的影响，可以经常和他做一些饮食常识方面的交流。

（五）自我保护

师：小艾的自我保护意识不强，有时候会被小区里的孩子欺负，他又没有反击的能力，只能抱着头，有时身上被打得青一块紫一块的。

专家：第一，要了解小艾被打的原因。让他自己分析别人打他的原因，让他觉察到问题所在，比如，可能是他的行为引起别人的不满，让别人不舒服，才会打他。第二，要教会他换位思考，让他懂得与人相处的礼节和游戏规则，避免和其他人发生冲突。第三，要教他正确的说话方式和问题处理方式。同时，要教会他被欺负时如何保护好自己，如请求帮助，或者跑到人多的地方等。

案例 16 妍妍，女，14岁，中度智力障碍，注意缺陷多动障碍

【个案基本情况】

妍妍现就读于特殊教育学校高年级。对"感知觉""粗大动作""精细动作""语言与沟通""认知""社会交往""生活自理"和"情绪行为"8个领域的能力进行评估，妍妍总体通过项为338项，中间项为58项，未通过项为33项，整体水平相当于4岁半儿童的水平。妍妍各领域能力发展不均衡，呈现三个梯度，语言沟通能力、生活自理能力发展较好，精细动作能力、认知能力次之，感知觉、社会交往和粗大动作最弱。其中，感知觉、粗大动作、精细动作、认知能力发展空间较大。

【专业指导建议】

（一）多重障碍干预

师：妍妍是中度智力障碍，同时还存在注意缺陷多动，情绪行为问题较多，严重影响了她的生活与学习，造成了学习、适应、社交等多方面的障碍。

像这种智力障碍伴多动的情况应如何干预？

专家：台湾地区对于多重障碍的判定标准是两个以上的主要障碍同时出现在一个小朋友身上，且这两个以上的障碍彼此之间不能够互为因果。妍妍的智商是45，是智力障碍，但她又同时伴随多动症、情绪行为障碍等，她的情况比较复杂，也有可能是严重智障导致以上问题（障碍）的，因此较难区分。

针对她的多重障碍，建议采取如下干预方法：将妍妍的座位安排在教室前方；根据她的注意力现状，采取分段学习和动静搭配的方式，并根据她的实际学习情况开展适度调整；采用预警机制，不要等到问题发生后才去处理，要防患于未然；对妍妍开展注意力训练；采用表单的形式或工作分析表，用视觉支持的方式提示她表现出恰当的行为。

（二）家庭教养

师：父母对妍妍教养方式有很大不同，母亲比较温柔，而父亲则比较粗暴，妍妍惧怕爸爸，在爸爸面前通常表现得比较乖，但坚持不了很久，她又会故态复萌。我们认为父亲的管教方式可能也是导致妍妍出现攻击性行为的原因之一。作为教师，我们能对她的家庭教养方式施加一些影响吗？

专家：教师应该指导妍妍家长形成一致的教养观，父母的言行对孩子的影响极大。教师要对家长多一点沟通、多一点指导、多一点示范、多一点鼓励，督促家长开展有效的亲子教育，保证父母和学校的教育同向、同步。此外，妍妍的母亲也要适度放手，不要过度代劳，让妍妍最大限度地发展其能力。

（三）青春期教育

师：妍妍快15周岁了，是个青春期的大姑娘了，学会自我防护、保持合理的社交距离很重要。我们尝试过在日常生活中提醒她和熟悉的老师、同学、家人至少保持一个手臂的距离，以期通过"一个手臂"这样一个相对直观的操作来帮她理解合理距离的概念，但是效果不是很明显。请问还有什么方式能教孩子保护自己的身体？

专家：性教育很重要，建议教师采取多种策略帮助妍妍做好青春期的自我保护，如采用小步骤、多感官的学习，运用教具、图片、玩偶、角色扮演等方式反复教导她，并通过情境创设帮助她反复演练，逐步建立自我保护意识，不断增强自我保护能力。

（四）问题行为干预

师：妍妍与同学交往过程中会发生攻击性行为，导致大部分同学都远离她,不太愿意和她一起学习、玩耍。对于有社交需求的妍妍而言,她的攻击性行为不但没能消除,还在升级。

专家:建议教师努力营造宽容、和谐的班级氛围。开展合作学习,合理分组,强调互动,人人参与。教师对待学生要一视同仁,教师对妍妍的态度在很大程度上会影响学生。

五、常识问答①

☞ 一个人一旦被诊断为智力障碍,就终身是智力障碍者吗?

事实:个体的智力功能水平未必会保持稳定不变;对于轻度智力障碍者来说尤为如此。一些人通过集中式教育计划可以进步,甚至不再被视为智力障碍者。

☞ 根据智力测验的得分能确定个体是否患有智力障碍吗?

事实:最常用的定义指出,智力障碍个体必须满足两个标准——低智力功能、低适应性技能。

☞ 在大多数情况下,能很容易确定智力障碍的病因吗?

事实:尽管人类基因图谱增进了我们对智力障碍病因的了解,但仍然难以准确指出许多智力障碍者的病因,尤其是轻度智力障碍者。

☞ 心理社会因素是绝大多数轻度智力障碍者的病因吗?

事实:虽然没有准确的百分比数值,但研究者们已经发现越来越多造成轻度智力障碍的遗传综合征;一些个案也涉及遗传因素。

☞ 确定个体智力受遗传和环境决定的量值是可能的吗?

事实:大多数专家现在一致认为,遗传和环境并非以一种相加的方式发生作用,因此计算单一因素影响智力的精确比例只能是徒劳无功的。

☞ 最好要等到智力障碍学生上了初中后再开展职业技能的教学吗?

---

① [美]哈拉汗,考夫曼,普伦.特殊教育导论[M].肖非,等,译.北京:中国人民大学出版社,2010:126.

事实：许多专家现在认为，在小学阶段将职业内容介绍给智力障碍学生是适当的。

☞ 智力障碍者工作失败通常是因为他们没有足够的工作技能吗？

事实：他们工作失败更经常是因为工作责任感差（出勤率低以及缺乏主动性）和社会能力不足（不能与同事恰当地互动），而非缺乏能力完成任务。

☞ 智力障碍个体能在竞争性职场中工作吗？

事实：越来越多的智力障碍个体在竞争性职场中工作。许多人通过支持式就业情境获得了帮助，在那些情境中，工作教练帮助他们及他们的雇主适应工作场所。

第五章 肢体障碍(含脑瘫)学生个别化教育指导

一、肢体障碍(含脑瘫)的定义

肢体障碍(physical impairment),是因肢体器官损伤或功能缺陷而导致的肢体活动困难。如下肢截肢者行走能力降低,使个人日常生活和参加社会活动等方面受到限制,通过配戴支具、安装假肢和进行功能训练,在一定程度上可以克服或消除。肢体障碍与"肢体残疾""肢体缺陷"等词在意义上有所差别,但在实际运用时常通用。

肢体障碍是致残障碍类型中比例最大的一种,致病及致残的常见疾病有脑瘫、脊髓灰质炎和先天性畸形等。肢体障碍学生中,脑瘫引起的肢体障碍最为常见。

脑瘫(cerebral palsy),全称脑性瘫痪,是指婴儿出生前到出生后一个月内的脑发育早期,由于多种原因导致的非进行性脑损伤综合征。主要表现为中枢性运动障碍以及姿势异常,还可能伴有智力低下、癫痫、感知觉障碍、语言障碍及精神行为异常等,是引起小儿机体运动残疾的主要疾病之一。

二、肢体障碍的发生率

因致残原因众多,肢体障碍者在残疾人口中人数最多,占比最大。

中国残疾人联合会网站《全国残疾人人口基础库主要数据(2020)》显示,截至 2020 年 12 月 31 日,我国肢体残疾人约有 2045.99 万。

《2020 年残疾人事业发展统计公报》显示,2020 年,1077.7 万残疾儿童及持证残疾人得到基本康复服务,得到康复服务的持证残疾人中,肢体残疾人有 542.8 万。

三、相关检查

肢体障碍的检查评定依据主要是《残疾人残疾分类和分级》国家标准中的肢体残疾标准。1987年4月全国第一次残疾人抽样调查时将肢体残疾规定为四级（略）；2006年第二次全国残疾人抽样调查时也规定为四级，但内容有变化，具体规定如下。

1. 肢体残疾一级：不能独立实现日常生活活动

包括：四肢瘫，四肢运动功能重度丧失；截瘫，双下肢运动功能完全丧失；偏瘫，一侧肢体运动功能完全丧失；单全上肢和双小腿缺失；单全下肢和双前臂缺失；双上臂和单大腿（或单小腿）缺失；双全上肢或双全下肢缺失；四肢在不同部位缺失；双上肢功能极重度障碍或三肢功能重度障碍。

2. 肢体残疾二级：基本上不能独立实现日常生活活动

包括：偏瘫或截瘫，残肢保留少许功能（不能独立行走）；双上臂或双前臂缺失；双大腿缺失；单全上肢和单大腿缺失；单全下肢和单上臂缺失；三肢在不同部位缺失（除外一级中的情况）；二肢功能重度障碍或三肢功能中度障碍。

3. 肢体残疾三级：能部分独立实现日常生活活动

包括：双小腿缺失；单前臂及其以上缺失；单大腿及其以上缺失；双手拇指或双手拇指以外其他手指全缺失；二肢在手指掌指关节（含）和足跗跖关节（含）以上不同部位缺失（二级中的情况除外）；一肢功能重度障碍或二肢功能中度障碍。

4. 肢体残疾四级：基本上能独立实现日常生活活动

包括：单小腿缺失；双下肢不等长，差距在5厘米以上（含5厘米）；脊柱强（僵）直；脊柱畸形，后凸大于70度或侧凸大于45度；单手拇指以外其他四指全缺失；单手拇指全缺失；单足跗跖关节以上缺失；双足趾完全缺失或失去功能；侏儒症（成年人身高不超过130厘米）；一肢功能中度障碍或两肢功能轻度障碍；类似上述的其他肢体功能障碍。

四、教育安置与辅助

（一）肢体残疾儿童教育安置

肢体残疾儿童教育（education for children with physical disabilities），

简称"肢残教育",是对因四肢残缺或四肢、躯干麻痹及畸形,导致运动系统不同程度的功能丧失或功能障碍的儿童的教育,是特殊教育的一种类型。在教育安置上根据儿童的具体情况确定。

国外常见的安置方式主要有6种:

(1) 特殊教育学校

整个学校专门为某一类肢体残疾儿童而设计,在硬件教学设施、师资条件和课程安排等方面有周详和完整的规划。安置在此类学校的多为重度的肢体残疾儿童。

(2) 特殊班

即将肢体残疾儿童安置于一般学校的隔离班或自足式班级中。学生大部分的课程教学在此特殊班中进行,但有些活动则与普通班学生混合进行。这些混合学习活动的实施,有赖于学校在学习环境、教材与教法方面的适当设计与配合。

(3) 资源班或巡回辅导制

儿童平时在普通班上课,并由资源教室或巡回辅导人员提供他们所需的特殊教学或其他的相关服务,如康复训练等。

(4) 医院附设的特殊班

有些医院在为肢体残疾儿童进行诊断与治疗期间,为免其中断或荒废学业,附设特殊班级以提供必要的教育机会。采用此种安置方式的多为重度肢残儿童。

(5) 家中教学

重度或极重度肢体残疾儿童,因为行动不便或学校无法提供相关设施而无法到校上课,所以申请在家教育,由学校派老师到其家中施教,或采用函授、广播电视教学的方式,为其提供学习的机会。

(6) 普通班

安置在普通班的形式也称融合教育,即轻度肢体残疾儿童与健全的儿童一起上课,学校依据无障碍环境的理念提供各种设备和支持。

我国目前对肢体残疾儿童的安置方式主要有3种:

(1) 普通学校

凡是能坚持正常学习的肢残儿童、少年都在普通学校的普通班学习,教师根据各个肢体残疾儿童的具体情况,采取适当的教学方法,以满足他们的特殊需要。

(2) 特殊教育学校

我国部分培智学校招收由脑性瘫痪导致的肢体运动障碍儿童,他们中大多数伴有智力障碍;肢体残疾且伴有视力障碍的儿童可以进入盲人学校学习;肢体残疾且伴有听力障碍的儿童可进入聋人学校学习;另外,还有少数学校和机构专门招收脑瘫儿童进行教育和康复训练。

(3) 在家自学

尚无条件进入学校学习的肢体残疾儿童,则由所在学区的学校或康复、福利机构的教师和家长进行自学辅导,他们主要为重度或极重度的肢体残疾儿童。课程设置主要包括下列内容:普通课程,与普通儿童所学课程内容相同;特殊教育课程,包括功能训练、学业辅导、生活辅导、职业教育四个领域。

(二)肢体障碍辅助[①]

肢体障碍的辅助主要包括矫形器与假肢、日常生活活动自助具(如进食自助具、穿衣自助具、如厕自助具、个人卫生自助具、防护自助具等)、移动辅助(如拐杖、助行器、轮椅、三轮车、手推车等)、学习辅助(如书夹、口棒、自动翻书机、执笔辅具、可调节课桌椅等)、沟通辅助(如沟通板、沟通器、计算机辅助系统等)、环境改造(如果日常移动需要使用轮椅等移动设备,要对门厅、卧室、厨房、卫生间、浴室和其他需要的位置进行改造,针对重度肢体障碍儿童可以安装环境控制系统)等。

五、案例指导

案例 1 轩轩,男,12岁,中枢性协调障碍

【个案基本情况】

轩轩的母亲孕期健康状况良好,未服用药物、无放射性照射,因宫缩不好而使用过催产素,生产方式为剖宫产。轩轩出生时有重度黄疸,5个月时被诊断为中枢性协调障碍,5个月至5岁在医院做康复训练,8岁进入特殊教育学校,目前在培智学校读四年级。轩轩白天在学校,其余时间均在家由家长(主要是奶奶)抚养。

---

① 刘晓丹,姜志梅.康复治疗师临床工作指南·儿童发育障碍作业治疗技术[M].北京:人民卫生出版社,2019:157-162.

【专业指导建议】

（一）开展行为功能分析，减少问题行为

师：在集体课和个训课中，轩轩经常把大小便弄在身上，但是在户外活动时就不会有这种情况。经长期观察和分析，我们认为这是轩轩在逃避集体课和个训课的学习，应如何解决这一问题？

专家：首先，教师要对轩轩进行行为功能分析，探讨目标行为发生的环境因素与后果因素，以及行为所欲达成的目的，以确定行为的因果关系——起因（发生于行为之前或行为中）与发生行为后果（发生于行为之后）。其次，教师要设计行为功能干预方案，需要注意的是，所要处理的行为（表现在外的具体行为），是可观察、可测量的不当行为（如"用嘴咬伤同学的手"），而非代表不当行为的类别用词（如"攻击行为"）或形容词（如"粗鲁"）。不当行为必定事出有因，其起因常来自不当的环境条件，且不当行为多是为了表达需求或达成一个目的。再次，教师要采取相应的提示策略（口语、示范、手势、肢体协助），同时配以合适的行为改变策略（如，正强化：在特定情境下某人做了某件事后立即得到强化，那么下一次再遇到类似的情境时，这个人就很可能再做同样的事；消退：在特定情境下某人出现先前被强化的反应而现在不强化此反应，那么这个人再遇到类似情境时，出现此行为的机会就会减少）。例如，运用正强化策略，计划开始时，教师要告诉轩轩计划内容，在出现适当行为后立即强化（3秒以内）；给予强化时要对轩轩描述行为（如"你把桌子擦得很干净"）；若轩轩喜欢的话，可以使用大量的称赞和肢体接触来强化。最后，教师要逐步解除轩轩对计划的依赖。当适当行为持续出现，可减少物质强化物，利用社会性强化维持行为，也可以找出环境中可以维持行为的自然强化物，并在计划结束后开展定期评估。

（二）运用图片沟通系统，开展有效沟通

师：目前轩轩能听指令拿取生活中常见的实物，但他的注意力集中在实物上，对于教师出示的图片则没有观察或反应。这种情况应该怎么办？

专家：这是关于有效沟通的问题。沟通的方式有很多种，建议使用图卡开展沟通训练。教师可以将生活中的实物与图卡建立联结，如建立吃午饭和相应图卡的联系，待轩轩理解其关联后，再逐步扩展到上课、上厕所等日常活动，让孩子意识到用图卡沟通的作用。

（三）分析攻击行为原因，寻找替代行为

师：轩轩平时会毫无征兆地用力抓紧他人或用力掐人，有时会随手拿起物品击打他人。据观察，这些行为发生前，他并没有受到较大刺激，攻击行为也没有明显的目的性。应该如何干预？

专家：关于孩子抓人、掐人的攻击性行为，建议教师首先与孩子进行长期接触，细心观察以了解原因，并认真记录。攻击性行为可能是轩轩寻求自我刺激的行为。如果是这样的话，教师就要考虑用合适的行为来替代这个问题行为。

● 拓展

图片交换沟通系统（PECS）

图片交换沟通系统（PECS）是一种引导孤独症及其他沟通障碍儿童使用图像与他人沟通的干预方法。它以结构化环境、程序和教材帮助儿童学习主动与人沟通；借助强化物，让儿童循序渐进地建立实用的沟通技巧。教师在使用 PECS 时，需教导学生遵守训练原则，避免学生养成不良的沟通习惯。

PECS 训练分为 6 个阶段，每个阶段都有清晰的目标。

第一阶段是以物换物。此阶段的目标是帮助儿童建立一个沟通的基本模式。当学生看到一件很喜欢的物品时，通过教师的提示，拿出对应物品的图卡，交到教师手中，以换取此物品。

第二阶段是增加儿童沟通的自发性。此阶段的目标是当学生有喜欢或需要的物品时，自主地拿起图卡递给教师。

第三阶段是辨认图卡。当学生建立了沟通模式并提高了主动沟通的意愿后，可以学习辨认图卡。学生想要某一个物品时，他要在众多图卡中取出正确的图卡，交给教师。根据学生辨认图卡能力的不同，教师可以运用黑白图卡或彩色图卡，通过不同的图卡线条、图卡图案大小、图卡位置和图卡立体程度等增加辨认图卡的难度。

第四阶段是学习句式结构。学生学习了一定数量的图卡后，可以开始学习句式结构。当学生想要某个物品时，他需拿起"我要"图卡，贴在事先准备好的卡片板上，再拿起想要的物品的图卡，贴在"我要"图卡的后面。随后把贴好图片的卡片板交给教师。教师可以在这个阶段开始时，先把"我要"图卡贴在卡片板上，让学生拿想要物品的对应卡片贴在后面，等学生熟悉技巧后，再让学生自己完成卡片板上的句式。

第五阶段是回应"你要什么"。当学生熟悉第四阶段的技巧后,教师可以引导学生学会用图卡回应"你要什么"。教师可以采用延迟提示策略来训练学生,这个阶段的初期,教师提出"你要什么"之后可以立即提示学生使用图卡。随着学生的熟练程度提高,教师可逐渐撤出提示。

第六阶段是学生能回答评论性问题及表达想法。当学生掌握了前五个阶段的目标后,可以学习回答评论性和描述性的问题,例如"你要什么""你看到什么""你听到什么"等问题。在这个阶段,学生不仅要表达个人需要,更需要学习对事情、环境做出描述和评论。

此外,PECS也适合学生在家中进行练习。让学生在家也进行一定量的语言训练,有助于提高学生与人沟通的自发性。在家中进行PECS练习,须注意以下几点:一是家长要了解学生的喜好,使用适合的强化物。二是在不同情境下让学生使用PECS。三是每次训练的时长控制在5分钟左右,训练次数需频繁。四是需按照PECS的六个阶段进行训练。

六、常识问答[①]

☞ 脑瘫是一种传染病吗?

事实:脑瘫不是一种传染病,它是一种非进行性神经损伤,是由出生前、出生时或者幼童时期的大脑损伤引起的一种肌肉控制和协调性障碍。

☞ 肢体残疾儿童的最大教育问题是高度专业化的教学吗?

事实:最大的教育问题是教会没有残疾的人知道有残疾是怎样的以及怎样适应残疾。

☞ 肢体残疾越严重,智商就越低?

事实:虽然脑瘫或者其他疾病会导致个体严重的肢体残疾,但他(她)

---

① [美]哈拉汗,考夫曼,普伦. 特殊教育导论[M]. 肖非,等,译. 北京:中国人民大学出版社,2010:126.

仍然可以有个聪明的大脑。

☞ 如果一个肢体残疾的儿童,例如脑瘫或者脊柱裂儿童,在幼儿时期学习了走路,那么他(她)能够终身掌握这个能力吗?

事实:在很多情况下,贯穿儿童期、青春期和成年期的持续性干预,即贯穿终身的干预,是必要的。就算这样的青少年或者成人是从儿童时期开始学习走路的,如果对行走没有持续的支持,他们可能会觉得行走越来越难甚至放弃走路。

第六章　孤独症谱系障碍学生个别化教育指导

一、孤独症谱系障碍的定义

孤独症谱系障碍（autism spectrum disorder，ASD），简称孤独症（autism），俗称自闭症，是一种多起病于儿童早期的神经发育障碍，曾被称为广泛性发育障碍（pervasive developmental disorder，PDD）。1943年，美国精神病医生肯纳（Leo Kanner）首次提出"孤独症"，该障碍引起了世界各国及社会各界日益广泛的关注。[①] 其核心障碍为刻板行为与社交障碍。病因尚无定论，主要与遗传因素相关，也可能与某些环境因素（如围产期损伤、病毒感染等）有关。治疗方法有行为治疗、游戏治疗、药物辅助治疗等。孤独症的早期干预很重要，预后个别差异较大。

二、孤独症谱系障碍的发生率

孤独症的患病率报道不一，男女比例约为4~5∶1，男孩比女孩多3~4倍。

孤独症的首次大规模流行病学调查（Lotter,1966）发现，孤独症发生率约为0.04%（1/2500）。20世纪70年代的一些调查也得出了类似的比例（Fombonne,2005）。随着时间的推移，确诊人数与发病率不断攀升，在较发达国家和地区尤其如此。2021年12月，美国疾病控制与预防中心（CDC）公布临床最新发病数据约为1/44，患病率约2.3%。

据2019年出版的《中国自闭症教育康复行业发展状况报告Ⅲ》的数据统

[①] 也有专家认为，孤独症为1925年苏联儿童精神科医生苏克哈列娃首次报道，相关症状与现在孤独症谱系障碍一致，但用名为"精神分裂样人格障碍"。

计,我国孤独症人士数量超过1000万,孤独症儿童数量超过200万,而且人数在不断增加。据全国残疾人口普查统计,目前孤独症已占我国精神残疾首位。从儿童期起,孤独症人士需要长期、持续的家庭、学校与社会支持。有相关人士建议构建和完善康复教育、职业培训、就业支持、托养安置等多环节相互衔接的孤独症生命全程支持体系。

三、相关检查

(一)孤独症早期征兆

如表6-1所示,如果幼儿在牙牙学语、言语以及社会技能方面出现能力丧失或倒退现象,这可能是孤独症的征兆。一些孤独症儿童的家长常常声称,他们的孩子大约两岁前还发展正常,然后突然在行为举止的发展上出现倒退现象。据估计,约有20%~47%的孤独症儿童会出现这种孤独症式倒退(autistic regression)现象,越来越多的研究表明,父母对孩子的观察结果事实上是有效的(Landa,Holman,Garrett-Mayer,2007;Werner & Dawson,2005)。例如,在一项研究中,研究人员对儿童1岁和2岁时生日派对的家庭录像进行了对比,结果发现,父母声称出现过倒退现象的儿童在录像中确实表现出倒退的迹象(Werner&Dawson,2005)。这些研究结果也有助于解释为何一些家长会怀疑接种疫苗导致了孩子出现孤独症。①

表6-1 孤独症的早期征兆

6个月 不会大笑或没有其他温暖快乐的表情
9个月 不会与人相互分享声音、微笑或其他面部表情
12个月 不会对自己的名字做出一致的回应 不会牙牙学语 没有互动性姿势,如指点、展示、够物、挥手,或目光转移(如孩子先看成人,然后看玩具表示自己对之感兴趣,再看成人以沟通有关玩具的信息)
16个月 不会说单词

---

① 事实上,临床做了大量研究,并未发现接种疫苗与孤独症有任何有意义的联系。

(续表)

24 个月
不会说有意义的双词短语(不会模仿或重复) 任何时候都可能出现言语、牙牙学语或社会技能的丧失

资料来源：Cadigan & Estrem(2006/2007),Rogers(2000),Travis & Sigman(2000).

2022 年 8 月,我国卫健委制定、发布了《0～6 岁儿童孤独症筛查干预服务规范(试行)》,为我国的孤独症早期筛查、诊断、干预及向社会公众普及孤独症基本知识提供了详细的服务指南。

(二)孤独症诊断标准

临床医生通常根据美国精神病学协会(APA)2013 年出版的《精神障碍诊断与统计手册(第 5 版)》(*Diagnostic and Statistical Manual of Mental Disorders 5th Edition*,DSM-5)确立的标准做出诊断。①

根据患儿家长提供的病史,医生对患儿的直接行为进行观察,结合结构化和半结构化的诊断量表和问卷,最后根据 DSM-5 诊断标准做出诊断。

孤独症谱系障碍的诊断需符合以下标准②：

(1)在多种场景下,社会交往和社会交流方面存在持续性缺陷,表现为当前或曾经有下列情况(以下为示范性举例,非全部情况)

① 社交情感互动缺陷:程度从异常的社交接触和不能正常地来回对话,到分享兴趣、情绪或情感的减少,乃至不能启动或回应社交互动。

② 在社交互动中使用非语言交流行为缺陷:程度从语言和非语言交流的整合困难,到异常的眼神接触和身体语言,或在理解和使用手势方面的缺陷,乃至面部表情和非语言交流的完全缺乏。

③ 发展、维持和理解人际关系缺陷:程度从难以调整自己的行为以适应各种社交情境的困难,到难以分享想象的游戏或交友的困难,乃至对同伴缺乏兴趣。

(2)狭隘的、重复的行为模式、兴趣或活动,至少表现为当前或曾经有下列 2 种情况(以下为示范性举例,非全部情况)

① 刻板或重复的躯体运动、物体使用或语言,如简单的躯体刻板运动、摆放玩具或翻转物体、模仿语言、特殊短语。

② 坚持相同性,缺乏弹性地坚持常规或仪式化的语言或非语言的行为

---

① 其后世界卫生组织(WHO)制定的 ICD-11 标准已向 DSM-5 靠拢,大同小异。
② 孙瑞君,等.儿科疾病诊疗新技术与临床实践[M],北京:科学技术文献出版社,2019:90.

模式。如对微小的改变极端痛苦、难以转变、僵化的思维模式、仪式化的问候、需要走相同的路线或每日吃同样的食物。

③ 高度狭隘的、固定的兴趣,其强度和专注度方面是异常的。如对不寻常物体的强烈依恋或先占观念、过度的狭隘或持续的兴趣。

④ 对感觉输入的过度反应或反应不足,或在对环境的感觉方面不同寻常的兴趣。如对疼痛、温度的感觉麻木,对特定的声音或质地的不良反应,对物体过度地嗅或触摸,对光线或运动的凝视。

(3) 症状必须存在于发育早期,但是直到社交需求超过受限的能力时,缺陷可能才会完全表现出来,或可能被后天学会的策略所掩盖

(4) 这些症状导致社交、职业或目前其他重要功能方面的有临床意义的损害

(5) 这些症状不能用智力障碍(智力发育障碍)或全面发育迟缓来更好地解释(智力障碍和孤独症谱系障碍经常共同出现,做出孤独症谱系障碍和智力障碍的合并诊断时,其社交交流应低于预期的总体发育水平)

说明:若个体患有已确定的DSM-4中的孤独症、阿斯伯格综合征或未在他处注明的广泛性发育障碍,应给予孤独症谱系障碍的诊断。个体在社交交流方面存在明显缺陷,但其症状不符合孤独症谱系障碍的诊断标准时,应给予社交(语用)交流障碍的诊断或评估。

筛查、诊断孤独症的常用参考量表有:修订版孤独症筛查量表(M-CHAT)、孤独症行为评定量表(ABC)、儿童孤独症评定量表(CARS)、孤独症诊断访谈检查(ADI-R)、孤独症诊断观察量表(ADOS)等。结合具体情况,有时需进行必要的电生理检查、影像学检查甚至遗传基因筛查。

四、孤独症人士心理与行为特征

如前所述,孤独症是一个具有广泛"光谱"的障碍,不同个体在行为特征上存在一些差异。这里,我们主要讨论典型孤独症和阿斯伯格综合征①。

孤独症个体表现出社会互动缺陷、沟通缺陷和重复刻板的行为模式。此外,他们还表现出认知缺陷,有些个体还有异常的感知觉。

---

① 虽然在最新诊断标准中,阿斯伯格综合征不再单独诊断,而是并入孤独症谱系障碍中,多数医生认为,阿斯伯格综合征临床上不用再与高功能孤独症作区分,但部分专家依然认为,原来的阿斯伯格综合征这一分类不宜取消,因为它与典型孤独症以及症候群类孤独症有非常显著的差异。

1. 社会互动缺陷

孤独症个体的社会互动障碍大多体现为社会性应答缺陷(deficits in social responsiveness)。很多典型孤独症儿童的父母发现,他们的孩子在婴儿期或学步期无法对他人给予的托举或拥抱做出正常的回应。他们在社会情境中不会微笑,但是在没有任何有趣的事情发生时却可能微笑或大笑。他们的目光注视明显不同于常人,他们时常避免与他人进行目光接触。他们对他人几乎或完全不感兴趣,但却对物体有着浓厚兴趣。他们可能无法学会正常地玩游戏。这些特征始终存在,使得孤独症儿童难以与父母形成正常的依恋关系,也无法与同伴们建立起友谊关系。事实上,他们常常给人以对交友不感兴趣的印象。而阿斯伯格综合征的儿童,则很多表现为有社交意愿但缺乏社交技巧,或者说,他们难以通过观察去了解和把握人们之间的社交线索。

2. 沟通缺陷

多数孤独症儿童缺乏沟通意向(communicative intent)或缺乏为实现某些社会性目的而进行沟通的意愿。有人认为,多达50%的孤独症个体是"缄默的"(mute);他们不使用,或者几乎不使用语言。而有语言的孤独症个体,其口语在语调、语速、音量和内容上都有异常。他们的言语是"机械式的",或者会出现回声式语言,即鹦鹉学舌般地重复所听到的内容。他们会颠倒代词(例如,"你"和"我"不加区分,或者用"他"或"她"而非"我"来称呼自己)。他们尤其难以将语言这一工具用于社会互动。换言之,如果他们确实有语言,他们也极难以将之用于正常的社会互动,因为他们无法关注互动中另一方的反应。阿斯伯格综合征的儿童则往往具有相对正常的语言,但可能难以理解诸如隐喻、暗讽等较为抽象的人际沟通语言。

3. 重复刻板的行为模式

许多孤独症个体表现出刻板行为:重复的、仪式化的动作行为,如旋转、转动物体、拍手、摇晃等;类似于一些盲人的行为。孤独症及相关障碍个体常表现出的另一个特征是极端痴迷或沉醉于某物体或是有非常狭窄的兴趣范围。孤独症儿童可以仪式化地摆弄某个物体长达好几个小时,或者过于痴迷某类物体。周围环境的细微变化(如家里或教室里有物品摆放位置不当或多出了新物品)或日常安排的小小变动都会让他们烦躁不安;一些孤独症个体会坚持一成不变,极其难以接受变化或过渡(Adreon & Stella,2001;Myles & Simpson,2001)。

4. 认知缺陷

多数孤独症个体表现出类似于智力障碍个体的认知缺陷。然而,孤独症个体有其独特的认知加工障碍。

人们认为,孤独症儿童难以编码和分类信息……只能理解字面意思,他们根据事物的空间位置而非概念对事物加以识别(Sohaler,1995)。例如,在他们的理解里,"购物"是指去某个特定街道的特定商场,而不是去任何一种商场、四处逛逛、有可能买点什么这样的概念,更不要说理解"购物"这一概念其他多方面的含义了。事实上,有人猜测孤独症个体采用一种"回声箱式记忆储存"(echo box-like memory store)策略(Grandin,1995;Hermelin,1976)。

坦普尔·格兰丁(Temple Grandin)则采用图片思维(thinking in pictures)这一术语来指称孤独症个体视觉空间能力与语言概念能力间的巨大差异。她是科罗拉多州立大学动物科学系的教授,也是一名阿斯伯格综合征患者。

有些孤独症个体因为有着这种超常能力,在刚接触他们时人们会认为他们是天才,于是将这些个体称为"孤独症天才"(autistic savant)。他们在整体的社会性和智力功能上表现出严重的发展迟滞,但在特定技能上(经常是音乐、绘画或算术等方面)表现出突出的能力或明显的天赋。例如,他们中有人可以不借助任何查询,回答出未来某一天具体是星期几,但同时这个个体却可能不具备去杂货店购物的实用性数学技能。另外,在实际观察中人们发现,孤独症人士中只有少数个体具备此类天才能力,而且多依赖于周围环境是否能发现和支持他们此类能力的发展。

5. 异常的感知觉

一些孤独症个体对于环境中的特定刺激会反应过度或反应迟钝。例如,有些孤独症个体对视觉刺激过度敏感,如对荧光灯过度敏感;而有些孤独症个体则对触摸过度敏感。有些孤独症个体则完全相反,他们对某些听觉、视觉和触觉刺激完全没有反应。还有些孤独症个体则集两种情况于一身,例如,对火警等嘈杂的声音置若罔闻,却对遥远的口哨声反应过度。

一些孤独症患者会体验到神经学上的感觉混合现象,或称"通感"(synaesthesia)。这是指刺激一种感觉或认知系统时会激活另一种感觉或认知系统。

五、案例指导

案例 1　诺诺,男,3 岁,有孤独症倾向

【个案基本情况】

诺诺目前上幼儿园小班,不会与人沟通,不参加集体活动,偶尔会把袜子、鞋子都脱掉光脚跑。在幼儿园时需要教师一直牵着手,否则不能遵守班级规则。他特别挑食,午睡时很难安静入睡,大小便不能自己独立完成。

【专业指导建议】

（一）利用兴趣物,激发主动沟通的动机

师:平时上课或者游戏时,如果只给出口头指令,他基本不会执行,如让他回到座位上,就需要教师牵着他坐回座位上。而且,跟他单独沟通时基本不会给出回应。

专家:教师需要了解诺诺喜欢的物品,利用诺诺喜欢的活动、玩具等引起他的注意。比如,我们想跟他沟通,可以把他喜欢的玩具汽车放在地上,让他产生主动与人沟通的动机。如果诺诺表现出欲望（看着玩具车或者用手抓）,教师就教他说"车",等他说出"车",才给他奖励。在教学方面,要着重发展诺诺的语言能力和沟通能力,即便诺诺有能力拿到喜欢的东西,也要让他先用语言表达出来,以此发展他的语言表达能力;同时,还需要时刻关注他的发展需求,找准成长点,确定适宜的活动目标,在活动中让他逐渐积累更多的词语和表达方式。此外,还要注意环境的创设,排除非必要的环境干扰,让他专注地与教师进行近距离的互动。在每日活动中,要保证班主任与他沟通的时间,采用正确的方法,通过持续的练习,不断激发他的沟通意愿,提升他的沟通能力。

（二）加强关注,培养耐心

师:在集中活动时,诺诺时常脱离集体跑到阅读区去;户外活动时也会到处乱跑,不能固定站在指定的地方。当教师关注到他时,乱跑的情况会有所减少,但当教师不关注他的时候,他又乱跑。集体活动时,他的注意力也难以集中,不能紧跟教师的教学节奏。

专家:教师可以在自己附近为他安排"特别座",比如教师视线的 45°角

处或者在教师身边。当诺诺有不规范的动作时,通过视觉、触觉及时提醒他,让他不要到处跑。在制订教学计划时,要充分考虑诺诺的认知能力和学习需求,进行充分预设,使其能在集体教学中受到关注。在实际教学过程中,可以经常将诺诺的名字融入课堂,或者拿着诺诺的照片提醒他,这是他的故事,增强他的归属感。也可以请他当"小老师",提高他在课堂中的参与度。通过眼神、语言提示、请他回答问题等方式,让他把注意力始终集中在教师身上,特别是课前,一定要先确保诺诺已经进入上课状态,再开始今天的活动。在课堂中,教师需要把指导语的部分讲完,所以要训练诺诺理解等待的概念,时间可以慢慢延长,让他通过训练增强耐心。在教学中,教师的每一个口令后必须要有停顿,这是为了让诺诺充分了解教师表达的意思。只有让他愿意等待,教师才方便进行下一步的安排。在一日生活中,教师也可以抓住排队、用餐等时机,让诺诺学会等待,以此培养他的耐心。

(三)合理运用训练策略,改善生活习惯

师:诺诺特别挑食,只吃自己喜欢的食物,不吃蔬菜,饭不怎么吃,菜也不怎么吃。诺诺喜欢光脚跑,午睡很难入睡;大小便不会自己独立完成。

专家:家长和教师需要先了解诺诺喜欢吃什么样的食物,可以把诺诺喜欢的食物当成奖励进行正强化。将肉类剪碎一点,让诺诺不排斥;将吃有叶子的蔬菜当成游戏,只要他愿意吃,就适当给他奖励,如当他把不喜欢的食物吃了后,可以得到奖励卡或者进行喜欢的游戏。在不断的训练中让诺诺渐渐尝试其他的食物。还可以适当增加诺诺的活动量,这样他对食物的需求就会变大。

诺诺在家被要求脱鞋,而在学校室内不能随意脱鞋子。两种不同的情境、不同的要求,导致诺诺无法调整,说明他的跨情境理解能力较差。如果发现诺诺在学校脱鞋,就给他增强刺激,比如,在地上给予触觉刺激,当他赤脚走过去时,就会觉得不舒服,教师适时引导,让他发现穿上鞋会舒服很多。经过一段时间的训练,他会渐渐适应穿鞋,也能明白穿鞋会安全很多。

教师可以用很明确的口吻正式跟诺诺沟通,告诉他睡午觉的好处。教师可以躺在他旁边假装睡着,教他闭上眼睛,从闭眼睛到睡十分钟、睡二十分钟,时间慢慢延长。当他实在睡不着的时候,可以让他去其他区域,但是不能玩玩具,因为玩玩具会兴奋。家长可以找一些诺诺喜爱的物品,比如娃娃、有妈妈味道的物品等,在学校午睡的时候,将这些物品放在诺诺旁边,营造相对熟悉的睡眠环境,慢慢地引导他进入睡眠状态。教师也可以适当增强诺诺在学校的活动量,比如去操场走三圈,但活动不能剧烈,不能让他感到很疲惫。诺诺对大人的依赖性很高,午睡时,教师可以在旁边拍拍他,进行必要的安抚。在他养成午睡的习惯后,可以改变方式,当他睡醒后,及时给予奖励和表扬。当然,生活习惯模式的培养和调整,需要家长与班主任共同合作,这样也对他后续服从班规或者校规有所帮助。

针对诺诺大小便不能独立完成的情况,如果诺诺依赖教师给他脱裤子,需要适时停止。当诺诺想上厕所的时候,给予适时引导,让他学习在对的环境里用对的方式,正确上厕所。针对学校跟家里的厕所环境不一样的情况,可增加诺诺对学校厕所环境的熟悉度。了解诺诺不会独立大小便的原因,是不愿意在学校如厕还是不熟悉如何操作。教师可以通过可爱的图画或者动作提示,教诺诺正确的如厕步骤。同时,通过班级公约,让学生把握上厕所的时间,在规定的时间上厕所。

对孩子的异常行为,一定要进行充分的评估、调研,了解他行为的前置原因,通过他喜爱的物品、活动,适时对他的进步和改变进行正强化,和他建立良好的互动关系。一定要在具体的每日活动中,建立孩子的规则意识、沟通意识。

在与孤独症孩子沟通时,指令一定要具体简洁,少用复杂句型或者抽象的句型,少用成语;说话时可加上手势,可以通过视觉提示、图卡提示等,帮助他理解;善用视觉线索,比如用实际的物品、实物图片或者图卡呈现;以他最喜爱的实物为话题,引起他的动机,激发他的兴趣;适时地鼓励与夸赞;事先告知他要进行的活动或事情,预告可以给予孤独症孩子很大的安定感。

案例 2 小宝,男,4 岁,疑似孤独症

【个案基本情况】

小宝 2 岁左右即开始在康复机构进行训练,3 岁进入普通幼儿园随班就读。小宝感觉迟钝,且不关心周围的事物,特别喜欢听乐曲;注意力无法集中;语言发展水平较低,发音吐字不准确、不清晰;动作发展较好。

【专业指导建议】

(一)注意力问题

师:小宝注意力无法集中,应该如何提高他的注意力?

专家：小宝年龄偏小，需要有人陪在旁边，幼儿园没有那么多人力的时候，可以请家长陪读。

注意力无法集中是小宝的典型障碍，也是影响他各方面发展的主要原因。我们没办法要求孤独症孩子主动去集中注意力，现在小宝4岁，要开始慢慢训练，让他看别人怎么做，他再照着做。一开始需要教师和家长帮助他，提醒他现在在做什么，然后再跟他说："你看，旁边的同学也在做。"提醒他注意别人的行为。教师一定要持续加以引导，让他养成习惯，这样他就会知道"虽然没有听到教师叫我做什么，可是我看到别人在做的时候，我要学着一起做"。

（二）发音问题

师：小宝发音吐字不准确、不清晰，应该如何改善发音问题？

专家：针对构音障碍的孩子，我们要去研究他到底是哪里出现了问题。普校没有专业的教师，需要请语言治疗师来分析，才能对症下药。语言治疗师评估之后给教师建议，教师再着手进行细化，并在日常学习中逐步训练，让他可以讲得更清楚一点。此外，家长也要配合，在家里花时间陪小宝练习。教师要抓住孩子的兴趣点和需求点。孤独症孩子通常不会主动找人做任何事，除非他自己有需求，他才会讲。这时要引导他发音清楚一点，比如说他要吃饼干，如果他讲不清楚，那就不给他饼干，直到他讲清楚为止，才满足他的需求。

（三）生活习惯问题

师：小宝挑食，会为了吃饼干而哭闹，中午在幼儿园只吃白米饭和肉松。他也很难睡午觉，在不同的活动转换时难以顺利衔接，应该如何改善这些习惯？

专家：针对挑食问题，教师要提前跟小宝讲好规则，多加练习，比如说一天只能吃两次饼干，早上一次下午一次，每一次都是3片饼干。运用结构化的教学，用图片引导他，比如一张图片上面有3块饼干，吃掉1块就划掉1块，让他知道吃了多少块还剩下多少块。与家长沟通，双管齐下，互相配合，改变他的饮食习惯。但注意不要一下子改变太大，这样会使孩子不能接受。教师要用实验的方法慢慢尝试，让孩子慢慢接受改变。

针对午睡难的问题，需要一个人固定陪他，在固定的地方，用固定的方式，让他养成习惯。因为每个孩子不大一样，所以可能要多尝试，直到找到适合小宝的训练方式。针对孤独症儿童需要采用结构化教学（TEACCH），第一次陪的时候是什么模式就用什么模式，不能每天换人。前期训练会很辛苦，一定要持续，不能中断，一旦中断就会影响训练效果。

突然的活动转换会让孤独症儿童难以接受,因为他沉浸在自己的活动里面。所以让孩子进行活动转换的时候,要让他先有心理准备,如可以先跟他讲几点到几点玩什么,把时间划分出来,提前告诉他这个时候是干什么的。有了充分的预设后,他就会去调整自己接受转换。转换时教师可以利用视觉提示来提醒孤独症儿童。

(四)沟通问题

师:小宝沟通意愿低下,如何提高他的主动沟通能力?

专家:孤独症儿童社交沟通有困难,所以他的主动性不强。没有主动沟通交往的意愿是很多孤独症儿童的典型障碍,这也会影响到他们的沟通交往能力发展。有时不是他们不愿意主动沟通,而是他们可能没办法讲完整的一句话,因为他们存在语言理解困难、语言发育迟缓等问题。孤独症儿童还存在共同注意力受损的问题,即没有办法跟别人分享兴趣,没有办法跟别人目光接触,也没有办法跟随别人的指引去做任何事情。所以教师和家长要充分理解孤独症儿童的障碍特征,在专业评估的基础上,耐心地加以引导,不断提高他们的表达能力、沟通能力,改善他们的行为习惯。

案例 3　小宗,男,4 岁,轻度孤独症

【个案基本情况】

小宗 3 岁前不会讲完整的话,脾气暴躁,缺乏专注力;3 岁以后话语变多,暴躁情绪缓解很多;生活中精力旺盛,比较多动,但专注力有所增强。3 岁以后家长在家做引导训练,4 岁后到专业康复训练机构接受训练,情况好转很多,基本恢复到学龄前普通儿童的水平,但还需继续保持训练。

【专业指导建议】

师:小宗会无端地大叫,谈到数字会焦虑,喜欢滑滑梯,经常跑出去,不喜欢淋浴和剪指甲,经常使用的词语是"不要",喜欢红色和黄色的球。

专家:小宗逃避他人的接触,可能有触觉敏感的问题,教师可针对性进行感觉统合训练。孩子内化比较困难,需要建立一种沟通方式,如使用图卡进行沟通,让孩子了解图卡的含义,用图卡进行沟通辅助,替代大叫的行为。教师也可以教全班的学生使用图卡,让孩子觉得图卡有用。

无端地大叫可能是由一些不好的经历引起的。教师在课堂上不能强化

孩子大叫的行为，可以适当减少孩子的任务量和任务难度，通过强化物慢慢去训练内化。可以用社会性的奖励，如口头夸赞，多给孩子一些成就感，慢慢从直接强化过渡到间接强化，过渡时间可以长一点。

家长可以提前进行淋浴活动的预告。给孩子视觉图卡，告诉孩子流程，以不引发负面情绪为界限，先用水喷在身体各部位让他感受，可在强度方面进行调整，轻轻地泼水，然后慢慢增加，让孩子觉得是安全的。对于剪指甲，可以结合奖励来进行，或者慢慢地先剪一个手指的指甲，在进度和强度上循序渐进地进行。

教师要做好干预成效的对比记录。比如说干预前后大叫的情况，或者使用辅助工具后行为的变化情况。孤独症孩子的表达能力没有那么好，可能很久以后才会突然展现出当初教的那个技能。教师要对自己的教学充满信心，对每一个孩子的发展都充满信心。

◉ 拓展

孤独症儿童常见行为问题和应对策略

1. 攻击行为（自伤或伤人）

这是不愉快情绪的表达，来自愤怒或者恐惧，可能是抗议的一种表达方式。可以教孩子用其他方式如言语、图卡等来表达，引导孩子说出他的心情。有相当多的患儿并不会出现攻击行为，教师与学生不应因此排斥和歧视孤独症儿童。日常应以预防和引导正向行为为主。

2. 社交不适当行为

这类行为有可能干扰别人，比如同学在玩时突然闯进来。这类行为的发生，可能是出于自我刺激需求，也可能因为不知道其他人的意思，不理解环境的隐含规则。教师可以用事前告知、视觉提示、教其参照他人或试探询问等方式去干预。

3. 刻板固执行为

由于自我能力不足、害怕出错、兴趣狭隘等因素，患儿喜欢重复刻板的活动。运动是减少刻板行为的一种方式。某些电子游戏会有助于患儿理解不同的程序策略。可以用图卡、语言、模拟表演等方式帮助他们回忆和分析，增加思维和行为的灵活度。如刻板行为并没有很严重地影响其生活，可以不用特别去干预，待认知达到某种水平会自然缓解。

第六章 孤独症谱系障碍学生个别化教育指导

4. 自我刺激行为

这类行为源于焦虑情绪和心理需求,可以表现为看风扇、摇手指等。教师可以使用替代性行为策略,如在玩手指的时候加一些有意义的活动,使用干扰比较少的行为去替代。对于重复性语言,可以教一些英文单词,让患儿进行有意义的重复,用合适的行为去替代。对于感官刺激,如触觉、听觉、视觉等,可以在满足刺激需要的同时进行有建设性的行为。除替代法外还可以使用忽略法,去应对那些较不明显、不影响正常生活的行为。

5. 多动行为

如跳上跳下不能安静等,可能因为感觉异常问题,需要进行一些感觉统合训练。如果过于严重,可以服药控制,但一定要配合训练改善。

案例 4 乐乐,男,5岁,轻中度孤独症

【个案基本情况】

乐乐从小缺乏母爱,由爷爷、奶奶、爸爸轮流照顾,每个家长的照料方式都不一样。表现不好的时候,爷爷可能责备得多一点,奶奶则是一味顺从。爸爸不怎么照顾他,但他惧怕爸爸,听从爸爸的指令。

乐乐现就读于幼儿园中班。在入园初期,乐乐情绪、行为波动较大,不能与人交往。于是教师采取了多种教育方式,并改变沟通方式,家人也跟班陪读,让乐乐能够熟悉幼儿园一日生活流程。乐乐在生活自理能力、运动技能、游戏建构方面不断进步,倾听能力、沟通能力也都有所进步。但他的语言表达能力还是比较欠缺,情绪波动大,发起脾气来自己都无法控制。

【专业指导建议】

(一)调整教学制度和教学策略

师:班里的孩子比较多,如何做到既能照顾到特殊需要孩子,又能照顾到其他的孩子?

专家:开展融合教育时,需要从教学制度上进行调整。从制度层面来说,教师在教学会议上可以和领导建议,提出需求。比如,班级里如果有一个特殊需要孩子,班级孩子的总数可以相应减少。可以安排教学助理员协

助教师,减轻教师的负担,因为教师的主要责任还是以教学为主。如果一个孩子情绪激动,需要先做适当的隔离,这就需要教学助理员来协助教师对孩子进行照顾。教学助理员可以由家长担任,也可以尝试与大学生志愿者结对,进班服务,减轻教师的负担。

教师还需要从教学方法与策略方面做出调整。例如,孤独症儿童需要和同学互动,教师可以安排"小帮手",做简单的分工。在学前阶段,"小帮手"主要是帮助教师关注特殊需要孩子的状况,并及时告知教师。教师要积极鼓励"小帮手"和特殊需要孩子互动,有互动就奖励。建议对孤独症儿童采用结构化教学。例如:生活作息结构化,培养规律。在园一日生活作息中,教师可以规划好幼儿要做的事情,按步骤来执行。可用图卡表示,以此帮助孤独症儿童建立一日常规。注意力、自我控制等方面的训练,最好的方法是让幼儿进行自我观察和反思。可以使用代币制度进行反馈,让孩子每天用获得的笑脸换一个奖励物品,从而塑造规范的行为。例如:一天的作息活动结束,放学的时候可以做个总结评价,若孩子哪个环节做得好,就在图卡上贴个笑脸,如果做得不好,就不奖励。

(二)与家长充分沟通

师:乐乐的奶奶负责陪读,奶奶对乐乐的照顾比较多,当乐乐有攻击行为的时候,通常奶奶会护着乐乐,并且不让乐乐道歉;平时给予很多的关怀,给他盛饭,上课时给予提示等。奶奶这么做很多时候并不能促进乐乐提高进步,作为教师,怎么和她进行沟通?

专家:很多家长会在孩子被确诊之后产生亏欠感,却也会因此影响孩子的发展。若后天的互动状态不佳,孤独症儿童各方面的障碍可能变得越来越严重。例如,如果孩子只要哭闹就能获得需求的满足,那他就会习得错误的联结。针对这种情况,就早期干预来说,要以家庭为中心。因为很多家长的错误互动会使孩子的情况越来越严重,特别是在隔代教养的环境中。

教师需要与家长进行沟通,最好是让沟通能力较好、比较了解孤独症的家长去和不是很了解孤独症的家长进行沟通。入班之前,要和家长明确班级里的主导是教师,家长是辅助。假设奶奶的互动方式存在一定问题,教师可以用比较委婉的方式,建议她尝试用另一种策略,而不是直接和奶奶说"你这样是错的"。例如,当孩子有情绪的时候,很多家长会立即满足孩子的需求。这时教师可以先做出正确的互动示范,然后建议家长尝试这种教育方式。孤独症儿童由男性照顾者负责训练时效果通常比较好,训练方式比较结构化。当学生情绪激动的时候,教师可以同理他当下的心情,用"老师有听到/知道……"的句式,鼓励他表达出来。可以鼓励他现有的比较好的行为,限制他不好的行为,如可以说"你这样,别人会……"。但如果出现攻击行为,应及时制止,确保安全。

（三）学业的侧重点

师:还有一年乐乐就要读小学了,家长觉得孩子还是要以学业为主。请问这类孩子今后在学业上会受到哪些影响？

专家:学习不仅仅是靠认知,如果没有合适的社交,就会被群体排斥,久而久之会失去学习动机,也会影响精神状况。幼儿园阶段是学习社会技能、社交技巧最重要的时期,此阶段幼儿大脑神经的可塑性是最好的。现阶段认知并不是最重要的,目前最需要的是增强人际互动。

（四）改善情绪问题

师:上次做评估的时候,乐乐的某个项目做得很好,教师和另一位教师相视一笑,乐乐却发脾气,把凳子砸了。乐乐玩玩具玩到一半,要吃饭的时候,教师叫他暂停,他又生气了。面对这样的情况,教师应该怎么办？

专家:当孩子发怒的时候,潜在的背景因素是不一样的,处理方法也是不一样的。针对以上情况,要分析原因。如果是因为不会辨认情绪情感,教师在做情绪教导的时候要让乐乐学会区别不同的笑,取笑、会心一笑是不一样的。孤独症儿童很固执,如果被打断了步调,就容易产生激烈的情绪反应。建议对日程表进行时间序列结构化。比如,先交代清楚,听到钟声,代表上课结束;听到钟声,要吃饭。避免孤独症儿童产生焦虑。很多家长想要压制孩子的攻击行为,会说"你下次再这样,你就站到边上……"。但是出现攻击行为是表象,具体的处理方式是不一样的。要做正向行为支持,要分析产生攻击行为的原因,进而去做排除。

案例 5　蒲妹妹,女,5 岁,疑似孤独症

【个案基本情况】

蒲妹妹刚上幼儿园的时候坐不住,小班下学期能"被动问好",能在别人要求下眼睛看着对方应答。中班上学期,可以自己独立小便。曾在特殊教育学校进行过个训。

【专业指导建议】

（一）入睡困难问题

师：蒲妹妹平时由爷爷奶奶照顾得多，晚上爷爷奶奶让她睡觉，她会玩很长时间不睡。强制让她睡，她就会哭闹，如果不强制她就会睡得很晚、睡得不好，第二天可能就不上学了。

专家：睡觉是一种生理反应，人累了都会需要休息。假如很累但睡不着，那就有可能是心理问题。因此，假如睡眠有困难的是青春期的孩子或是大人，就要考虑心理困扰的可能，但是学龄前的孩子一般而言以生理机制为首要考量，也就是她白天在做什么，以至于该睡觉的时间她还不累？就算她有什么心理困扰，例如，跟小朋友吵架、被大人责罚，也是以睡着后做噩梦的表现多一些。当然有的孩子睡眠需求多，有的需求少一点，但无论如何小孩子很难在身体疲累的情形下不睡。

所以要搞清楚她是否午睡，也要弄清楚孩子在特教学校训练内容是什么，假如下午安排的大多是静态课程，孩子体力消耗不多，不累，可能也不会想睡。如果确认了在幼儿园有午休，在特校训练时运动量也不大，那她睡觉时间到了而不去睡觉，我们就要培养她按时睡觉的习惯。

所谓"培养习惯"，说穿了就是"行为改变"。但是孩子小，很难从认知上去要求她，让她养成晚上 9 点前入睡的好习惯。我们可以帮助她适当地调整作息，比如将运动量比较大的活动安排在下午。还可以调整家庭作息时间，快入睡时营造安静的家庭氛围和睡前仪式感。教师还可以和家长了解一下她小时候的睡眠习惯：家长是在什么样的状态下让孩子睡觉的，几点叫她睡觉，怎么叫法？是自己睡还是跟大人一起睡，如果陪睡，她睡的时候大人也跟着一起睡吗？让孩子睡的时候大人在干什么？灯是关着的，还是留小灯？床边是否有她喜爱的玩具吸引她的注意力，导致她难以入眠（有时也会助眠）？站在孩子的角度去思考问题，才能有针对性地提出一些改善建议。

（二）融合教育问题

师：课上她经常尖叫，会抱着别人，满足不了她的要求时就会这样。语言类、艺术类的课程她比较感兴趣，例如捏橡皮泥、音乐课等。比较困难的是数学课、科学类的课程，她也不喜欢写字，会坐不住跑出去。

专家：对于不喜欢写字的问题，需要请康复治疗师评估一下孩子在精细动作方面是否有问题。如果有问题，教师可以调整不同的教学方法以适应孩子的需求,例如使用适合她的纸笔、调整作业本的格子、教她指认字而不是写字等。融合教育的精髓就是调整环境而不是调整孩子。哪怕她这辈子都写不出漂亮的字,我们也要赞美她,注意是赞美她遵守指令、完成任务,而不是赞美她的字写得漂亮。她为什么不喜欢数学、科学类的课程?想一想我们自己如果被要求去听一个自己不感兴趣,或是听不懂的演讲,会不会也很想逃走呢?孩子只是比我们都诚实罢了。如果学生老是想从课堂上逃走,我们要反思:这些课程的教学内容是什么?孩子听得懂吗?教师采取的教学方式是什么,适合孩子吗?这个孩子的口语和表达能力比较弱,不能完全听懂教师的话,可能正是因为听不懂上课内容,所以才会出现上课跑出去的行为。我们可以在上课过程中放一些多媒体图片,让她指认图片上的角色人物,让她参与进来,并进行表扬。有些环节她听不懂,教师可以使用表演教学法,让同学表演文章中的情境。如果是数学,则可以通过操作、图卡来解说。如果真有一些环节超出她的智力水平太多,目前她不可能学习,也可以让她在不影响其他同学的情况下做一点自己喜欢的事情,扬长补短,培养她其他方面的能力。

教师要让其他学生知道,尊重别人的差异性是非常可贵的品质,这也是融合教育的意义。调整学习目标、学习内容,让我们的教育更好地满足她的个别化需求,培养她良好的行为习惯和沟通能力,真正做到潜能开发、缺陷补偿,就能在现有基础上让她获得更大的发展。

案例 6 陈陈,男,6 岁,孤独症谱系障碍

【个案基本情况】
陈陈在特殊教育学校上学,并在多个康复机构训练至今。

【专业指导建议】
(一)情绪及刻板行为问题
师:陈陈的情绪障碍较为严重,已经对陈陈的康复训练产生很大影响,请问怎样才能让陈陈情绪稳定地上完一节集体课呢?随着年龄的增长,陈陈乱翻书、离开位置捡树叶等刻板行为越来越严重,也越来越不听教师和家长的指令,很多时候只有通过强制性的方法,请问如何减轻陈陈的刻板行为?如何让陈陈听指令做事?

专家:语汇减少可能是因为他对话的机会减少,导致前面学习的知识自然遗忘。他和同伴的互动比较少,与他人沟通交往的机会就很少。如果一直这样下去,语言能力会消退直至消失。因此,沟通交往很重要,教师在课堂教学中尤其需要注意这一点。不和同伴沟通可能是为了逃避,因为不知道怎么和同学互动。

当陈陈太无聊或者没事干时,就会出现很多刻板行为。此时,可以用其他活动吸引他的注意,因为感官刺激在行为功能里面起着自我娱乐、自我刺激的作用。在教导孩子行为时,强化物是一个很重要的媒介,需要找出适合的强化方式,可以是他喜欢的玩具,也可以是他喜欢的游戏。需要找出他出现情绪行为问题的原因,了解他的需求再运用强化物强化。可以建立一套代币机制,然后以此为媒介来强化他的行为动力。

(二) 融合教育问题

师:陈陈家长的诉求一直是让孩子在普校融合,请问以陈陈目前的这种情况,在普校随班就读真的适合他吗？如果可以,那资源教师该提供怎样的帮助呢？

专家:到底是在特校就读还是在普通小学随班就读,主要看教学资源,看看学校可以提供哪些资源、教师可以提供哪些支持。如果要到普通小学随班就读,可以分两个阶段:第一个阶段是一对一的阶段,由特校专业的教师或心理教师来教导他技能。第二个阶段是尝试融入集体,这也离不开资源教师的专业支持。同时,还要做好与家长的沟通交流工作,在制订个别化教育计划时,邀请家长出席,一方面全面收集材料,另一方面也让家长清楚地知道学校可以提供哪些教育支持,孩子目前的教育需求到底是什么等,以便更好地开展家校合作工作。

案例7 小然,男,6岁,孤独症谱系障碍(轻度)

【个案基本情况】

小然,男,目前上幼儿园大班。自3岁起,进入残联康复中心训练至今。5岁以前大小便不能自理,不会说话,能认识爸爸妈妈。2019年9月,在康复中心建议下,进入幼儿园大班开始集体生活,能书写名字以及简单的汉字,会数数,会哼唱简单歌曲,能听懂简单的日常用语。

【专业指导建议】

（一）违规行为问题

师：该生在入园或者参加活动的时候经常有违反常规的现象，在集体活动中注意力不集中，经常到处走动，教师应该怎么办？

专家：我们在处理不恰当的行为时，要以预防为主，可以采用正向行为支持的策略，在学生出现不恰当的行为前，用合适的行为取代其不恰当的行为。孤独症儿童最好采用结构化教学，用视觉提示指导孩子每天的日常，比如给孩子卡片，让其每天到园后拿着卡片到教室报到。该生特别喜欢小恐龙卡片，可以给其恐龙卡片，让其每天到园之后贴在其位置上并且告诉教师"我来了"。或者可以做孩子的一日活动卡，让其明白做完什么再做什么。

小然的注意力集中时间非常短，针对这个问题，教师在设计课程时要做到动静结合，不能让他长期保持一种状态的活动。教师还要考虑是不是某种因素导致孩子焦虑，所以他才走来走去。要观察这种因素是什么，然后避免或者替代。

面对孩子的刻板行为，要化整为零而非刻意制止，鼓励孩子一点点地进步。遇到困难点时，可以采取"三明治教学法"。新学习的知识、技能里面要包含旧的内容，使之逐步接纳。利用活动分析法，改变孩子只会机械记忆的问题。在教孩子一个活动时，从活动分析（什么时候要做这个活动）、准备（准备什么材料）、核心（步骤）、结束（什么时候结束活动）这四个方面教孩子，而不是机械地只教核心部分。

（二）课程设计问题

师：目前班级使用统一的课程，该生达不到统一的教学目标，该怎样设计课程？如何利用好资源教室的资源？

专家：首先，我们要明确这样一个正确的概念，孤独症儿童进入普通学校不能只是被安置到一个小角落里学习，融合不仅是身体的融合更是精神的融合、文化的融合。

其次，教师可以尝试多层次教学。多层次教学强调部分参与，以小然为例，就是使IEP目标与班级教学目标重合或相关，并降低难度。例如，在班级学生学习计算图形的体积这一节课时，别的孩子的作业是计算，他的作业是量出长宽高，只要他能完成，他就可以得到奖励。这也是一种"钻石型"课程目标的设计。

再次，要重视同伴的作用。幼儿园的融合教育不仅对特殊孩子有益，更对普通孩子有益，在交往的过程中可以让他们学会感恩、互助。

最后,给孩子定什么样的目标可以从三个方面入手:一是表现方式,比如小孩子不能写,那可以降低要求让其贴。二是表现的结果,比如小孩子不会计算,那就降低要求让其测量。三是达到的标准,比如一般的要求他只要在教师示范提示下完成即可。

资源教室强调普教教师和特教教师的合作,根据孩子的情况,设计调整策略。资源教室还可以为孩子的先备能力做准备。例如,特殊孩子的视觉辨识有困难,在学习量角器量角这节课时,资源教师可以根据孩子的这一特征,提前和教师沟通,将他作业纸上的角画成彩色。

(三)沟通交流问题

师:当孤独症孩子回避教师目光的时候该怎么办呢?

专家:首先我们要承认孤独症孩子的非语言沟通确实存在较大的问题。当遇到这个问题时,我们先要了解孩子是在这方面有困难还是不知道该看哪里,如果孩子是不知道该看哪里,建议从他喜欢的布偶入手,让其观察布偶的眼睛,慢慢过渡到教师的目光。如果是该学生无主动沟通,那么我们可以从他喜欢的活动入手,让其理解轮流、等待、关注,对同伴产生兴趣。

● 拓展

孤独症儿童问题行为处理原则

三大原则:功能性评量、正向行为支持、行为管理策略。

1. 功能性评量

每一种问题行为都是有意义的,通过功能性评量我们能够找出什么原因引发了行为(前事),什么使行为维持下去(后果),以及这两者之间的关系,以便设计合适的行为处理方案。鉴定问题行为,需要考虑这个行为表现是否和学生年龄、性别有关。家长和老师应注意观察,有些行为在学校是不允许的,在家里是允许的。当问题行为比较多时要列出解决问题的先后顺序,会造成自己或他人人身伤害的要优先处理。

主要的分析项包括前事(antecedent)、行为(behavior)、后果(consequences)。

前事:引发问题行为的因素,包括立即前事(物理环境、灯光、室温、父母现有的态度)、遥远前事和隐含前事(都不是立即产生的)。遥远前事可包含物理环境因素、社会因素等;隐含前事是指孩子本身的个体变项,内隐着诱发行为发生。

行为:通常可分为四种目的,获得内在刺激(如转圈圈)、获得外在刺激(如发出怪声音引起老师注意)、逃避内在刺激(如打头以缓解头疼)、逃避外在刺激(如走出教室避免做功课)。

后果:不当的处理方法反而会导致问题行为更频繁发生。通常有四种使行为恶化的可能性。环境正强化指的是特别关注孩子的问题行为,反而让他从中获得被注意的感觉或想要的东西。环境负强化是指大人为了不让问题行为继续发生,而中止目前正在进行的事情。例如叫孩子做作业他就打人,为了处罚他而把他隔离,他就不用做功课了。有些是自动强化,做出某些行为会让他感到舒服(内在感觉正强化),或是减少不舒服的感觉(自动负强化),以致他们不断出现这样的问题行为。

2. 正向行为支持

使用正向处理方法干预孩子的问题行为,才不容易导致负面行为的发生。惩罚只是抑制行为,治标不治本。要治本,一可了解造成学生问题行为的原因,采取事先控制策略。

① 调整环境,适当安排环境、活动、课程、作息时间,排除可能的问题引发点,或制造适宜的环境。例如某学生感觉太热就打自己的头,则可在他进入教室前先打开冷气预防。

② 发现问题行为的征兆,事先制止其发生。例如某学生打人前会先盯着对方,则在发现此征兆时就予以制止,或告诉他正确的做法。

③ 安排适当的行为后果,避免不适合的行为后果。例如孩子故意打翻东西想让大人生气,此时大人应保持镇定,并要求他收拾残局。

二可采取适当的行为训练。包括:训练适当的沟通方式;表达自己的情感需求;自我选择决定能力培养,避免抗拒;休闲陶冶能力(先易后难,培养适当的、可以替代问题行为的行为,如孤独症孩子打自己脸,可学习打击乐器,避免伤害还能满足需求。要选择终身适用的活动:爬山、运动、听音乐等)。

3. 行为管理策略

孩子已经做出不适当行为,如何运用适当的方法处理,才能避免这样的行为再次出现呢?以下简要介绍行为管理的常用策略。

正强化:针对好的行为给予奖励或鼓励,以此增加该行为发生的频率或强度,要注意选用适当的强化物。

区别性强化替代行为(DRA):问题行为还没出现,适当行为发生率增加时就给予强化,如孩子逃避课业而攻击老师,在孩子没有攻击时就立马夸奖正强化。

区别性强化其他行为(DRO):特定时间里,问题行为没有发生就进行正强化,如10分钟内孩子没有出现问题行为,在黑板上画一个1,承认和夸奖孩子的努力自制。

区别性强化不相容行为(DRI):设法强化与问题行为不相容的适当行为。

区别性强化低频率行为(DRL):当问题行为的发生率降低时强化,如孩子问题行为减少时不断夸奖。

负强化:移除孩子厌恶的某些刺激,期望的行为便会增加。例如孩子不喜欢手部操作,除此之外都可以配合,可以暂时先移除这项活动。

有效隔离:一是拿走强化物,二是将孩子带至角落或离开现场。平时生活中就提供充实而有强化作用的活动,只要问题行为一发生,立刻撤除强化物,或把孩子带到无法得到强化的地方。

计划性忽略:如果确定孩子的问题行为是为了引起大人的注意,当问题行为发生时不要给予正强化,一致地忽略不具危险性和破坏性的行为。但还要搭配行为训练及强化策略,教导孩子正确的处理方法。

4. 责罚

不当行为之后给予惩罚(责骂)或撤回某项权利(没收喜欢的玩具),通常是长期实施多种策略后,证明正强化无效或不足,而且孩子的问题行为持续加重或造成危险时选用。惩罚很容易造成成人情绪失控,形成处理过当或伤害孩子,因此要避免误用或滥用。

案例8 昊昊,男,7岁,疑似孤独症谱系障碍

【个案基本情况】

昊昊1岁3个月时在儿童医院初诊为语言发育迟缓;1岁9个月复诊,诊断为疑似孤独症谱系障碍。出生时生产时间略长,轻度缺氧;1岁10个

前无语言;1岁10个月至3岁,认知有较大进步,理解能力有进步,但语言表达能力进步不大;3岁至今,语言表达能力依然较弱,以词和短语表达为主,使用名词、动词较多,代词、连词、介词、副词等的能力极弱。1岁10个月开始在康复机构接受康复教育,基本不间断,平均每天干预时间在1~1.5小时(不含家庭干预);康复教育期间都是居家看护,无托管无寄宿;3岁半以后,上午半天幼儿园就读,下午半天康复机构康复;2020年9月至12月,就读于特校融合部一年级,外加课后一节60分钟个训课。

【专业指导建议】

(一)注意力问题的分析与干预

师:昊昊上课时基本上不看教师,注意力不能专注于学习活动。应该如何培养孤独症儿童上课时的专注力?尽管教师安排了同伴协助,但他对与人交往并没有什么兴趣,如何提升他的沟通交往能力?

专家:要让孤独症儿童更好地参与课堂教学,教师首先应做好约定,给予正向行为支持与强化。例如,普通班教师向特教教师抱怨,孤独症孩子不参与课堂学习,那么特教教师可以模拟普通班教师,发出提问,训练学生听从教师的指令。学生听到自己的名字,抬头看教师,听教师问题,按照这样的模式进行反复练习。普通班教师对孤独症儿童的提问要适合他的学习能力,让他能够回答正确,给予正向鼓励,让孤独症孩子有成就感,从而渐渐参与班级课程。甚至还可以发挥他的专长,让他来做教师的小助手、其他同学的"小老师"。

同伴是自然支持来源。越是低年级的小朋友,可塑性越高,但是他们往往不知道怎么协助同伴。每个孩子特质不同,所以要利用他们的特质教会他们如何和昊昊进行互动交流。社会情绪沟通训练要在情境中练习,教师可以利用一些社团活动,在真实活动情境中对昊昊加以训练。

(二)随班就读环境和教学方式调整

师:昊昊目前的强化物为活动型强化物,但是在随班就读的环境中并不易获得。如何进行随班就读环境和教学方式的调整,以此来调动昊昊在融合课堂上的积极性?

专家:要针对昊昊的课程表现进行差异分析,了解他的需求。调整课程目标和教学活动,发挥昊昊的优势,弥补他的弱势,并了解他的兴趣以回应他的需求。要在课程开始之前做好准备,让学生跟上教师教的内容。教师应准确分析教学内容和昊昊的学习能力,在存在落差的地方给予协助与调整。比如,昊昊存在记忆困难,那么背诵课文的目标就要调整,选择最重要的部分让他学习、背诵。学习词汇的过程中,可以开展游戏性的活动,寓教于乐。从他感兴趣的部分切入,充分利用多元智能理论,从昊昊的优势能力入手,扬长避短。

(三)同伴支持的建立

师:孩子不能主动和同伴交朋友,怎样让孩子融入集体生活并和同伴进行沟通交流?

专家:同伴支持训练通常应用于改善孤独症儿童的社会能力,由教师教导普通学生如何诱发和维持孤独症同伴的社会行为,包括七大部分。第一,建立眼神的接触。与普通学生讨论孤独症同伴与人交谈时,不与人眼神接触的原因,以及针对此原因可以如何做。第二,建议游戏活动。与普通学生讨论,何时可以与孤独症同伴玩游戏;可以与孤独症同伴玩什么游戏;如何协助孤独症同伴学习玩游戏(例如邀请他玩游戏,教他游戏的规则,让他多次尝试,与他轮流玩游戏);如果他没有反应或表现出不寻常的行为,可以如何做(例如询问他是否想做别的事)。第三,开启对话。与普通学生讨论,何时可以与孤独症同伴交谈;可以与孤独症同伴交谈什么话题;如何协助孤独症同伴学习交谈(例如邀请他交谈,教导他交谈的规则,让他尝试一次以上,与他轮流交谈);如果他没有反应或表现出不寻常的行为,可以如何做(例如询问他是否想做别的事)。第四,提供或要求协助。与普通学生讨论,孤独症同伴何时需要协助;如何开启孤独症同伴求助的语言和响应他人的协助;孤独症同伴的优势是什么,可以寻求他哪些方面的协助,如何要求他的协助。第五,描述正在进行的活动。与普通学生讨论,如何向孤独症同伴描述他们正在进行的活动,以吸引他的兴趣、邀请他的加入,以及引导他参与活动。第六,延伸孤独症同伴的话题内容。与普通学生讨论,可以询问什么问题,以延伸孤独症同伴的话题内容;如果他没有反应或表现出不寻常的行为,可以如何做(例如换另一种问法)。第七,表现情感。与普通学生讨论,孤独症同伴与人交谈时,情感表现较为单调的原因,以及如何引导他随着交谈的话题表现情感。

案例9 小李,男,7岁,轻微孤独症(疑似)

【个案基本情况】

小李就读于小学一年级。妈妈生下小李后,爸爸便远走他乡,音信全

第六章　孤独症谱系障碍学生个别化教育指导

无。小李1周岁起,由年迈的外公外婆照顾,妈妈去了广州打工,很少回来。外公外婆心疼外孙,对孩子百依百顺,样样事情包办代替。小李的心智发展与同龄的孩子相差甚远,很少与人交流。别人的物品,他喜欢的就随手拿走,一不如意就对别人挥小拳头,如果别人碰了他,他就坐在地上大哭大闹。

小李比较任性,学习时专注时间很短,很少有一刻是安静下来的。课堂中,他总是离开自己的位置,要不就是到别的小朋友那里,翻翻书包,玩玩别人的学习用品,要不就是悄悄地爬出去玩。在教师严厉斥责下,才稍微有所收敛,不一会儿又故态复萌。在课间活动时,爱挑衅别的小朋友,别的小朋友玩得好好的,他非要"倒插一杠",别人说他,他就攻击别人。他不会与人相处,爱发脾气,不乐意听取伙伴们及教师们的要求和建议,经常做出不受人欢迎的事情。他最大的爱好就是绘画,但经常忘记带水彩笔,缺乏耐心的他经常画到一半就停止了,是个个性十足的孩子。小李的适应能力、沟通能力有所进步,但自控能力还需要多提升。

【专业指导建议】

师:小李的不良行为应该如何改善?

专家:改善小李的不良行为,首先要判断这是在家养成的不良习惯,还是能力问题。这些行为可能是在家养成的习惯,小李目前还不能辨别这样的行为在家可以,但在学校不行,因此在学校出现了这些行为。孤独症儿童最典型的特征是社交沟通的困难、社交互动的缺损、局限重复的行为。小李未进行医学诊断,轻微的孤独症也是不易诊断的。应与家长沟通,去诊断不是贴标签,而是尝试撕去标签。

行为矫正技术有多种策略,如强化、惩罚、自我控制、模仿……例如,一个六岁的男孩,不论喝水还是喝牛奶,都用奶瓶,这显然与孩子的年龄是不相称的。为了改变习惯,如果孩子用玻璃杯喝水,就给零用钱作为奖励。实行了一段时间后发现没有效果,因为孩子可以从爷爷奶奶那儿得到零用钱,因此,可换成其他强化物。教师可以持续记录小李的行为,进行观察,通过行为矫正技术去训练,让小李适应学校生活。

如果不经允许拿了别人的东西,道歉并归还,就能有奖励,孩子会误以为拿别人的东西,自己最终也能得到奖励,那他就没有构建正确的社交方式。做错事后道歉是应该的,但不应得到奖励。可以让他再做一件好的事情,再进行奖励。重点在于分析原始行为背后的原因,例如孩子哭闹是为了得到某样东西,这时候去安慰并满足他,会强化他用哭闹来达成目的的行为。吃饭时可以计时,在目标时间内吃完,可以吃完后看动画片。后期缩短看动画片的时间,也可以逐渐替换成其他奖励,比如画画。

可以在全班实行积分制或"小红花榜",依据学生表现奖励好的行为。表现不好,就打一个叉,或者比别的同学少得一个贴纸的奖励。

案例 10　勋勋,男,7岁,广泛性发育障碍

【个案基本情况】

勋勋出生时未见异常,在学前阶段发现不愿意与人亲近,时常自言自语,偶尔发出尖叫声,被医院诊断为广泛性发育障碍,确定为二级精神残疾。2017—2018年在幼儿园就读;2019—2020年在康复机构做康复训练。言语沟通方面,会偶尔发出尖叫声,会说自我安慰的话语,问答中常常会重复问题,或者答非所问。语言方面,难以理解长句的含义,难以理解形容词的含义和事物之间的关系,缺乏沟通交流的主动性(如不会主动问好)。动作发展方面,不受控的动作较多,会晃桌子,随意离开座位,随意走动,在座位上扭动等。生活自理方面,精细动作发展滞后,不会系纽扣,洗涤餐具能力较弱,用完物品后没有归位意识。情绪行为方面,对情绪的理解较差,无法用言语正确表达,无法自我调整情绪,容易激动、沮丧、恐惧,尤其不喜欢户外活动。

勋勋适应能力较弱,对父母依赖性强,不愿意接触陌生人。在开始进行个训时,情绪通常比较激动,对环境的接受需要较长的时间,进入状态慢。

【专业指导建议】

(一)环境适应问题

师:如何能让孩子快速适应环境变化?有什么方法能够缓解孩子在陌生环境中的焦虑感?

专家:教师可以请家长离开教室,自己控制课堂,预先告知孩子要进行的训练。提升孤独症儿童的环境适应能力要循序渐进,让孩子首先接受陌生教师来到学校进行一对一的个训;慢慢地让他从可以进入空无一人的教室,过渡到可以进入较熟悉的个训教室,再过渡到可以进入有一位小朋友在的个训教室,最后让他能够与小朋友一起进行平行游戏。这个过程中孩子

不一定是直线性的进步,孩子会抗拒、会反复,教师需不断重复,通过家校合作、社区合作,利用图片沟通等方式,强化他在陌生环境听指令、完成指令的能力,最后适应相对陌生的环境。

一些环境的变化会让孤独症儿童产生恐惧感,可能是新环境中有他不喜欢、不习惯的声音或气味。让孤独症儿童进入一个新环境时,要做好充分的预告。孤独症儿童的一些障碍行为,如无语言、低语言、重复性的语言、语言混乱、情绪失控、刻板行为、攻击行为、依赖行为等,都受到家庭和社会的影响,他们自身也无法正确成熟地来应对。教师和家长需要通过不断缓慢改变内部和外部的环境来让孤独症儿童适应不同的环境。在家庭指导部分,尽量提供支持孩子适当发展的环境,如固定住所、固定起居时间、固定的陪伴人、不嘈杂的环境等,要着力构建结构化环境,营造安全、友善的成长环境。可以先在家适应,再到楼下、公园人少的地方,尤其是其他小朋友少的复杂环境中,用耐心让孤独症儿童在这些环境中感觉到充分的安全感。

在学校里,教师可以对学生感到恐惧的事物做个列表,尝试将表单中的恐惧事物从轻微到严重来排序,从轻度的恐惧情境开始,通过认知行为的改善来增强孤独症儿童的适应能力,如采用深呼吸、协助个体控制反应等方法。举例来说,如果孤独症儿童出现甩手等自我刺激的行为(这是一种物理上应对焦虑的反应),教师可以引导他做深度减慢的呼吸,可以教导孤独症儿童说"这个声音我不喜欢,但是我可以克服"。还可以用逐步暴露法,协助孤独症儿童多面对一些恐惧。例如,向孤独症儿童解释我们一会一起聆听雷声,先低音量播放,然后逐步增大音量;让孤独症儿童观看气球爆破的影片,一开始是无声的,后来是远距离看气球爆破,然后是近距离看气球爆破,让孤独症儿童慢慢接受,积蓄面对恐惧的经验和勇气。教师可以适时给予奖励,及时肯定他们的进步。

(二)教学开展问题

师:如何开展孤独症儿童的教学?

专家:孤独症儿童的教学,要针对其学习特性,引发他们的学习动机。

孤独症儿童的语言发展不均衡,教师可以使用直接和间接的方式,给予学生较长的思考时间,鼓励学生做出动作回应或语言回应,教师不要做出太多回应,因为这反而会对学生造成困扰。要加强教与学的互动,教学活动中要加入互动元素,通过学生和教师之间的互动使学生积极参与课堂学习,营造愉悦轻松的课堂氛围。教师如果能够运用面部表情、手势、笑容以及语调来鼓励学生学习,必定能有效拉近师生之间的关系。

针对孤独症儿童环境适应能力较弱的特点,教师要有计划地训练学生适应和接受改变,预先让学生知道将要发生的事情,如,辅导模式的改变、放假、升入新年级等,帮助他们做好心理准备,迎接转变。特别是不同学习阶段的转衔,从幼儿园到小学、小学到初中、初中到高中,务必让他们提早知道。同时,教师应该有计划地在课程中引入一些可改变的环节,提高他们的适应力,可以基于学生的接受能力分阶段进行,协助他们逐渐接受改变。教师可以通过口头、视觉和环境提醒,如图片、程序卡、时间表、社交故事与录音带等,进行过渡安排。

教师应建立有效的奖励制度,根据孤独症儿童的兴趣爱好,采取不同的奖励方式。教师平日应留意学生的状况,了解学生喜欢和厌恶的食物、玩具、物件、人物等,以便给予合适有效的强化物、奖赏。如教师可以使用某学生喜爱的声音或特别感兴趣的事物,鼓励他努力学习。在训练过程中使用的增强物要多样化,不要每次都使用同一个物品奖励给学生。教师应按学生的能力,逐步消除学生对物质奖励的依赖,让他们转向体验愉快和谐的社交活动,在具体交往活动中获得成就感。例如,如果学生主动向教师要一支颜色笔来绘画,教师就给予他喜爱的颜色笔,并口头赞扬,不需要另外再给他糖果等奖励。

教师要加强学习迁移,帮助孤独症儿童将所学到的知识进行内化和运用,提升孤独症学生的应变能力。教师可以告知其他教师和家长给予及时的适当的指导,通过反复内化学生学习的知识,巩固他们所学的知识和技能。教师还要善用最新的信息技术对孤独症儿童的空间知觉、空间操作能力进行拓展,激发他们的学习兴趣。要和其他教师统一认识,采取相对统一的教学方式,避免学生无所适从,导致孤独症学生躁动不安。家校要合作提供有利学习的环境,有的学生由于感觉统合方面的障碍导致无法集中精神学习,教师应根据每位学生的状况,去除这些不利学习的因素,例如噪音、灯光过亮、室温过高等,尽量使他们觉得舒适安全,减少问题行为的发生。

案例 11　俊俊,男,8 岁,轻度孤独症,发育迟缓

【个案基本情况】

俊俊现在已经上小学一年级了。小时候父母上班,奶奶带孩子,后发现

孩子的交流有问题就去医院检查。2016年8月初被诊断为轻度孤独症、发育迟缓。孩子确诊后,妈妈辞职专门带孩子。中班时,妈妈将孩子送到幼儿园接受融合教育,同时在康复中心上康复课。5岁主要进行语言、感统、精细动作、亲子游戏等训练;6岁在区域游戏时,俊俊不参加任何游戏。当区域没有同伴玩耍时,他才会慢慢地进入区域,看一看、摸一摸区域玩具,只要同伴进入他就会退出。

【专业指导建议】

(一)提高课堂专注力

师:上课的时候,他会扭头看向窗外,或者就坐在地上一个人玩。不同的课,他的表现并不一样。全班测试的时候,孩子有能力完成却不能及时完成测试,怎么去调节?

专家:首先考虑是否课程太难,导致孩子失去了专注力。其次考虑孩子是否有兴趣,只要是孩子感兴趣的,他就会积极参与。再次,孩子能从活动中体验成就感和被关注也很关键,如果孩子不是活动中的主角,那么他就不会太专注,这对于普通孩子来说也是同样的。

班主任可以把任课教师集中在一起,让家长来说明孩子的特殊需求,联系孩子在家里的情况,对他进行特别的关注。比如,上课时教师多加注意他的活动,拿他来作为全班的示范,让他有更多的参与感,与他多交流,抓住他的注意力。一张试卷对孩子来说量太大,可以把试卷分成几个部分,剪开来。一部分一部分让他做,写完一部分休息一下,同时用计时器对他提出时间的要求。当然,也可以根据他的实际情况,找到适合他的办法。

(二)强化语言训练

师:孩子跟大人有沟通,会察言观色,能试探教师的底线。沟通中存在仿说的情况,句子不够完整。如何去训练孩子的语言能力?

专家:可以跟家长合作,帮助孩子讲完整的话。例如,早上孩子进教室,看到教师就说:"早。"几天后可以让他说:"老师早。"再后来可以说:"吕老师早。"通过增加语汇词语,让他有越来越多的说话训练,促进互动。在家里,家长可以针对某一情境进行语言描述,不断地把句子加长,加些形容词,然后让孩子复述,让他把话讲完整。

在大环境中孩子自我控制能力不强,可以实行一对一的教学,利用他的长项来提高其参与活动的积极性。

案例 12　懿懿,男,8 岁,疑似孤独症

【个案基本情况】

懿懿刚来学校康复班时,不愿意上课,不愿意坐在教室里;经过训练,在爸爸陪同下能在教室坐一会儿(有时候是他想出去,被爸爸制止);课上多次到讲台上拿东西,多次摸旁边同学的手、脸,以及 1~2 次想离开教室。拿到书本后,教师一不注意他就会撕书。

【专业指导建议】

(一)制止撕书行为

师:懿懿会撕书,应如何对懿懿开展行为训练?

专家:撕纸、撕书时可能会产生一些听觉刺激和撕碎的视觉刺激,这可能是他喜欢的。我们可以设计他喜欢的视觉、听觉刺激,看看他的兴趣在哪里。在实际操作的过程中,我们可能会发现,为刺激他的视觉、听觉而特别设计的活动,他参与几次后就失去兴趣了,比如拍球拍一两次就不想玩了。这时我们要思考,我们希望他用我们设计的方式去玩,但他可能更习惯原来的方法。孤独症儿童会比较固执,喜欢用自己喜欢的固定方式去进行活动。

教师可以给他更多的自主权,让他自己去选择,比如,给他不同的纸张,问他想要用哪一种纸,想怎样撕;这里有不同的球,问他想玩哪一种。当他按照原来的方式游戏时,教师可以先赞美他,然后在他原来方式的基础上,慢慢增加一些新的方式,鼓励他换新的方式。新、旧方法要穿插进行,让他有一个适应的过程,这样他的接受度会高一点。注意,要先维持他参与活动的动机和兴趣,渐进式地增加新的训练内容和方式。

(二)训练沟通技巧

师:语言沟通方面,因为他不说,所以每次都是先鼓励他说,但如果他一直不说,只能教师说给他听,不知道这样做对他的语言沟通能力有没有影响?

专家:教师要注意观察他现有的表达方式。当他被制止的时候会发生一些行为,可能会大叫;帮他安排的活动他不喜欢、不想要按照这个方式做时,可能会沉默……他常见的行为有推别人、拉别人的手,可见他的主要沟通行为是动作。他表现出的这些沟通行为需要被充分理解。比如,他摸别人的脸时,他的脸部表情是什么?被摸的孩子有什么反应?当同学出现防

卫行为时,他还会不会继续?这种状况通常会出现在什么情况、哪些场景下?教师应充分理解他行为背后的原因,理解这些都是他的沟通行为。他会通过怎样的表现行为达到什么样的目的?教师可以罗列出来,然后在具体的教学活动中加以设计,让他知道不同的情绪、要求等可以通过什么样的方式来表达,让他知道不同语言、行为的沟通功能。

(三)发展认知能力

师:如何帮助懿懿发展认知能力、沟通能力?

专家:可以通过关键反应训练(PRT),逐步增加刺激的条件,锻炼孤独症儿童的反应能力。例如,可以将不同的教学材料和指令结合在一起,以训练孤独症儿童的辨识能力。先教导他指认白色的鞋子(包含颜色和物品两种条件),而后呈现白色和红色的鞋子,让他指认白色的鞋子(区辨颜色),或是呈现白色的鞋子和白色的袜子,让他指认白色的鞋子(区辨物品)。在进行这项训练时,需要避免孤独症儿童的固着性。如,有一辆玩具车和一个球,教师可以用同样的动词"推"来指示推车或推球,之后再改换动词"滚"(球),从而避免孤独症儿童的固着性。此方式有足够的结构性,可帮助孤独症儿童习得复杂的技巧,同时也保有弹性,允许他们在活动中表现创造力,避免干预后形成另一种固着行为。

在游戏情境中,让孤独症儿童自己选择玩具(提供选择的机会)。例如,他选择汽车把玩,教师也拿一个汽车并且说:"我拿的是红色的汽车,你呢?"引导他说:"我拿的是绿色的汽车。"(条件区辨、安排轮流的活动)接着,教师说:"这里有一些积木,我要用红色的汽车带黄色的积木回家,你要不要带?"当孤独症儿童尝试拿积木时,教师立即给予口头赞美(强化尝试的行为),并且引导他说:"我要用绿色的汽车带蓝色的积木回家。"最后让他用绿色的汽车带蓝色的积木回家(自然强化)。下一次教师再请孤独症儿童带着他的绿色汽车和蓝色积木来,与教师的红色汽车和黄色积木见面,并加入其他的游戏和互动。例如教师拿警车把玩,会有红蓝灯闪动,并且会发出声音,以引起孤独症儿童的注意。当他注意时,教师引导他问:"这是什么?"之后问:"我可不可以玩?"(引导自发性行为)最后活动结束,引导孤独症儿童说:"我要用绿色的汽车带蓝色的积木回家。"(穿插促进行为维持的任务)

(四)提高专注力

师:有哪些好的方法可以提高孤独症儿童课堂学习的注意力?

专家:注意力训练也要讲究方式方法,要关注注意力的不同方面,如持续时间、注意力的广度(孤独症儿童的注意力广度较窄)、注意力的弹性(孤独症儿童容易沉浸在某一个部分,较难转移到下一个部分)。首先需要提醒,每隔 3 分钟看他的状况,可以用录好的声音去提示他专心做要做的事。可以设计一个记录表,3 分钟为一个时间段,一个时间段内注意力集中就打一个勾,10 个时间段做到 7 个可以给他一个强化。渐渐地可以把时间延长,录音提示也由语言提示改为简单声音的提醒,逐步减轻孤独症儿童对提醒的依赖性。教师和家长还要对学习、生活活动进行结构化安排,如几点开始到几点要做作业,有几项作业,做好排序,做好时间的规划,把困难的留在后面。利用时钟,提醒他几点了要做下一个作业了,让孤独症儿童对将要做的事情、所需要经历的阶段有充分的预设,减轻他对不可知情况的不安感。

案例 13　睿睿,男,9 岁,孤独症谱系障碍

【个案基本情况】

睿睿从小在家一个人玩,比较安静,后来上幼儿园就被发现不合群,喜欢一个人躲在旁边,不愿意跟教师和小朋友交流;兴奋起来就大喊大叫,上课时喜欢跑出去。经与家长交流,父亲要么不管要么就是棍棒教育,导致孩子直到现在看到棒子就害怕。2017 年秋,由于父母离异,幼儿园毕业后他被爷爷奶奶送到河南一所武术学校全托学习一年。2018 年孩子被送到普通学校学习。睿睿语言比较刻板,理解能力、表达能力较差,属于鹦鹉学舌式语言;语言沟通能力较差,常常沉迷在自己的世界之中。别人不能拿他的东西,一拿他就会发出刺耳的尖叫,不能用语言表达自己的情感。由于影响其他孩子上课,学校要求家长在校陪读并建议带孩子进行检查治疗。确诊后,除了平时在学校上课,睿睿每周还去康复机构进行三次专业康复。

【专业指导建议】

(一) 问题行为改善

师:睿睿的一些问题行为已经影响到课堂教学秩序,如何进行改善?

专家:改善孤独症儿童的问题行为需要家校合作。根据睿睿的情况,教师要和爸爸交流,告诉他孩子问题行为背后的真正原因,采取科学的教养方式。处理孩子问题行为时使用正向处理方法才不会导致负面行为的发生。惩罚只是抑制行为,治标不治本。要从根本上改善孤独症儿童的问题行为,

要采取事先控制策略,了解造成孩子问题行为的原因(前提事件或发生不利事项后果),根据他的需求调整环境、制订适当的时间表等。出现问题行为的征兆时,应事先制止并告诉他该怎么做,逐步强化正确的行为方式。

教师要根据孤独症儿童的需求来制订作息时间表。例如,结合孤独症儿童视觉学习优先的特点,使用图片提示法,标明每段时间该做什么事情,当图片提示结束后,说明今天的任务也结束了。教师还需要规定好,完成到什么样的程度才算是完成,以此帮助孤独症儿童形成规律的学习生活,逐步顺利地融入社会。

(二)人际交往能力培养

师:睿睿比较孤僻,很少与教师、小朋友交流,怎么增强他的人际交往能力?

专家:家长要敞开心扉,多在生活情境中和睿睿讨论生活中的话题。可以从简单句型开始,当他有意愿向他人表达时,引导他围绕同一个话题,不停练习。

教师要创设交流的情境,并及时给予鼓励。例如,把玩具放高,让孩子必须和教师交流。课堂教学中,教师可以三五个人分组,轮流当组员,在课堂上给予他合适的任务,让他帮助同学们完成只有他可以完成的任务,让他被同学们肯定,从而获得社交自信。针对自己的需求,不会表达的,可教他通过图片等方式表达。

教师要善于将沟通训练融入日常教学活动中,如让孩子多说游戏规则,在角色扮演中练习沟通技能;习惯目光接触后学习说话,尝试使用礼貌用语"你好""谢谢""对不起"等;教孩子遵守简单规则、不插嘴,会分享食物,主动与人打招呼。教师要教他学会控制自己的情绪并学会表达,能发展适当的人际关系,能了解别人的意图,与不同人接触时使用不同的交流方式。家长也可以和邻居多沟通,增加孩子进行社交的机会。帮助孤独症儿童逐步进入社区,为未来发展作准备。

案例 14 罗罗,男,9 岁,中度孤独症

【个案基本情况】

罗罗,1 岁半时被发现注意力不集中,无语言,没法与人沟通,2 周岁被确诊为孤独症(中度),确诊后没有采取任何教育康复措施。5 周岁在区特殊

教育学校学前部上学,同时在康复中心进行康复训练,半年后休学在机构接受康复训练。一年后复学回到区特殊教育学校,同时接受康复训练,直至现在。

【专业指导建议】

(一) 引导主动沟通

师:怎样培养该生主动表达的意识,激发其自发表达自己需求的意愿,提升其沟通和交往的技能?

专家:一般而言,孤独症儿童和普通孩子一样具有发展性。孤独症儿童表达能力低下,可能是生理上没有达到应有水平,比如受限于口腔的构音能力等,此时就要开展针对性的训练。同时,可以通过社交技能教学增强孤独症儿童的沟通交往动机。

孤独症儿童对结构性的东西都非常有兴趣,教师可以增加一些视觉线索,将时间安排结构化,增加教学的有效性,要选择符合教学目标的有效强化物,如孩子喜爱的玩具。应采取合适的教学方式,如直接教导、故事引导、角色扮演、同伴助学,在示范、互动、演练、修正的过程中,让孤独症儿童能够清楚地知道自己要做什么、应该怎么做。

教师可以通过应用行为分析,用结构化的教学模式和教学策略,配合孤独症儿童对视觉信息较强的反应来设计教学策略。由于听觉信息稍纵即逝,孤独症儿童难以掌握好,如果有视觉上的策略辅助则可以弥补其听觉方面的不足,也可以帮助他们弥补专注力、理解能力的不足。教师可以在环境安排、日常活动上做一些提示,让学生用图片兑换的方式主动表达需求。教师还可以通过预告环境、事物的改变来帮助学生明白较复杂的指令以及掌握信息的主体部分,这样可以减少学生因为语言理解以及表达困难而导致的社交及沟通障碍,使他们更有信心地与人交往。

良好的同伴关系对孤独症儿童沟通交往技能的提高至关重要。孤独症儿童与同学之间的互动关系呈现出渐进式的变化。如,从害怕、畏惧同学的阶段到习惯同学的阶段,从孤僻、自我的阶段到亲近同学的阶段。同伴互动的频率增加,孤独症儿童的社会能力也会随之提升。在与同伴交往的过程中,孤独症儿童可以逐渐习得表达关怀、适应陌生人(事物)的能力,建立潜在的社会行为,有效改善问题行为。而普通学生对孤独症儿童的感观也会有正向的改变,有助于进一步增进同伴关系。教师要给予孤独症儿童充分的口语刺激。同时,要做好家校合作,家人也要多创造沟通的机会,让孤独症儿童接受更多的语言刺激。

(二)增强指令性

师:怎样能让该生听懂指令,进而执行指令、完成指令?

专家:第一,要对孤独症儿童的成长情况做科学评估,了解他所处的能力发展阶段。如果他生理能力达不到,那让他做这个动作就很困难。比如,教孩子踢球,可能他往前走的时候就会把球踢走,如果这个动作对孩子而言很简单,那完成踢球这项活动的成功率就很大,相关的训练目标就会得到强化。如果他还不具备这样的能力,我们就会花费很多精力,而且不一定会成功,反而会挫伤孩子的信心。所以制定合适的教学、活动目标是开展所有训练的前提,教师首先要明确的是孩子的认知发展水平到底如何,他是否具备完成这项任务的能力,是否知道通过什么样的方式来完成既定目标。

第二,教师发布的指令要和多种感知觉的辅助相结合,比如触觉、视觉、味觉、嗅觉等。多种感官参与的指令才能让孤独症儿童的记忆保持更长久,让他们更容易掌握相关技能。比如,教孩子洗手,刚开始可以把水盆直接放在孩子眼前,当发完指令之后就让孩子把手放到水盆里面。水盆是视觉提示,洗手时对水的接触是触觉提示,通过多种刺激的辅助,帮助孩子认识到:原来这就是洗手。此时,教师发布指令的声音一定要清晰,让孩子记住这个固定的声音刺激,建立神经连接,并保持一定的持续性,以后孩子听到"请洗手"的指令时就可以自己完成相关要求了。

第三,不断重复地练习。当孩子学习指令的时候,要不断地重复,才能够使其听觉中枢跟身体神经建立起新的连接。当孩子学会这个指令以后,还要不断地重复加强。新的神经连接只有在不停的应用当中才会得到加强。如果孩子刚学会指令"拍手",就要教孩子学习其他新的指令,可能会因为"拍手"的神经连接没有得到继续加强,一段时间之后,这一连接就会削弱,甚至完全中断。

第四,及时撤出辅助。若辅助撤出得不及时,孩子就会产生一种依赖,以后只有在得到辅助的时候才去完成动作,所以辅助撤出的时间拿捏在教学上特别重要。

第五,明显区分。声音刺激要有明显的区分,如已经学会一个指令,在学习下一个指令的时候,要和刚刚学会的指令有较大区分。比如,孩子刚刚学会指令"拍手",如果下一个指令是"拍球",孩子很容易混淆。因此,类似的指令最好有着明显的区分,如上一个指令是"拍手",这次可以是"踢球"。用区别明显的声音刺激让孩子区分细微的使用肢体部分的差异,从而有效完成教师的指令。

第六,及时泛化指令。要让不同的人发出同样的指令,孩子都能够独立完成。比如孩子在学校能够做好"起立",在家也可以做到。随后是指令用语的泛化,让孩子学习的内容在生活中应用好,要尽量在不同的真实情境中学习,用不同的言语来泛化,让学生掌握这个指令。

(三)全面评估能力

师:应该怎样评估孤独症儿童的各项能力?

专家:对一个从事义务教育或者学前教育的教师而言,一位孤独症儿童来到班级里面,教师总是希望能对这个孩子多一点了解和认识,以利于日后教学计划的制订与执行。非正式性质的评估是从一开始接触到孩子就对他的能力进行初步了解的方法,而这样的方法,对于有特殊需要的孩子而言显得格外重要。对班上有孤独症孩子的教师而言,其一开始对孤独症儿童进行的评估判断,往往成为日后互动和教学的重要依据。一般而言,学生的能力按行为领域,大概分为10种,教师可以对比这10个领域一一对孩子进行了解,以此作为设计教学活动的参考方向。这10个领域分别是注意力、配对能力、沟通表达接受性语言的部分、沟通表达式语言的部分、模仿能力、社会行为技巧、自我照顾能力(生活自理能力)、认知概念、精细动作、粗大动作。

(四)完善教学策略

师:在孤独症儿童的教学中可以运用哪些教学策略?

专家:教学策略的运用要匹配教学目标的实施,这将更容易提升孩子的学习动机及效果,达到激发孩子学习与成长的目的。具体而言可以有以下教学策略。

一是学习多样化。孤独症儿童大多会选择自己喜欢的玩具或活动,教师在教学中可以选择更加多样的教具和教学活动,既可以让孤独症儿童学习选择,也可以增强他们挑选的能力。在教材教具的选择上提供真实的物品,较易诱发孩子反应的动机。此外,教师也可以尝试用口头表扬、自然的食物奖励等来增强孤独症儿童的学习动机。

二是扩展学习经验。孤独症儿童通常有过度单一的学习特质。普通儿童认识一个人时,会从性别、身高、体型、大概的年龄、面孔、声音等多方面综合的线索来认识,而孤独症儿童认识一个人时可能只单一注意到这个人的眼睛,甚至从眼睫毛或者是头发气味来认识这个人。换句话说,他们只运用单一的、独特的,甚至不相关的刺激信息来认识这个人。这种单一的信息,无论是从视觉、听觉、嗅觉、触觉等任何知觉方面过度反应,都会影响到孤独症儿童对他人的认识。针对这样的情况,教师可以运用的教学策略技巧有两种:第一种是渐进。先提供单一的线索,由少到多。例如上述的例子当中,若要孤独症儿童认识一个人,教师可以提供这个人的照片,先呈现一张照片,渐渐增加照片的张数,然后看这个人的视频,再听他说话的声音,最后与本人一起玩游戏、逛街等。经由渐进式的教导,使孤独症儿童接受这个人多元的特质,进而学习掌握多元的概念。第二种是夸张。通过扩大焦点的方式提供多重的线索,也就是一次提供三到四种相关线索,并给予特别增强。如上述认识一个人的例子,教师可以将照片、视频同时呈现,并请这个人来到现场,同时强化这个人的多方面特质,增加孩子对此人的多元、整体的理解。

三是运用自我管理方法。孤独症儿童缺乏自我管理的方法及指导自己完成任务的能力。教师可以教导儿童运用程序系统化的方式或以工作分析的方法来学习技能,并帮助他们泛化到独立的生活中,这是教学工作中重要的一环。教师可以尝试口诀法,让孤独症儿童学习自我管理。通常在儿童开始学习的时候,教师会要求儿童跟着做动作来配合口诀。例如,"我生气了,我安静下来,我将我的手放在腿上""我昂首挺胸,我将视线看在地板上/看着前面""我将屁股坐在椅子上,我将脚放在地板上,我坐直,我放松,我不说话,我做我的功课"。对于语言表达能力较好的儿童,可以请他们看着图片将文字内容按顺序读出来。对于语言表达能力较弱的儿童,则请他们用手指图片,教师在一旁提示动作,让儿童跟着做。这是一个好用的方法,儿童学会之后,每当他们受到挫折无法控制情绪的时候,便可以将这套口诀拿出来用,往往可以缩短儿童情绪困扰的时间,提高他们解决问题的能力。除此之外,教师也可以通过图片交换沟通系统,让儿童学习自我指导,特别是在呈现活动的顺序以及活动转换时,教师可以利用图片交换沟通系统,让儿童用视觉系统来理解整个活动。提供自然的教学情境,尽可能地让孤独症儿童在自然的情境教学活动中学习,这也是提升孤独症儿童内化能力的有效方法。

案例 15 小付,男,9岁,孤独症

【个案基本情况】

小付,小学二年级,孤独症评定量表(CARS)评估结果为34分。2019年10月的发展评估显示,小付感知觉领域达到2岁6个月的水平,视觉追视能力较弱,听觉无法辨识不同乐器,触觉记忆较弱,味觉、嗅觉能力较弱;粗大动作与精细动作均达到4岁10个月的水平。小付能够进行20以内的点数,在点数的帮助下进行10以内的加减法。与其他学生无主动交往。

【专业指导建议】

(一)粗大动作问题

师:应该如何发展孩子的粗大动作?

专家:就台湾地区的常模来讲,4~5岁的孩子可以踮脚尖、连续拍球拍三下、接1.5米外抛过来的球或自己抛球也可以抛1.5米以上。针对粗大动作发展缓慢的情况,可以有针对性地采取一些措施,像做操或体育课上的单脚跳、投掷等。特别是抛接球,既可以锻炼孩子的追视能力和手眼协调能力,也可以增加他们和同学交流的机会。教师训练孤独症儿童的追视能力,让他逐步知道对话时应该如何与对方进行眼神交流,有助于提升他的社会交往能力。在教学时,教师可以利用一些表情图片让孤独症儿童辨认情绪。

粗大动作的发展是一项系统性工作,如果孤独症儿童不会拍球、不会跳高等,也有可能是他的视觉、听觉能力较弱。教师在训练拍球、跳跃等粗大动作时,儿童的视觉、听觉的训练也要跟上,才能达到事半功倍的效果。

(二)精细动作问题

师:应该如何发展孩子的精细动作?

专家:小付的精细动作能力达到4岁10个月的水平,就绘画而言,这个年龄段的儿童可以模仿画正方形、圆形或画一个简单的房子;画人的时候一般可以画简单的火柴人等。所以,家长和教师的期待要匹配小付目前的能力水平。

家长可以在家庭中开展简单的精细动作训练,带着他一起做家务,如与妈妈一起洗米、洗菜、洗衣服等。和家长一起做家务的时候,小付得到了两种锻炼,一是小肌肉动作,二是动作计划能力——每做一个动作,脑中都要形成一个计划,第一步是什么、第二步是什么,拇指、食指、中指如何配合使

用,这样有助于提高他的动作协调性。

在进行精细动作训练的时候,教师和家长要充分理解孤独症儿童的障碍和不足。比如说有的孩子有触觉防御,他不能容忍别人拍他的肩膀,因为对他来讲像刀割一样痛;有的孩子不能写太多的字,他的极限是写半个小时,再写下去,他会感觉手指头酸痛。普通人觉得很容易的事情,他们可能觉得特别困难、特别累。教师和家长要给予孩子循序渐进的训练,并提供一些辅助支持,如给孤独症儿童提供握笔器,帮助他更好地书写。

(三) 睡眠问题

师:孩子睡眠不规律,半夜3～4点就会醒,醒来后特别兴奋,喜欢自言自语,应如何改善这一问题?

专家:任何问题行为都可以用行为功能方式来分析。从理论上而言,我们对行为的认知分为三个阶段。第一个阶段是行为改变,孩子的某些行为在我们的观念中是不对的,需要去改变;第二阶段是行为功能,孩子的所有问题行为都有其功能,需了解行为问题发生的目的;第三阶段是正向行为支持,如果在某个方面会出现问题行为,那么我们要教授孩子正向的行为来替代与预防。

关于小付睡眠不规律的问题,我们需要细究:他为什么半夜三更就醒了?他为什么会兴奋?他为什么会自言自语?我们可以用ABC理论简单来分析,A是前事,B是行为,C是后果。

首先对行为问题进行分析,什么时候、什么情况下会发生该行为,该行为频率与强度如何,发生一次会持续多久。我们一定要先做观察,掌握了更加翔实的情况后,再展开针对性干预,根据不同的原因采取不同的干预措施。

针对小付的具体情况,第一个猜测是他白天的运动量可能不够,所以半夜会醒来,第二个猜测是他晚上可能吃了什么容易引起兴奋的东西,比如巧克力等。我们要针对不同的猜测,采取不同的措施,如将游泳、跑步等活动安排在小付下午的活动表里;将小付现在吃的饼干替换成不甜的苏打饼干等。家长可以用视图方式,将一日安排固定下来,提示小付遵守。如果这样的措施没有效果,说明我们的猜测不对,那就要继续通过观察,了解他问题行为的功能,尝试其他的干预方案。

(四) 户外出行问题

师:孩子对过马路非常恐惧,越宽的马路越恐惧。应该如何应对?

专家：首先，我们要清楚这一行为什么时候会发生。其次，我们要看行为的功能，即他想要达到什么目的。在过马路时，如果小付表现出很惊恐的样子，妈妈可能会赶快牵着他的手，所以他的行为目的可能是希望大人牵他的手。孤独症儿童多有鹦鹉学舌式的语言，有学者认为这些语言是有意义的。教师和家长可以留心记录一下，看看他在说的是什么事情，希望达成什么样的目标，然后说出适合该场景的话让他模仿。

小付对过马路存在畏惧心理，我们可从这些方面猜测其原因。一是温度、光线等从生理上影响了小付，比如说最近天气忽冷忽热，让他情绪不稳定，在过马路时这种情绪被放大了。二是声音，马路上一般都很嘈杂，是不是绿灯亮时，所有的车都在发动，让他觉得声音很吵？三是他是否曾经在马路上看到过车祸，让他对过马路产生了不好的联想，从而害怕过马路？当然，我们也要看到，小付部分能力相当于 2~4 岁的孩子，这个年龄段的孩子对过马路本身也是有一定恐惧心理的。

从发展心理学的角度看，孤独症儿童的康复训练可谓"牵一发而动全身"，动作、沟通、情绪，彼此互相牵连，在制定康复训练目标时应统筹考虑，不能头痛医头、脚痛医脚。针对孤独症儿童的一些行为问题，要做好跟踪、观察、记录，读懂他行为背后的深意，从独立自主生活的长远目标出发，给予他适合的康复训练。

案例 16 小宇，男，10 岁，孤独症

【个案基本情况】

小宇在 4 岁之后被家人发现与人交流存在明显异常，经医院诊断为孤独症。2013—2016 年就读于普通幼儿园，并在康复机构进行每周一次的训练。2016 年至今就读于特殊教育学校。感知觉发展基本与同龄孩子无异，触觉、嗅觉比较敏感，喜欢对熟悉的人进行摸和闻。精细动作能力相当于 2 岁半的儿童。

【专业指导建议】

（一）改善注意力

师：平时在课堂中，小宇的注意力保持仅有短短的几十秒，我们尝试过用操作性活动吸引他的注意，但他很快便能操作好，随后又开始自己的刻板

行为(玩手、看门外、翘椅子等)。三年级下学期也试过使用大龙球作为座椅来提高小宇的课堂专注力,但是效果并不明显。小宇的注意力不集中、理解能力较弱,是否有更好的方法提高他的注意力,对其开展有效的课堂教学?

专家:注意力方面的训练,有以下几个策略。第一,环境安排。小宇的执行功能较弱,抵抗外界刺激的能力较弱。教师要先考虑小宇在教室的座位位置,再考虑他的周围是否有干扰因素,建议安排靠近教师、远离窗边的座位,减少周围环境中的干扰因素。通过环境安置,降低其他因素对小宇的干扰。第二,帮助小宇建立自我监控。一堂课45分钟,教师每5分钟观察一次,他表现好就在他桌上贴贴纸,前5分钟对课堂内容有注意就给贴纸,再过5分钟对课堂内容没有注意就不给贴纸,一堂课结束后统计贴纸的数量,若超过5张,表明小宇的课堂注意力较好,可给予他奖励,强化在课堂上集中注意力的行为。通过这样的方式,告诉小宇,他在一堂课上表现的好坏。第三,做有氧运动,运动要持续20分钟。教师可以每天请家长做记录,通过有氧运动改善小宇的注意力。第四,药物治疗。请医生评估小宇的个人情况,看是否需要药品的辅助。

(二)提升理解力

师:在教学中我们发现,小宇能听懂并执行教师及家长的单项指令,词语的识记、配对、书写等能力较好,但是在课文的理解方面(事情的起因、经过、结果)却较为薄弱,一般都是小宇重复教师的问题,而不作回答或者不理会。有哪些措施能帮助其提升理解能力?

专家:第一,名词量需扩充。日常生活中较常用的词语,小宇在课本中看见却较陌生。教师可以加强他对课本新词的学习,将课文放在电脑中播放,新词做超链接,点开是图片,帮助他建立词语与实物间的一一对应关系。第二,拆分降低课文的难度。课文教学时,文章第一段讲什么、第二段讲什么,教师要细细拆开来讲解,用他能理解的语言重新解释,包括起承转合、记叙文描述顺序等,通过思维导图等方式,降低理解课文的难度。第三,进行修辞、造句等练习。教师可以从课文中提炼出重要的语言点,根据文章提供的例句,选词进行造句。例如,学习"明天"一词,可让小宇练习造句:"我明天吃什么?"孤独症儿童适合结构化教学法,教师可将他的任务序列化,比如固定"学习生字—阅读—写作业"的学习流程,以图文展示现在该做什么。有时孤独症儿童对指令不回应,有可能是他听不懂指令的意思,那么可采用图文展示的方式,更便于他理解。

(三) 引导社交

师：日常学习生活中，小宇和其他同学的合作交流较少，当教师安排合作活动时，小宇总是偏离活动本身去做自己的事情，即使在教师介入下（如示范、手把手指导），小宇也会趁机溜走或进行一次就离开。经过教师观察发现，他并不排斥和别人交往，但是使用的却是不恰当的"闻""戳"等方式，基本没有语言上的交流。偶尔还会剪掉别人的头发、剪坏别人的衣服，教师在校时通常是通过动作示范的方式进行干预，而家长则通过打骂或置之不理的方式来解决，小宇根本不理解自己是否犯了错，事后也不会有改变。作为教师有哪些更好的方式帮助他建立正确的同伴交往模式，并学习用语言表达自己的意愿？

专家：如果孤独症儿童长时间没有适当的教法互动，他的行为问题会越来越严重，最终会影响他未来顺利地融入社会。针对他语言交流较少、不符合社会规范的行为，教师可以采用社会性故事的教学策略。针对"闻""戳"等行为，编写社会性故事，让小宇在阅读的时候了解自己行为的对错。例如，出示描述句"我想要和他交朋友"，观点句"我用闻的方式交朋友，小朋友会不喜欢"。让他每天读社会故事，潜移默化渗透到行为当中。

教师编写完社会性故事后，需要小宇每天都读。例如，第一张为"小宇拿剪刀"，第二张为"小宇剪别人头发，别人会很难过，老师很伤心"。教学时一定要讲观点句，让他知道他人的感受，并做出反应，如明白"剪别人头发是不对的""下次我不能剪别人的头发，我可以双手抱胸前，深呼吸"。观点句让小宇明白训练的目的，下次再发生类似的情况时知道该如何去做。

案例 17 茵茵，女，11 岁，孤独症

【个案基本情况】

茵茵出生时无异常，动作发展与同龄的普通儿童相近，但语言及社交方面明显落后于普通儿童。大约两岁时，母亲发现她不愿与人交流。她的视觉学习能力优于听觉学习能力；无法对外界刺激做出正常反应；喜欢独处，兴趣狭隘，行为刻板重复。在学校和家中能遵照父母、教师指示，但对于比较抽象的概念，如感受或想法，则很难理解。在没有帮助与支持的情况下，茵茵不能维持与同学之间的友谊，大家不愿意主动与她玩。在教学中，教师需要灵活安排她的计划，并且结果要有可预见性。茵茵一直在康复机构进

第六章 孤独症谱系障碍学生个别化教育指导

行职能治疗、语言治疗及社交训练等,但各项能力仍落后于同龄的普通儿童。上课、出操、站队等指令,她都可以听懂。茵茵做力所能及的事情,穿衣等生活方面都能自理,语文阅读理解与写作方面较差;数学较弱,字写得很好。她的家庭情况较好,妈妈专职接送,辅导学业。

【专业指导建议】

（一）提升有效注意力

师:如何提高孩子的有效注意力?

专家:一般而言,提高孤独症儿童的注意力有以下几种方法,如开展游戏和活动训练、进行自我行为的组织和管理等。教师和家长可以与孩子进行有趣的社会性互动,如玩藏东西的游戏,让孩子把物品找出来拿给教师或家长,以训练孩子有意识地去注意身边的事物;也可以训练孩子分享式注意力,如搭好积木后向他人展示。教师和家长还可以以非语言的方式来布置任务,如用手势让孩子去拿东西,把孩子喜欢的玩具或物品放在架子上,让她寻求帮助。

（二）改善语言表达

师:孩子能积极举手发言,但是回答问题时经常答非所问。如何提升孩子的语言表达能力?

专家:茵茵能举手发言,这是对课堂教学的积极参与,需要给予肯定。根据相关资料,孩子在语言方面有一定的表达能力,但是在语言理解方面存在困难。

孤独症儿童的典型障碍是人际沟通能力较弱,相互协调能力较弱(固执、很难有分享),很难设身处地为他人考虑。教师可以尝试编写一些社会性故事,让茵茵在有趣的故事中理解特定的情境和知识,但教师不要用太含蓄笼统的指导语,要用明确的观点句。此外,教师还要训练她的执行能力和核心统整能力,开展结构性教学,有规划地组织学习、生活,让她逐步学会统整新旧经验、统整不同来源的信息,从而提升自己的语言理解能力,自主处理类似的情况,泛化应用所学知识。

对于不愿与人交流或表达能力发展缓慢的孤独症儿童,教师可以使用自然情境教学法,强调孩子的动机,强调在自然环境下进行康复教育。先是环境的安排,安排孩子有兴趣的事物,设计需要协助的情境,或者她不希望教师帮忙去做的事情,以此促进孩子的沟通行为,鼓励孩子去表达。教师和家长还要注意回应的互动技巧,跟随孩子的话题,迅速、有意义地回应,通过提示、示范、随机教学等方式,拓展孩子的对话等。

(三)选择助学同伴

师:应该如何选择助学同伴来帮助孩子?

专家:首先要考虑助学同伴的性格,他要能初步了解孤独症同伴的障碍特征与性格,在茵茵出现问题行为,甚至有时会冒犯到自己时,能够始终宽容她。其次,助学同伴还应具备较强的沟通能力,不仅能和孤独症同伴保持良好的沟通,也要和教师保持沟通,发现问题时,能够及时向教师准确、全面地反馈。最后,还要考虑到家长意向、家庭情况,要获得助学同伴家长的支持,可能的情况下,可以开展一些家庭交往活动,在真实情境中提高孤独症儿童的社交能力。

案例 18　小吴,男,11 岁,轻度孤独症

【个案基本情况】

小吴1岁之前的睡眠比同龄孩子少,1岁多先学会走路再学会爬。4岁进入幼儿园,教师反映小吴特别多动,语言发展缓慢,不愿意和小朋友一起玩。2013年5月小吴被诊断为轻度孤独症。后来妈妈辞去工作和孩子一起到康复机构训练,有一定效果,但进步比较小。6岁后进入特殊教育学校培智部,一年级的时候,小吴坐不住,需要家长陪读。现在小吴能坐得住了,虽然有些小动作,但进步明显。

【专业指导建议】

(一)沟通交流的介入

师:孩子是想和同学、妹妹玩的,但是不会使用正确的沟通交流方式,请问怎样引导他?

专家:提高小吴的沟通能力,需要教师和家长及时介入,既要引导他,也要引导普通孩子。在家中,家长要告诉妹妹关于哥哥的情况,让她接受哥哥和别人的不一样,尝试理解哥哥。

为改善小吴的问题行为,教师可以采用结构化教学,要有明确的时间管理,规定在什么时间做什么事,特别是家校要保持一致,慢慢让他养成好的行为习惯。结构化的学习生活模式在实施初期可能会遇到困难,小吴可能

很难配合,但教师和家长一定要坚持。可以用"玩"的方式让他完成一件事情,比如和妈妈比赛洗袜子,看谁洗得快,看谁晒得好。又如当他搭完积木后,不要着急拆,可以让其他同学一起来分享、欣赏他的作品,给予他成就感。

小吴会在意别人对他的态度,说明他有人际交往意愿,是希望和其他人交流的。教师可以对其他学生进行引导,让他们不要取笑小吴。同时,关注他的"生气点",如果是正常反应,可以借助机会引导他有礼貌地表达想法或感受,学会使用"请大家不要笑我,我不喜欢"等句子。

小吴的沟通方式不正确,也与他语言表达能力较弱有关。根据相关材料,小吴只会回答后半句,喜欢用短语来表达想法或感受。教师和家长可以适当地加强完整表达句子的训练。例如,当他说"看书"时,教师可以引导他说"我要看书",再过几天引导他说"我要看这一本书",慢慢地学说长句子。

(二) 任务的合理分割

师:孩子对家长布置的任务配合度较低,通常都是妈妈很大声训斥,他才愿意配合,想问这种情况怎么办?

专家:家长布置任务要从小吴喜欢的事情切入,一件事情可以分成几个步骤让他做。例如,他喜欢玩手机,家长就告诉他:"你把这件事做完就可以玩手机。"要玩多长时间也要讲好。想做喜欢的事情,就要先把自己分内的事情做好,慢慢让他形成这样的意识与习惯。同时,孩子做完或做对一件事情的时候,我们要给他正向强化,让他知道有付出才能得到他想要的。例如,家长要求小吴把袜子拧干,拧到不滴水,他就可以玩20分钟手机。洗袜子的步骤比较烦琐,要分解开让他做,如果他一个动作完成得好,就可以增加难度。家长可以慢慢地让他分阶段完成涂肥皂、搓洗、清洗、拧干等步骤;也可以把他达不到的能力排一下顺序,先训练最需要达到的目标能力,这个目标能力达到了再来训练第二个。

(三) 环境脱敏

师:孩子很抗拒理发,剪完了会哭,说头发没了,不喜欢改变。

专家:小吴的触觉敏感,这是先天的,要通过训练慢慢让他适应。家长可以利用减敏感法,每次理发时可以拿镜子给他看,让他观察是怎么理发的,解除他的顾虑,让他慢慢适应。如果不理发没有影响到他和别人,可以先不理发,对他来说理发不是要立即处理的事。家长也可以常带他去理发店,看别人理发。最好是看到和他差不多大的小朋友在理发,多去、多看,讲给他听,其他小朋友是怎么做的,还可以和小朋友互动。通过对理发的多次接触、了解，慢慢地他的焦虑也会消失。在改变小吴的问题行为时，家长一定要不厌其烦地坚持做，坚持下去才有效果。

（四）正向支持

专家：教师和家长要看到小吴的优势能力，让他参加感兴趣的活动，获得愉悦感和成就感。当他在用不恰当的行为进行表达的时候，我们要教他正确的行为。哪怕只有一点点的改变，我们都要给他及时的鼓励和肯定，这是建立孩子对大人信任度的重要方式。基于信任，他才会听取大人的意见和指令。改善孤独症儿童的问题行为，教师和家长要有更多耐心，看到他先天不足的部分，给予充分的理解和引导，慢慢地帮助他成长、进步。

案例 19　小其，男，11 岁，中度孤独症

【个案基本情况】

小其 2 岁时被发现有注意力缺陷，与人沟通有障碍。3 岁时他被确诊为孤独症（中度），确诊后即开始专业康复训练，先后在无锡、杭州、上海的康复机构训练过。

【专业指导建议】

（一）情绪控制问题

师：小其有时会大声尖叫、哭喊、跺脚、躺在地上、撕扯衣服、用力捏或掐自己，甚至会攻击他人，怎样让他控制自己的情绪或用什么方法缓解他的情绪？

专家：首先，要明确小其情绪问题背后的原因。他可能是为了逃避任务，如逃避作业，尤其是书写作业，或是逃避身体被触碰；也有可能是获取外在刺激，如获得积木；还有可能是获取内在刺激，如小其喜欢摸柜子时凉凉的感觉，通过情绪化行为满足个人需要。教师和家长可以采取的干预措施有如下几种。一是预防策略。小其一般运动过度后会比较兴奋，之后会出现情绪化行为，但是如果运动没有达到一定量，也会出现情绪化行为突发的情况。教师可以选择合适的运动场所来调整运动的强度。小其可以接受在不同的场所跑步，但是每次都要跑 5 圈，我们可以选择合适的场所，虽然他也跑了 5 圈，但是只有原来 3 圈的长度。二是教导策略。教师需要教导小其用恰当的沟通方式表达自己遇到了困难，而不是通过发泄情绪来表达。教

师在问问题前可以适当引导,比如教师可以这样说:"老师现在要问你一个问题,你愿不愿意回答?如果这个时候你不想回答老师的问题,你可以说不要。"通过这样的示范,让小其在遇到困难或身体不舒服的时候,学会与教师沟通,寻求教师的帮助。三是反应策略。当小其出现情绪化行为时,可以让他选择自己喜欢的物品或活动,也可以营建一个让他觉得自在不被打扰的角落,告诉他可以去那个角落平复情绪。

(二)社交互动问题

师:怎样引导小其与其他学生正确相处?

专家:首先,要确定互动的对象,帮助小其确定互动对象与自己的关系。其次,辨识互动的情境,如辨识互动的时间、互动的地点、互动情境中的特征、互动对象的外观和身体符号、互动对象正在做什么等。再次,教师需要引导小其了解互动对象的感受和目的(要求),使小其从互动对象的口语和非口语信息中明白对方的感受及目的(要求)。其中非口语表达内容包括动作(脸部表情和身体动作)、身体—位置和语言行为(声量、音质、声词、说话的速度,以及如何运用时间来掌控说话的度、探查谈话内容)。最后,教师还应针对小其的具体行为进行分析,教授小其正确的打招呼方式,鼓励其他同学和小其打招呼互动,让小其在其他同学的沟通方式中习得正确的互动方式。相关材料显示,小其有固定的捏、掐的对象,被捏、掐的同学会回应说:"这里痛。"当他看到同学的反应时他会开心,因为他得到了别人的回应。教师可以引导小其建立恰当的方式来接受别人的回应。例如,下课时让被捏、掐的对象进行一定的活动,让小其一起参加,让小其能通过其他的活动得到同学们的回应。若暂时没有发现适合的活动,教师可以提示其他学生用击掌的方式来与小其互动。

案例 20　小旭,男,11 岁,孤独症

【个案基本情况】

小旭,出生时是自然生产,体格发育良好。13 个月时会走路,开口说话时间明显迟于普通儿童,2 岁多还不怎么会说话。30 个月时被诊断为孤独症,33 个月时开始康复训练,主要训练项目为感统训练和语言训练。9 岁时小旭进入特殊教育学校一年级学习,现就读三年级。家庭成员有爸爸、妈妈和妹妹,妈妈不上班,专职照顾他们。

【专业指导建议】

（一）情绪化行为干预

师：小旭课上经常插话，扰乱课堂秩序，有时会突发很激烈的情绪，如何安抚他？

专家：漠视他插话的行为，这是冷处理的一种方式，教师可以等课后他情绪平复了再跟他谈谈课上的插话行为。孤独症儿童可能是想到很久以前的事情突然发生情绪化行为，有时不受自己控制，小旭就有类似的行为。如果他在家里突发情绪化行为，妈妈可以先不理他，拿个东西给他玩。因为他情绪来了不知道怎么表达，等他情绪平静下来后再沟通。

孤独症儿童语言发展缓慢，可以让他接触多样化的事物和情境，提高他处理问题的能力和在生活经验中吸取知识的能力。例如，买东西时，妈妈要引导他使用正确的语句沟通，而不要说"要这个""要那个"。教师可以根据小旭的视觉记忆优势，教他一些词，例如"生气""紧张"等。当小旭出现情绪化行为时，让他来用口语表达"我觉得很生气""我现在很紧张"。当他出现情绪问题时，会用命令的语气和教师、家长说话，我们应告诉他用命令的语气对大人讲话是不礼貌的。可以告诉他："我觉得你这样说话不太好。"教师和家长可以加强"我想要……""我觉得……"这类句型的教学，用"你觉得……怎么样？"的句式提问，引导他准确说出自己内心的真实想法，并教导他正确的交往礼仪，如对话时要看着对方的脸等。此外，小旭并不排斥跟别的同学交流，也可以充分发挥同伴作用，在实际交往中培养他的社会交往能力。

（二）语言理解训练

师：在训练孩子的语言理解能力，引导孩子根据情境回答问题方面，有哪些好的方法？

专家：针对孤独症儿童的语言练习需要不断细化。教师可以对他进行一些句子练习。例如，句子"毛毛虫变成蝴蝶了"，让小旭知道这个句子的组成，并问他："谁变成蝴蝶了？""蝴蝶是谁变的？""毛毛虫长大变成什么了？"在教学中，教师可以用视觉图示的方式提醒他回答问题。在理解、掌握了句子"毛毛虫变成蝴蝶了"之后，小旭可以进行句子的重复练习，由易到难。再比如，在学会上一阶段内容的基础上，教师就可进阶到句子"猴子在树上荡秋千"，提问他："猴子在树上干什么？""树上有什么动物？"再进阶到提问他："小鸟会飞吗？""小鸟为什么会飞？"此外，教师还可以训练他的社会性互动。例如，设置一个情境主题：跟妈妈逛街，妈妈突然不在身边了，怎么办？可以让其他学生先说,然后再让小旭说。

孤独症儿童的语言训练要循序渐进,教师可以先把要学习的字写出来,再引申到相关的词和各种问题。孤独症儿童的词语都是片段式的,连贯性较差,较难理解比较抽象的表述。教师可以从生活中选取语言训练素材,便于小旭理解和运用。例如,学习句子"一边唱歌一边搬椅子",教师可以边讲解边做动作,让他充分理解"一边……一边……"的含义。

(三)忽略与正向支持

师:小旭一边拼东西一边不停说话,这种重复性的语言要不要制止呢?

专家:拼东西时不停说话可以不制止,因为那样的行为让他感到开心,只要不影响别人就没关系。有的孤独症儿童看似不听,其实他是在听的。但是其他的一些不好的语言行为,教师要用正确的语言行为纠正他,不要被儿童的语言牵着走。家庭教育中要特别注重家长的教养方式,如果家长有暴力行为,孩子也会跟着使用暴力行为。妈妈要试着去理解他,要用好的、完整的句式去引导他使用口语表达。

案例 21 嘉嘉,男,12岁,小儿痉挛症,孤独症

【个案基本情况】

嘉嘉一至五年级在普通小学就读,由爷爷陪读;六年级在特校就读,基本由爸爸陪读。1岁多时他被发现有小儿痉挛症,各方面发育都比较迟缓;2岁多才开始走路和说话。随后到脑科医院进行康复训练。嘉嘉从小依赖家长照顾,几乎没有自理能力,很少参与班级活动。在感知觉能力方面,他的视觉、听觉、触觉、嗅觉、味觉反应都很好,视觉辨识、视觉记忆能力强,听觉注意较弱。在粗大动作能力方面,可以坐、站、跑、行走、抛球、推等,可以在原地起跳,能独立上下楼梯,但整体行动较为缓慢。他精细动作的基本操作能力非常好,手眼协调能力较好,能准确地抓握较小的物体,能正确握笔并书写。在认知能力方面,他有较好的空间概念、颜色概念与形状概念,有基本的数学概念与数的概念,时间概念相对比较弱。对因果关系的认知上,嘉嘉能进行简单推理、分类以及配对。在语言和沟通方面,他的语言理解跟语言表达能力很好,能说短语及句子且发音准确,有较好的语言表达能力。非语言沟通能力较弱,与陌生人的沟通较少,少与陌生人对视,沟通上缺乏社交礼仪。在情绪行为方面,他有很强的依恋性,但有时会用力拍打身边的小

朋友。嘉嘉喜欢被教师夸奖是个好孩子,喜欢看电视、画画,喜欢玩手机和漫威玩具面具。在生活自理能力方面,他可以独立进食,正确使用餐具,也能表达如厕的需求,但相关如厕技能掌握较弱。在学校教育方面,上课的时候他不能配合教师完成一些教学活动或是参与一些课堂活动。目前教师使用图片交换沟通系统进行教学。

【专业指导建议】

(一)处理问题行为

师:孤独症儿童的问题行为应该如何处理?

专家:孤独症儿童的问题行为可以分为自我刺激行为、刻板行为、不恰当的行为、攻击行为、过动行为等。自我刺激行为指孤独症儿童表现出的某种重复的动作,可能表现为奇怪的癖好或习惯,比如甩手、转圈圈,以满足感官和心理的需求。这些行为通常不具社会意义,有时会干扰到人际关系、妨碍学习。刻板行为又称固执行为,指孤独症儿童常坚持生活中一些不可改变的烦琐细节,并拒绝改变这些生活细节,如果教师或家长硬要改变这些细节,会引起他们极度焦虑或发脾气。例如,有的孤独症儿童出门的时候一定要带塑料袋、走同样的路回家、到同一个公园玩等。孤独症儿童的游戏形态也相对简单,少有变化,也可以视为固执行为。不恰当的行为包括干扰别人做事,中途闯入他人的活动,不顺从、不理人、装作没听到,情绪亢奋的时候到处乱跑、乱吐口水等。攻击行为可表现为自伤,如撞墙、捶头、拍耳朵、撞桌子等;也可表现为伤人,如踢、咬、捏、抓、打别人。过动行为包括不停地自身旋转,晃动身体或头部,在教室、操场绕着圈跑,爬上爬下、跳来跳去等。

为改善孤独症儿童的问题行为,教师可以利用社会性故事教学,通过创设故事情境教学以及视觉提示,教导儿童生活常规。普通人会通过内在语言来控制自己的行为,孤独症儿童因为语言能力薄弱,很难用内在语言的方式来管理自己的行为,因此可以利用社会性故事教学法,促进他们内在语言自我管理的建立。此外,孤独症儿童比较喜欢相对长久存在的视觉信息,口语、手势、面部表情等信息持续时间短暂,而且需要立即处理,而孤独症儿童相对难以捕捉并处理这些信息。教师呈现视觉线索,可以帮助孤独症儿童知道日常生活常规的步骤或是特殊状况的反应方式,从而能注意并处理生活中的转变,接受改变,遵守生活的进程。

（二）引导参与集体活动

师：嘉嘉现在不愿意主动走进校园、走进教室参与课堂活动，需要教师一对一去校门口接他，拉他上楼。在课堂上，他需要教师一对一辅导，不愿意参与课堂活动，包括学校大课间等集体活动。如何训练他积极参与集体活动？

专家：针对嘉嘉不愿意进校园、进教室上课的情况，教师需要更加全面地了解他的家庭教育情况。根据材料，嘉嘉属于结构性比较强的孩子，比如在他起床上学的过程中，家中有没有什么行为或活动影响了他的每日常规，导致他不愿去学校。他不愿意进校、进教室的背后有着什么样的目的？教师和家长要充分沟通，了解他在家里的情况，才能有针对性地处理类似的问题行为。在具体操作中，教师可以提前告诉他今天要开展的主要活动，用他喜爱的活动吸引他尽快进校、进教室。嘉嘉对爸爸的依赖性很大，可以让爸爸先进校，保持一个安全的距离，耐心地等他自己进校。

由于孤独症儿童对结构化教学方式的倾向性，教师在教学过程中可以多用一些视觉提示，告诉嘉嘉这节课要学习的主要内容是什么、要开展的主要教学活动是什么，配合一定的奖励制度。例如，课堂前 10 分钟，他若听从教师的指令，完成一定的教学任务，就可以得到额外 10 分钟的画画时间。教师还可以分小组教学，通过小组活动的形式让他有效参与课堂。在制订个别化教育计划时，教师应根据他的学习特点，确定适合的教学方式和评价方式。例如，嘉嘉可以通过画画、游戏的形式来完成课业的考核，最大限度地激发他的学习动机。

全校性的活动能让嘉嘉有机会和更多的同学互动，他不愿意参加活动可能是因为不知道如何与他人互动。教师可以预告在活动中需要做的事情，从模仿最简单的行为开始，如告诉他，过一会儿有其他小朋友要来，你只需要和他握手就可以了；马上要去模拟超市，你只需要挑选自己喜欢的东西就可以了。由易到难、循序渐进地让他慢慢融入集体活动中。在和其他同学交往时，他可能只是看着，不愿意说话，教师也不用着急，他的身体有配合参与就可以，这也是一种活动参与的方式。教师要确保嘉嘉先有与别人互动的意愿，再慢慢引导他正确的交往方式。教师可以通过一些图片故事、戏剧、影集、看图说话等，示范同学之间应该如何互动，以及遇到某种情况时，应该怎么处理，让他了解正确的人际交往方式。家长也要配合教师教学，在日常生活中将在学校习得的交往技能迁移、应用到生活中。

(三)提高沟通能力

师:该生的非语言沟通能力较弱,社会交往能力较弱,应该怎么提高他的沟通能力?

专家:根据材料,嘉嘉的语言表达能力较好,现在社会交往能力较弱,这是由于对家人太过依赖,而家人也过于溺爱,一些交往需求全部被代劳了,减少了他与他人互动的机会。所以,教师要和家长沟通,说明过分代劳对孩子成长的负面影响,让他获得更多与他人沟通的机会。在日常沟通的过程中,教师可以先告诉他待会要和谁说话,让他知道沟通的对象,减少内心的不安,理解沟通的必要性。教师通过示范、模拟、情境创设、社交故事创编等方法,让他习得基本的社交用语与礼仪,从最简单的"对不起""谢谢""你好""再见"开始,慢慢提高他的社会交往能力。在家庭中也要不断泛化他在学校习得的社交技能,家长要慢慢引导他与他人沟通交流,沟通对象可以从比较熟悉、相对熟悉到相对陌生慢慢过渡。交往能力的提升是一个相对缓慢的过程,教师和家长一定要有耐心和信心,给予他足够的时间去发展、成长。

> ● 拓展
>
> **理解和接纳是帮助孤独症儿童改善的第一步**
>
> 1. 孤独症儿童社交不当行为的原因
>
> 孤独症儿童的自伤、伤人行为是情绪异常加上语言表达异常所导致的,而自我刺激的行为是感觉异常或认知异常所引起的。问题行为产生的原因不一样,性质也不一样,改善问题行为的方法策略也要不一样。功能性评量是解决孤独症儿童行为问题的最好方法之一,重点是找出行为的功能性目的,然后教导他们正确的功能行为或者做功能性沟通训练,以此消除问题行为。但是功能性评量只能解决因情绪或表达困难所造成的行为问题,由其他原因,如感觉异常、认知异常所导致的行为问题,功能性评量尚不能解决。
>
> 当孤独症儿童出现不恰当行为,如拥抱异性、摸别人头发时,教师和家长可以教导正向的、合适的替代行为。例如,有的孤独症儿童喜欢对着空中吐口水,既不雅观也会造成卫生问题,此时,教师和家长可以引导他对着痰盂吐口水或者把口水吐在纸巾上再扔到垃圾桶里。另外一类不恰当行为是不顺从、不理人、不听指令,或者随意干扰别人,影响

正常秩序。这类行为大多是由于不理解环境的要求所致。孤独症儿童由于认知缺陷，在解释、掌握人际互动的各种信息上有困难，他们既不理解别人的话，也不知道他人对自己的要求期待，因此才不能听从别人的指令，遵循生活上必须遵守的常规。此外，孤独症儿童对别人的情绪认知困难，也不善于表达其情绪，同时缺乏观点取代的能力。他们不理解别人的内心情感、需求、看法，所以难以调整自己的做法，以迎合取悦别人，甚至他们根本不关心别人，所以常常表现出不合作的行为。

2. 孤独症儿童刻板行为的原因

孤独症儿童的刻板行为可能是由于认知能力较弱所造成的。孤独症儿童玩玩具的时候，常常用同一方式玩各种玩具。例如，有的孩子不管玩什么玩具，都使用丢出去的玩法。出现这种游戏方式，说明他的游戏能力只发展到操弄的阶段，尚未发展到做功能性游戏以及想象性游戏的阶段。这种刻板行为源于他们缺乏高阶层游戏技巧。此外，孤独症儿童的分离注意力较弱，很难处理同时到来的信息，只能固执地注意某一刺激。所以，他们常常坚持特定形式的生活常规，这是为了让自己的生活容易掌控，但是如果生活太过"空白"，他们又会用重复性的刻板行为来做自我刺激。安全、方便、免于恐惧是人的一种心理诉求。刻板行为也可能是一种心理的认定或表述，认知功能较高的阿斯伯格综合征儿童常常有坚持把东西排列整齐的强烈需求，这也是一种心理的认定。

如果孤独症儿童的某个刻板行为不会严重干扰生活或影响身体健康，我们不妨接纳它，可以将其视为他们独特的生活方式，以维持他们内心的安全感。当然，在行为成为习惯之前，教师和家长引导他们学会多加变化，便不易养成刻板行为。例如，在教导孤独症儿童刷牙的时候，可以多准备几支不同颜色、形状的牙刷，每天使用不同的牙刷刷牙，如此他就不会坚持用同一支牙刷。其他的日常生活用品，均可以用这种方式来处理。但是要注意不要矫枉过正、小题大做。改善孤独症儿童的刻板行为时，我们要渐进式地进行细微的改变，让他在不易察觉中接受改变。例如，改变孤独症儿童只喝牛奶的行为，可以在牛奶中渐进式加上白色的麦片，直到改变成吃固体的食物为止。当然，有一些不能通过渐进式的改变来改善的刻板行为，如若到了必须改变的时候，就只好强制改变。强制改变前要衡量它可能造成的伤害、可能遭遇的反抗以及改变之后所得的预期效果,应做一个通盘的考量。例如,有些孤独症儿童不吃任何水果或坚持只吃白饭,其他食物一概不吃。为了孤独症儿童的身体健康只好做强制改变,这个时候孤独症儿童一定会强烈反抗,父母要注意不可以遭遇反抗便中途放弃。

3. 孤独症儿童自我刺激行为的原因

当外界刺激过少、生活太单调的时候,孤独症儿童就容易出现自我刺激行为,比如说通过扭动身子、扭动手指来满足认知与刺激平衡的需求。孤独症儿童的自我刺激行为,也可能是来自心理的需求。例如,有研究显示,诱发孤独症儿童鹦鹉学舌式语言的情境因素是刺激太少或者是刺激太多。当刺激太少时,他会以鹦鹉学舌式语言来作为自我刺激。反之,当刺激太多的时候,他也会用鹦鹉学舌式语言来排除刺激。研究显示,教导孤独症儿童更多游戏或口语能力之后,自我刺激的行为会显著降低。

改善孤独症儿童的自我刺激行为,可以用建设性的活动、干扰较少的活动、合适的活动等替代之。

一是以建设性的活动替代。自我刺激的行为通常是非建设性的,其主要目的在于填满时间的"空档",因此自我刺激的行为很容易被其他的行为替代。用建设性的行为替代自我刺激的行为,一方面可以消除自我刺激的行为,另外一方面又可以帮助孤独症儿童成长。例如,孤独症儿童玩弄10根手指的行为,可以用玩油泥的活动来替代,既消除了玩手指的行为,又可以增进孤独症儿童手指的力量以及灵巧度。

二是以干扰较少的活动替代。如上课时孤独症儿童不停地喊叫、唱歌,这样的自我刺激行为会干扰上课秩序,此时教师可以用听音乐或儿歌来替代它。孤独症儿童会不断地重复相同的语言,此时可在日常生活中多教导他新的、恰当的语言,以消除类似的语言刻板行为。

三是以合适的活动替代。孤独症儿童的一些自我刺激的行为是在不合适的时间、地点进行的,教师或家长可以教导他在适当的时间、地点来进行。例如有些孤独症儿童会在课上唱歌,教师可以引导他在课间或音乐课上再唱歌。

4. 孤独症儿童感觉异常的表现

孤独症儿童因为脑部功能不成熟或者是发展缺陷,可能会存在较多的感觉异常。这种感觉异常往往会造成孤独症儿童的怪异行为。因此,处理孤独症儿童的行为问题时不得不考虑感觉异常的因素。孤独症儿童最常见的感觉异常是听觉异常与触觉异常,其他的感觉异常也可能会发生。

孤独症儿童的听觉异常有两个极端。一部分的孤独症儿童会对某些频率的声音过度恐惧或过度敏感。例如,有的孤独症儿童一听到下雨声就仿佛听到了狂风巨浪,产生莫名的强烈恐惧。还有一部分孤独症儿童却特别喜欢某种频率的声响。例如,有的孤独症儿童喜欢快节奏的音乐、汽车走动声、泡泡纸被压破声等。

有些孤独症儿童触觉功能不成熟或者异常,或脑部处理信息混乱,造成触觉过度敏感或是过度不敏感。一部分触觉过度敏感者会导致触觉反馈的行为,即害怕身体被碰触、拥抱;用自己的手指,而非用整个手来拿东西,避免弄脏自己的手;有的孤独症儿童会拒穿某种材质的衣服;有些孤独症儿童会拒绝吃某种食物,这可能与他们口腔触觉的异常有关,也就是说他们无法忍受该食物的质感,包括食物的软硬度、纤维、含水量。一部分触觉过度不敏感的孤独症儿童会强烈需要被挤压,喜欢别人压在自己身上的感觉。触觉异常还包括不停地触摸东西,有的孤独症儿童喜欢摸别人头发,尤其是卷曲的头发,这可能也跟触觉异常有关。

有的孤独症儿童还会存在前庭觉与本体觉异常(运动觉异常)。前庭觉由内耳的三对半规管、椭圆囊、球囊三个感受部分组成,半规管主要负责侦测头部在空间中的动作情形以控制身体姿势的改变。存在前庭觉异常会有两种极端的情况:一是重力不安全感。有些孤独症儿童会害怕身处重力不稳定的场所,如摇动桥、荡秋千、电梯等,任何重力不安定的情形都会引起他们的恐惧情绪。还有的孤独症儿童会害怕倾斜,所以难以上下楼梯和斜坡、不敢滑滑梯等。二是追求运动觉的刺激。有些父母提到,孤独症儿童被旋转之后,并无眼花昏眩的现象,这是前庭觉、本体觉异常的结果。有这种感觉异常的儿童可能会不停地跳跃或振动身子、荡秋千或摇晃身体、头部;爬上跳下,从一个沙发跳到另一个沙发;在旋转盘上或旋转床内任人旋转;绕着屋子跑;自身原地旋转;在秋千上面旋转;等等。上述这些动作都使孤独症儿童常常被归为过动儿,事实上以上动作是满足运动觉刺激的行为。而本体觉则是通过肌肉、关节、肌腱等知觉身体的位置以及动作。功能正常的人可以自动地调整走路的姿势、端正地坐在椅子上，在这方面有困难的孤独症儿童则笨手笨脚、容易跌倒，出现奇怪的身体姿势，拒绝做新动作，难以掌握精细动作（如扣纽扣、拿小饼干）等。

有些孤独症儿童存在视觉异常，他们接收到的视觉信息是支离破碎的，也就是说，当他看一个人的时候，看到的是头、手、脚等部位，而非完整的个体。有些孤独症儿童容易对颜色对比强烈的东西产生视觉混淆。例如，在他们眼里，印在白纸上的黑字，可能会消失在白纸中。多数的孤独症儿童很喜欢旋转的东西，如电风扇、缝纫机、车轮、陀螺等；有的儿童会目不转睛地注视沙子从指缝中漏下的情形。

有些孤独症儿童存在味觉异常。他们喜欢将东西放进嘴巴，如将铅笔、抹布、掉在地上的东西塞到嘴里，也会舔桌子、椅子，还会把图画纸撕下来吃。这有可能是因为其智力较低，尚处于感觉动作期，喜欢用敲、打、咬等方式认识、探索世界；也可能是味觉异常造成的。

有些孤独症儿童存在嗅觉异常。相当多的父母会提到孤独症儿童在吃东西之前一定要用鼻子先闻过，才决定吃与不吃。有些儿童则只吃油炸的食物，应该是喜爱油炸的香味。

处理由孤独症儿童感觉异常诱发的行为问题，可以从以下几方面入手。一是掩盖感官刺激。例如，有的孤独症儿童喜欢在地上旋转锅盖，他的目的可能是寻求听觉感官刺激，可以在地上铺地毯，使他旋转锅盖时不会发出声音。有的孤独症儿童喜欢在教室内看电风扇或抽风机转动，教师可以将电风扇或抽风机用纱布盖起来。二是运用感官刺激来做强化物，训练他的建设性行为。例如，一名孤独症儿童很喜欢撕纸张，教师可以教他剪纸、画画、折纸等，通过类似的恰当行为替代撕纸张的行为。三是适度满足感官刺激的需求。例如，孤独症儿童持续在沙滩上用手推沙、掏沙，然后观察沙子从指缝中漏下的情况，此时教师可以在教室里面教他颠倒沙漏观看沙子漏下的情况。

案例 22 佳佳，男，12 岁，孤独症

【个案基本情况】

在 2 岁左右时，家人发现佳佳和他人没有眼神接触，主动性语言较少，对

第六章 孤独症谱系障碍学生个别化教育指导

他人的话缺乏反应。2岁8个月时,在南京进行了6个月的康复,主要训练内容是目光注视、配对等。接着,他又到青岛做了两年的康复,主要是一对一的个训课(每天2节),内容包括感统、认知、理解、语言等。佳佳目前是一名五年级学生。根据康纳教师评定量表,佳佳存在严重的情绪行为问题,"品行问题""多动""注意缺陷—被动"和"多动指数"等各因子项目指标均存在异常,多动行为比较严重,社会生活能力评定结果为较差。

【专业指导建议】

(一) 安抚、转移情绪与自伤行为处理

师:孩子的情绪行为问题比较严重,发脾气时会出现敲打头部、用手敲桌子等自伤行为,为了避免孩子受伤,我们一般会采取给他戴上帽子、带孩子离开当下环境、拥抱安抚等措施,但效果都不是很好。那么,当孩子出现自伤行为时,应如何制止才能达到更好的效果?

专家:孤独症儿童是很敏感的群体,天气变化也会引起他们的情绪变化。当佳佳在学校出现严重的情绪行为问题时,教师要和家长沟通,询问家长在家的时候有没有某件事情触发孩子的情绪。佳佳敲打头部的行为,有些时候是在寻求一种刺激。只要给他头上戴一个东西,就能安抚他的情绪,转移注意。如果佳佳不排斥头上戴帽子,可以把帽子的材质做一些改变。对于五年级的孩子来说,现在拥抱安抚可能不太适合,应该把他当大孩子来看。佳佳的情绪比较强烈的时候,可以握住并按压他的双手,给他安全感。

(二) 忽略、引导轻微不当行为

师:之前孩子喜欢在嘴巴里塞大枣,如果没有东西,孩子就会把嘴咬破。为了避免孩子误吞发生危险,我们和家长商量将大枣逐渐替代为龙眼、软糖。现在孩子已经不需要在嘴里塞东西了,效果还是不错的。但孩子现在喜欢在手指缝里夹树叶和喜欢的小玩具,无聊时就会撕碎树叶,扔得教室里到处都是。请问有没有更好的方式来替代?

专家:常常把东西塞嘴里并不是多数孤独症儿童的表现。佳佳现在把咬破嘴的问题行为转移为撕东西,是享受当下撕碎的感觉。由此可见,他寻求的刺激从嘴巴转移到了手上。他把树叶卡在手指缝里会有一种戴指环的感觉,教师可以先尝试让他戴指环。寻求刺激感对于孤独症儿童来说是改不掉的,只能寻求伤害性比较小或不那么怪异的行为来替代。可能用了指环还会出现新的行为,到时候我们再解决。

孤独症儿童的很多行为对于普通人来说是难以理解的,但其实我们每个人多多少少有些行为表现和孤独症也很像。例如回家有很多条路,但是我只想走某几条路。所以,只要这些行为没有伤害到自己或他人,我们就不必过于纠结。因为纠正了他还会寻求下一个刺激,他寻求的下一个刺激是不可预估的,那他的行为也是不可预估的,可能会更加有破坏力。

佳佳在教室里一定要牵着别人的手,如果不行就会敲打自己的头。这样的行为可能就是在寻求安全感。之前妈妈陪读的时候可以牵着妈妈,现在妈妈不陪读了,他便将寻求安全感的对象转移到了教师、同学身上。此时,教师要把主动权转换到自己手上。当佳佳的行为影响到正常的教学秩序时,教师要叫他的名字或者走向他,让他知道教师已经注意到他了,让他尽快参与到课堂教学中来。课后,教师可以主动去握他的手,赋予他压迫的刺激感。

(三)强化物的选择和使用

师:家长和教师一直没有发现孩子喜欢做什么,所以在对孩子的训练时,不知道用什么强化物。

专家:可以从他喜欢寻求的刺激这方面来找强化物,比如吃饭的时候没收他的树叶让他快点吃完才能给他,或者吃饭的时候拉一下手,或者吃一会儿再来拉一下。教师用手按压他的手,建立安全感,看看感受到之后他能不能吃得好一点。很多强化物要观察一阵子才能找到。

案例 23　存存,男,13岁,中度发育迟缓,轻度孤独症

【个案基本情况】

存存说话比较晚,动作发展较其他同龄孩子也慢很多。4岁左右的时候,家长发现孩子喜欢独自一个人玩,对拼图情有独钟。行为呆板,模式固定,稍有打乱就会不安、怪叫。存存5岁被诊断为发育迟缓,6岁被诊断为轻度孤独症,7岁被诊断为中度发育迟缓和轻度孤独症。在医院进行过感统训练。在当地的幼儿园读了中班和大班,2013年9月进入特教学校学习。现在特教学校读六年级。

第六章　孤独症谱系障碍学生个别化教育指导

【专业指导建议】

（一）疏导不安情绪

师：孩子的情绪发作时比较严重，在学校发脾气时会大喊大叫，在家会摔东西，持续时间较长。教师和家长会采取一些情绪安抚的方法，但效果不是很明显。当孩子出现不良情绪时，有没有更好的情绪安抚方法？

专家：当孩子出现严重的情绪行为问题时，教师和家长可以带他到外面去转一转，用正向行为支持，让他尽快脱离当时的情境。还要找到他的情绪行为问题的内在核心，了解孩子真正需要什么。为了改善他的情绪行为问题，教师和家长要建立他的学习习惯，形成接受约束的能力，促进语言沟通及表达能力发展，让他可以准确表达自己的想法。通过增进人际关系，让孩子有更多的机会去认知他人的情绪表现，去学习人与人之间的交往技能。

孤独症儿童很单纯，表达方式很简单，哇哇叫可能是告诉教师，他存在某种需求。建议教师多关注他，通过奖励系统让他感受到他是被关注的。教师可以采取正向行为支持，采用功能本位、正向、多元素而完整的行为处理策略，以及功能性行为评量，找出行为问题背后的动机，以此回应学生的需求，改善他的行为问题。当然，这样的正向行为支持，离不开其他师生、家长的协助等，需要多方共同努力，建立正向学习环境。在课堂教学中，可以根据他的认知能力和水平安排教学活动，鼓励学生参与，使之能获得成就感，建立师生间正向的互动关系，以团队合作的方式拟订实施正向行为个别化计划。

（二）调整刻板行为

师：孩子在家每天有一套固定的生活模式，作息时间不能随意调整，每天必做的事情就必须要完成，不然就会乱发脾气，闹得家人和邻居都不得安宁，有时只能顺着孩子。遇到这样的情况，有没有更好的方法与孩子进行沟通，让孩子不那么刻板呢？

专家：结构性的、秩序性的环境能带给孤独症儿童更多的安全感。日常生活中的微小改变都有可能严重影响到他的情绪，所以家人首先要给予充分的理解。如果现有作息影响到了孩子将来对环境的适应，那么可以从微小的调整开始。家长可以和他一起看看纪录片，让他明白13岁男孩健康的生活方式是什么，在观看之前设计一些问题，看完后一起讨论。作息的调整要从细微处来，要家校一致。

行为治疗是孤独症干预中最重要的方法，应尽量协助孤独症儿童将其

145

能力发挥出来。一要符合发展的原则,即所有的干预要符合孩子的能力发展顺序。当孩子尚未具备基本概念的时候,就不要勉强他去做,否则他们肯定不喜欢、不愿意,就会通过尖叫、乱跑等方式来表达自己的态度。二要符合适用互动原则,即教给孤独症儿童的日常生活中的互动方式应当切合实际。

案例 24　乐乐,男,13 岁,孤独症倾向

【个案基本情况】

乐乐,经教育观察有孤独症谱系障碍倾向,未进行医学诊断和评估,不能配合完成相应的教育评估。该生言语和智力发展水平均较同龄学生滞后,无法清晰、完整和有序地表达;喜欢独处,与他人没有言语及非言语的沟通;有无意义的甩手和自言自语等刻板行为。出生时是自然生产,体格发育良好,言语发展滞后,至今不能说完整的句子。乐乐 5 岁进入当地幼儿园,7 岁进入普通小学随班就读至五年级,12 岁进入特殊教育学校就读。

【专业指导建议】

(一)设定合适目标,增强有意注意

师:有哪些策略可以减少孤独症孩子在集体课堂中的无意义刻板行为时间,增加其有意注意时间?

专家:增强有意注意的方式应能够激发学生的动机。教师可以创设适宜的环境,遵循实用且生活化、反复练习的原则,采用更适宜学生教育需求的教学安排。教师应帮助学生建立模仿的学习习惯和接受约束的能力,促进其语言沟通能力与表达能力的提升,增进人际关系,加强其生活自理能力。可以尝试让他担任教师的小帮手,看能否帮助他减少刻板行为。集体课上,每个学生要做的事大同小异,孤独症学生感兴趣的事有可能会影响到课堂秩序,所以教师要明确:"我不是为了制止你的行为而给你奖励,而是你达到课堂要求就给你奖励,达到要求是前提。"

在集体课中,教师可以采用多层次目标教学法:将学生分为不同的组,设置不同的目标,只要达到既定目标即可。乐乐在他感兴趣的、操作性的活动上注意力维持时间比较长,教师可以尝试分配给他不一样的任务,维持和拉长其有效注意的时间。

要重视孤独症学生有意注意能力的培养。在家中也可以采取相应的措

施,家长可以做出夸张的表情、语调、动作,或制造视觉提示的玩具,通过加强对各种声音、动作的模仿等加强孩子的注意力,创设更多的交流情境,让家庭沟通更活泼化、趣味化。

(二)分析干扰行为,引导合理表达

师:如何改变教室的环境并减少孤独症学生在集体课堂中的干扰行为?

专家:教师可以运用结构化教学,为环境分区,将时间表结构化,利用好个人工作系统和视觉系统提示,帮助孤独症学生了解教学重点。根据材料,乐乐能理解日常指令,但是不会表达,教师应该在他表达方面有一点进步的时候就给予鼓励和表扬。孤独症学生的情绪行为问题有时会影响到课堂秩序,教师要找到学生情绪表达的点,然后寻找情绪产生的原因。很多时候孤独症学生所表现出来的情绪并不是简单的喜欢或者生气,而是有层次的表达。是很喜欢还是有一点点喜欢,为什么有一点点喜欢?有一点点喜欢什么?教师要尝试了解他情绪背后隐藏的信息。

六、常识问答

☞ 什么地方可以诊断孤独症?

事实:一般来说,各地儿童医院、妇幼保健院、精神病院中的儿科及综合医院的儿科可以诊断孤独症。

☞ 孤独症是一种心理疾病吗?

事实:孤独症不是一种心理疾病,但大部分孤独症儿童会有心理问题,如认知、情绪和行为问题;孤独症儿童并不是性格孤僻。

☞ 孤独症会伴有其他疾病吗?

事实:超过70%的孤独症患者会有不同类别和程度的其他病症(共病)。常见的是精神障碍、感知觉异常、胃肠道问题、注意力障碍、智力障碍、癫痫、免疫失衡、焦虑抑郁等。

☞ 孤独症有药物治疗吗?

事实:目前孤独症的病因和发病机制仍不清楚,尚缺乏针对孤独症核心症状的药物,主要以康复训练和特殊教育为主,药物治疗为辅助性的对症治疗措施。例如,抗精神病类、抗抑郁类和治疗多动类的药物对治疗相关症状会有帮助。

☞ 孤独症儿童不会说话吗？

事实：孤独症儿童"会"说话，但普遍缺乏语言沟通能力。现有数据表明，大约25％的孤独症儿童没有口语语言或仅有有限的口语表达能力。经过康复训练后，随着社会交往功能的提高，孤独症儿童的语言能力也可以逐渐发展。

☞ 孤独症儿童的智商都有问题吗？

事实：在孤独症儿童中约有1/4智商是正常的，被称为高功能孤独症。并不是孤独症都伴有智力障碍，甚至有的孤独症孩子智商很超常，比一般人都要聪明得多。

☞ 孤独症的最佳干预期是什么时候？

事实：8岁前是孤独症的最佳干预期。其中，3岁前是孤独症儿童语言学习的黄金期。年龄越小，大脑发育的可塑性越大，所以早发现、早干预是孤独症儿童康复教育最重要的基本策略。

☞ 孤独症和阿斯伯格综合征的关系与区别？

事实：阿斯伯格综合征（AS）属于孤独症谱系障碍（ASD）或广泛性发育障碍（PDD），具有与孤独症同样的社会交往障碍，局限的兴趣和重复、刻板的活动方式，但没有明显的语言和智力障碍。

☞ 融合教育对孤独症儿童康复有何意义？

事实：融合教育可以使孤独症儿童与普通学生共同学习、共同成长，学会做人、求知、创造等，使他们今后能够自然地融入社会，自立、平等地参与社会生活。同时，学校还针对孤独症儿童的教育教学需求有针对性地提供特殊教育和个别化服务，对他们进行必要的康复和补偿训练，努力使他们和其他学生一样有平等的机会，共同发展。

☞ 如果第一胎患有孤独症，第二胎有没有可能还是孤独症？

事实：不一定，每个家庭的情况不能一概而论。第一胎如果患孤独症，第二胎出现孤独症的概率比一般的妊娠女性大。

☞ "世界孤独症日"是在每年的4月2日吗？

事实："世界孤独症日"全称为"世界提高孤独症意识日"（World Autism Awareness Day）。2007年12月联合国大会决议通过，自2008年开始，每年4月2日，通过举办活动，提高人们对孤独症相关研究与诊断以及对孤独症患者的关注。

第七章　特定学习障碍学生个别化教育指导

一、特定学习障碍的定义

特定学习障碍(specific learning disability，SLD)虽然较早就引起了人们的注意，但作为一个独立的概念直至1963年才由美国特殊教育专家柯克(S. A. Kilk)提出。1988年美国"国家学习障碍联合委员会"(National Joint Committee on Learning Disabilities，NJCLD)将其定义为：在获得和运用听、说、读、写、推理、数学运算等能力上有明显困难继而产生的学习技能障碍。这些障碍对个体来说是固有的，可能是由中枢神经系统功能异常导致，并且可能持续终生。特定学习障碍也可由其他的障碍(例如视觉障碍、听觉障碍、精神障碍、重度的情绪障碍)或由其他的影响(文化的差异、不充分乃至不确切的指导)而导致，但特定学习障碍并不是这些条件和影响的直接结果。特定学习障碍不限于儿童，而可能发生于任何年龄。特定学习障碍除了有认知上的异常表现，还可能有非认知方面的障碍，如情绪与行为、社会知觉、人际交往能力等方面的问题。

二、特定学习障碍的发生率

学界对特定学习障碍发生率的估计差异较大。一般认为，重度特定学习障碍儿童约为1%～2%，轻度特定学习障碍儿童约为5%～15%。通过适当的特殊教育和有关服务，他们中的绝大多数能取得明显的进步。

美国政府的统计数字表明，公立学校中有5%～6%的6～7岁学生被鉴定为有特定学习障碍。特定学习障碍成为美国特殊教育中占比最大的一类障碍。美国公立学校鉴定需要特殊教育的学生中约有一半是特定学习障碍患者。①

近几年,我国很多儿童医院对此类障碍也逐渐重视,设立了"学习困难门诊"。

三、分类与表现

特定学习障碍包括几种不同的类型。一般包括学业性学习障碍和发展性学习障碍两大类。

(1) 学业性学习障碍(academic learning disabilities)

学业性学习障碍指学科学习方面(如语文、数学等学科)或学习技能方面(如听、说、读、写、计算等)存在困难,基本是由心理过程导致的学习中出现具体问题。主要表现为:阅读障碍、拼写障碍、书写障碍、算术计算障碍等。

诊断儿童的学业性学习障碍一般需有五个步骤:第一,分析儿童学习问题的性质;第二,对特殊性问题行为表现做进一步的深入分析;第三,寻找可能存在的生理的、心理的及环境的致病原因;第四,在了解行为表现和病因的基础上提出诊断假设;第五,依据假设提出矫正方案。

(2) 发展性学习障碍(developmental learning disabilities)

发展性学习障碍是指在儿童生长发育过程中,心理和语言发展的某些方面偏离正常发展状况。主要表现如下。

① 语言能力障碍。语言发展迟缓或在辨别、理解和表达语言方面有障碍。

② 思维障碍。在形成概念、解决问题、观念的概括和统合的操作性认知行为方面有明显困难。

③ 记忆障碍。再现所见所闻或亲历过的事件时的障碍。

④ 注意障碍。由于使用和维持有选择的注意能力的缺陷,导致对作用于机体的各类刺激进行选择的能力方面的障碍。

⑤ 知觉障碍。综合感官接受的刺激,理解其意义的能力的缺陷。

---

① [美]哈拉汗,考夫曼,普伦.特殊教育导论[M].肖非,等,译.北京:中国人民大学出版社,2010:167.

四、案例指导

案例 1 涵涵,女,10岁,疑似特定学习障碍

【个案基本情况】

涵涵5岁入当地幼儿园,8岁进入小学就读。母亲怀孕期间工作劳累,涵涵出生时较瘦小,但后期经父母的精心喂养,各项生理指标趋向正常,说话、走路与同龄孩子相比无明显异常。在幼儿园期间,课内外行为习惯无明显异常,有些内向,与人交流时声音较小。在学校里,涵涵注意力不集中,难以完成作业或参加活动,注意分配与转移能力弱,上课时似听非听,心不在焉。思维能力不佳,较符合特定学习障碍儿童特点,但没有经过权威机构认定。

【专业指导建议】

师:针对涵涵的问题,应该采取哪些策略?

专家:其一,字写得歪歪扭扭,教师要先找原因,是握笔姿势不正确,还是笔的类型不适用于她的状况,找到原因之后,才能有的放矢地进行训练。其二,精细动作不佳,训练的方法有串珠子、压破小泡泡、贴纸、剪纸等,另外还可以用喷水壶给花浇水、剥花生等。其三,认知问题,可以让涵涵用查字典的方法学习课内生字;如果不会查字典,可以用工作分析法,教会她去查字典,扩展词汇量;对于不能理解的地方,教师可以通过画图,帮助她理解。其四,探究上课不听的原因,是不是听不懂,还是没有兴趣,如果发现她能力不足,教师下课的时候,需要去辅导她。其五,运用强化物方面,涵涵喜欢画画,就把绘画本作为强化物,只要她认真写字,并且持续几天,就可以进行奖励。其六,理解、写作方面,教师可将文章结构、起承转合等要点制作成模板,让涵涵根据模板去套;在做阅读理解的练习时,让他圈出关键词,按照要求去答题。另外,教师要主动跟家长分享在学校中的有效方法;让涵涵协助家长在家做事,体验自我存在感。

案例 2　鑫宇,女,11 岁,特殊性运算能力障碍

【个案基本情况】

鑫宇父母离异,随父亲生活。她性格内向,严重缺乏自信心。通过课程本位评估,她能独立朗读课文,但无法正确断句。生字识别率为小学二年级水平,但无法理解词语意思。数学方面,她能认识数字,但认知、语言能力与同龄儿童有较大差距。除了与主要照顾者爸爸有一些简单的沟通交流以外,鑫宇几乎不与其他任何人沟通交流。在学校,普通儿童所学的基础知识部分也无法理解,课堂上无学习兴趣,常常独自一个人坐着。

【专业指导建议】

(一) 个案障碍类型的识别

师:如何确定个案是特定学习障碍还是智力障碍?

专家:特定学习障碍,是神经心理功能异常而显现在注意力、理解、知觉、动作、推理等能力上有问题,因为这些问题,所以在听说、读写等方面有困难。特定学习障碍与智力障碍的最大区别是,特定学习障碍学生的智力是正常的。

(二) 融合教育中特定学习障碍学生的教学策略

师:对于普通学校中的个案,应采取哪些教学策略?

专家:可从如下几个方面着手。第一,安排互助伙伴,拓展人际关系。在班级中营造互帮互助氛围,对特殊学生进行同伴协助。在活动中,安排学生分组参与活动,并不断练习。第二,小步子教学。当学生专注力不够的时候,可以以 15 分钟为一个单位进行教学。第三,鼓励学生担任班级干部,做老师的小帮手。第四,重视学生优势能力的学习。经常赞美、鼓励学生。第五,整合家长资源,家校合作。

另外,要调动学生的积极性。第一,适性教学,调整座位,在教学中让学生靠近老师。第二,结合学生美术特长,展示学生的美术作品,给予学生肯定与归属感。此外,要让学生主动与人沟通。第一,在语文学习中,增加学生词汇以及句型的学习。第二,结合学校、社区的情境,引导学生表达需求。第三,采用图片交换沟通系统,通过六个阶段循序渐进,教导学生运用图片与他人沟通。

(三) 图片交换沟通系统的使用

师:图片交换沟通系统应如何使用?

专家:图片交换沟通系统的使用主要有六个阶段。第一阶段,以图片兑

换物品。在这个阶段进行之前,调查3~5个孩子喜欢的物品,且训练过程中需要两位训练者,一位是沟通者,一位是提示者,提示者不可以用语言提示,只能以肢体动作提示。第二阶段,增加自发性的训练。在第一阶段基础上,引导孩子主动使用图片兑换物品。第三阶段,图片的区辨。教导孩子辨认图片(不使用口语)。第四阶段,句子结构训练。在这个阶段,教导孩子用完整的句子来表达。第五阶段,回应"你要什么"。在这个阶段,训练孩子自发性地回应"你要什么"的问题。第六阶段,自发性反应。引导孩子自发回答日常生活场景中的问题,逐一加入日常生活中常见的句型。

在教儿童使用图片交换沟通系统的过程中,有几个注意事项:第一,提供结构性的环境。整个环境的设计都需要事先规划。第二,两个训练者中,提示者要渐渐退出。第三,最好让学生经历不同的训练者,这样可以协助孩子学习泛化。第四,提供多样化的强化物。学生能达到训练目标的时候,才可以获得强化物。第五,除了教学时间外,每天需随机提供30个以上自发性要求练习的机会。第六,在孩子的学习过程中,需要逐步收集孩子生活场景及所需物品的图片。

● 拓展

数学学习障碍

1. 定义

数学学习障碍是在学习和运用数学概念以及相关符号上有困难的一种障碍。障碍者智力正常,障碍并不是由智能不足、视觉、听觉、动作、情绪障碍等不利因素所造成。

2. 特征

其特征包括注意力缺陷、记忆力缺陷、理解困难、动作不灵活、空间关系混淆、分辨大小有困难、方向感不佳、使用语言符号有困难、抽象思考有问题。

3. 具体表现

可表现为:将数字看错以及颠倒;无法记住数字的基本概念;计算复杂;试题包括许多子题时会忽略;抄写有困难;建构数学式时有困难;很容易遗忘新的技巧;无法运用数学名词或者阐述已经学会的数学名词;使用问题解决策略时有选择以及监控上的困难。

4. 如何激发学生的学习动机

运用游戏化或生活化方式,使学生拥有运用自己能力解决问题的机会;让学生有成功的学习经验,学生才能维持学习动机;让学生了解数学的生活价值,使数学在生活中发挥功能;采用生活化数学教学,当场引起学生兴趣;适时地回馈。

5. 教学原则

补足学生数学课程的先备能力;安排由具体到抽象的学习计划;提供活泼、多元、有趣的练习和复习机会;教导学生将数学的学习应用到新情境;教导数学的词汇;利用科技辅助教材的教学。

特定学习障碍和智力障碍的差异

在日常教育中,患有特定学习障碍的儿童常会被误认为是患有智力障碍,或者是真正有智力障碍的儿童被认为只是有某方面的特定学习障碍,这种误解常常导致患儿不能得到及时有效的治疗,给患儿及家长造成巨大的心理压力。

到目前为止,学术界对特定学习障碍还没有一个统一明确的界定。结合临床,对特定学习障碍区别于智力障碍的特征可具体描述如下:

① 特定学习障碍儿童的总体智商(IQ)基本在正常范围内,也有的偏低或偏高。

② 在听、说、读、写、计算、思考等学习能力的某一方面或某几方面表现为显著困难。

③ 大多数特定学习障碍儿童伴有社会交往和自我行为调节方面的障碍。

④ 其诱因是个体内在的大脑中枢神经系统功能异常。

⑤ 需要排除由于智力障碍、视觉障碍、听觉障碍、情绪障碍等因素,或受经济、文化水平的影响,未能接受正规教育等原因所产生的学习方面的障碍。

除学业不良外,特定学习障碍比较常见的表现还有:

① 注意力不集中,做事磨蹭,有头无尾,缺乏时间观念和任务感。

② 慵懒、拖沓,迁移能力差,易形成习惯性惰性,凡事都要依赖别人。

③ 社会适应技能缺陷。不易与同学建立良好的人际关系。

④ 活动过度、问题行为、违纪行为,自我控制力差。

⑤ 自我评价差,容易感受到挫折,常有忧郁、焦虑、窒息感、压抑感,易自卑及封闭。寻求反面心理补偿,容易出现逆反心理及情绪对抗。

案例 3 恬恬,女,11 岁,特定学习障碍

【个案基本情况】

恬恬 2 岁时曾患急性癫痫,后经医院治疗康复。4 岁时被诊断为智力低下。2020 年由区域巡回指导中心用瑞文量表重新评估智力水平,结果良好,婴儿—初中生社会生活能力量表评估结果显示,独立生活能力、运动能力中度缺陷,作业操作、交往、参加集体活动、自我管理能力重度缺陷。恬恬就读于普通幼儿园和小学,没有接受过康复。

【专业指导建议】

(一)特定学习障碍的干预

师:恬恬的试卷上有很多错别字,默写本错误较多,语文和英语阅读理解能力不足,数学理解、分析、推理方面有困难,应该如何干预?

专家:对于错别字,建议把同音字或字形相近的字放在一起讲解,方便学生区分、理解、掌握。班级授课速度比较快,可以让恬恬在资源教室里接受个别辅导,或请家长在家辅导,还可以教会孩子自己学习的方式。对于默写本中的错误,要分析恬恬错在哪里,是音相似错误还是字形相似错误。分析错误类型很重要,要知道她容易混淆的地方在哪里,才能有针对性地教学。在数学理解、分析、推理方面感到困难,要分析恬恬是不理解题意还是能读懂题意但不会列式计算。建议从最基本的问题入手,分析恬恬的学习起点能力在哪里,调整教学起点,一步一步引导其理解题意。一道题目可能需要教很久,应引导学生实物操作、体验感知,多感官学习有助于学生理解掌握,弥补生活经验的缺乏。对于语文和英语阅读理解能力不足的问题,可以使用顺序图卡的教具,让恬恬来排列卡片,再让其来讲解表达,可以增加她的推理思维能力和语言理解表达能力。另外,语文课文学习方面,可以用思维导图方法训练恬恬的逻辑推理思维能力。数学学习中,也可以借助思维导图,通过直观形象的呈现方式,便于恬恬理解掌握。要尝试多种教学方法,慢慢找到适合恬恬的学习方法。

（二）沟通障碍的干预

师：恬恬在校没有朋友，常常一个人，与同伴沟通有障碍，在家可以正常表达自己的需求，但表达缺乏逻辑性，别人难听懂，久而久之，她也不愿意与他人沟通。对此，可以采取什么干预举措？

专家：可以增加日常生活中与恬恬的对话，或对事情的描述，如果她的逻辑错误，教师可以帮她整理好后让恬恬再重新表达一遍，或者可以让恬恬把事情写下来，写写日记或小短文，写写她感兴趣的事情与老师和同伴分享，或者摘抄好词好句，日积月累，会有所帮助。可以在班级找一些不是很排斥她的同伴来帮忙。如果恬恬讲话别人听不懂，可以让同学教她再讲一遍。恬恬的生活经验不足，可以让其他同伴多讲给她听，在日常生活中不着痕迹地去帮助恬恬，带领恬恬参加学校各项文体活动等。例如：读绘本，有效提问，便于提高她的理解和表达能力。讲故事，跟孩子讲故事讲一半，让孩子自己接着去讲，训练孩子的想象力、推理能力、表达能力。另外，建议让恬恬在家多做些家务，让奶奶慢慢放手，多带恬恬走进社会，融入社会。鼓励恬恬多读书，多看多学，哪个领域比较欠缺就从哪方面开始。恬恬没有阅读的习惯，可以先从绘本读起，一个星期读一本，与同伴和老师交流读的内容，增加恬恬与人沟通的话题与技巧，还可以带恬恬去图书馆借书、去超市购物、乘车等等，拓展恬恬的视野，丰富恬恬的生活经验。要帮助恬恬探索兴趣，先从认识自己开始，喜欢什么，不喜欢什么，写下5个自己喜欢的人、事、物，并说说为什么。帮她找到她喜欢从事的活动，有助于拓展她的兴趣，除了读书学习以外，没有太多乐趣的现状。从事自己喜欢的活动可以减压，同时找到自己的优势，增强自信心，更好地适应未来初中生活。

五、常识问答[①]

> ☞ 智商—成就差异是一种确定学生是否有特定学习障碍的简易且准确的方法吗？
>
> 事实：智商—成就差异在应用上还存在很多概念问题。

[①] [美]哈拉汗，考夫曼，普伦.特殊教育导论[M].肖非，等，译.北京：中国人民大学出版社，2010：160－161.

☞ 文献表明,干预反应法(RTI)能准确地确定学生是否有特定学习障碍吗?

事实:有关 RTI 的研究还很少,大规模的实证研究就更少;因此在如何更好地实施 RTI 上还存在许多问题。

☞ 所有特定学习障碍学生都有脑损伤吗?

事实:现在许多专家认为,特定学习障碍学生患有中枢神经系统功能失调,即大脑功能异常而非组织真正受损。

☞ 特定学习障碍发生率快速增长只是因为诊断不科学吗?

事实:尽管诊断不科学可以解释一部分增长,但社会及文化因素也能可靠地解释这一增长现象。此外,有证据表明,学校工作人员会"屈从"于这样一种规则,即将学生鉴定为特定学习障碍而非更具烙印性的"智力落后"。

☞ 我们对特定学习障碍的病因所知甚少吗?

事实:尽管没有任何简单的临床测验可以确定特定学习障碍个体的病因,但近来研究有力地指出,与神经功能失调相关的疾病可能是基因、致畸或医疗因素所导致的。

☞ 我们无须关注特定学习障碍学生的社会性—情绪健康,因为他们的障碍只出在学业上吗?

事实:许多特定学习障碍学生也有社会性—情绪方面的问题。

☞ 大多数特定学习障碍学生成年后就不再有障碍吗?

事实:特定学习障碍大多持续至成年期。大多数成功的特定学习障碍者必须学习适应他们的障碍,并做出极大努力以控制他们的生活。

☞ 对于特定学习障碍者而言,智商和成就是预测他们成年期成功的最佳指标吗?

事实:特定学习障碍成人成功的最佳预测指标是坚持性、目标设定、对弱点的现实接纳和发挥优势的能力、接受密集且持续的教育干预的情况,其中尤为重要的是控制自己生活的能力。

第八章 情绪行为障碍(含多动症)学生个别化教育指导

一、情绪行为障碍的定义

由于情绪与行为难以精确测量、情绪或行为障碍常与其他障碍重叠、诊断和服务人员意见难以统一等因素,直到最近,仍没有人对情绪行为障碍提出一个大多数专家都能理解和接受的定义。

一般而言,过动行为包括不停地自身旋转,晃动身体或头部,在教室、操场绕着圈跑,爬上爬下、跳来跳去等。情绪行为障碍儿童是指在行为表现上与一般同龄的儿童所应有的行为有明显的偏离,且这些行为严重影响自身发展或干扰别的儿童。这类儿童又叫情绪困扰儿童或行为异常儿童。主要包括两种类型:多动、攻击冲动型,表现为活动过多,常有拒绝或不服从反应,粗鲁、不合作、易怒、情绪不安、注意力不集中、欺负弱者、发脾气、放纵、缺乏行为控制、危害他人,甚至有反社会或违纪犯法行为;活动过少、抑郁、退缩型,表现为过分压抑、害羞、胆小、沉默、过分内向、焦虑、自卑、缺乏自信心、不愉快、缺乏学习兴趣、常不表达己见、缺少辨别力等。严重者可能患抑郁症、缄默症或精神分裂症等。其产生有社会环境(家庭教育不当、父母不和睦、学习负担过重、受到不公正待遇、不良的社会风气和伙伴等)的影响,也有个人生理和心理素质上存在缺陷的原因。

情绪行为障碍儿童的不良行为是逐渐发展起来的,家长和教师应随时注意观察,进行早期引导、心理康复和特殊教育,对个别儿童可配合药物治疗。更重要的是改善儿童所处的社会环境,预防儿童行为障碍的产生。

注意缺陷多动障碍(attention-deficit and hyperactivity disorder, ADHD),俗称多动症,是一种很常见的儿童期障碍。世界卫生组织(WHO)1989年制定的《世界通用疾病分类手册第十版》(ICD-10)称此症为"过度活跃症"(hyperkinetic disorder),分类编号为 F90。这类儿童一般又俗称为"过动儿"。随着对这种障碍的认识增加,人们发现这种障碍同样会在成年人身上出现。美国《精神障碍诊断与统计手册(第四版)》(DSM-4)把 ADHD 分成三种不同的类型,分别为"注意缺陷型""多动冲动型""混合型"。其中,注意缺陷型的表现为注意集中时间短暂,注意力易分散;常常不能把无关刺激过滤掉,对各种刺激都会产生反应;在听课、做作业或做其他事情时,注意力常常难以保持长久,喜欢发愣走神;经常因周围环境中的动静而分心,并东张西望或接话茬;做事往往难以坚持,常常一件事未做完,又去做另一件事;难以始终遵守教师的指令,完成要求完成的任务;做事时常常不注意细节,常因粗心大意而出错;常常丢三落四,遗失自己的物品。多动冲动型的表现为做事较冲动,不考虑后果;常常会不分场合地插话或打断别人的谈话;会经常打扰或干涉他人的活动;经常教师问话未完,未经允许就抢先回答;会常常登高爬低而不考虑危险;会鲁莽中给他人或自己造成伤害;情绪常常不稳定,容易过度兴奋,也容易因一点小事而不耐烦、发脾气或哭闹,甚至出现反抗和攻击性行为。混合型则两者兼有。后来的 DSM-5 对 ADHD 不再分型,而分为三种不同程度。

二、情绪行为障碍(含多动症)的发生率

美国及许多其他国家的可靠研究已一致表明,至少 6%～10%的学龄期儿童和青少年表现出严重且持久的情绪或行为问题(Kauffman & Landrum,2009)。患病率的不同是因为诊断标准和诊断者的方法各异,但研究者一致认为,患多动症的男性多于女性。

随着国际上有关多动症诊断标准的逐渐统一,现在国内外学者报道的多动症患病率已比较接近,如中国 6.4%、美国 3.4%～4.7%、德国 3.9%～9.0%、日本 4%、澳大利亚 7.5%～11%、新西兰 3.0%、巴西 5.8%。多动症的患病率约占学校人群的 5%～10%。

三、相关检查

(一)情绪行为障碍的鉴定

与定义和分类情绪行为障碍和探究其病因相比,鉴定情绪行为障碍则

要容易得多。大多数情绪或行为障碍学生都逃不过教师的眼睛。有时候,这样的学生并不打扰别人,而是"隐形"的,但有经验的教师通常能很容易地知道学生何时需要帮助。

以下三个程序可以确保在筛查中不会遗漏学生,又不会浪费筛查者的时间和精力。

① 教师列出有外化和内化问题的学生的名单,并进行等级排序。对有外化问题和有内化问题的学生进行描述,根据学生与这些描述的符合程度按照从最像到最不像的顺序排列出来。

② 教师为每一份名单上的前三名学生填写两份核查表。一份核查表要求指出学生在过去一个月是否表现出特定行为(如"偷窃""发脾气""说秽语或脏话");另一份核查表要求教师判断学生表现出特定特征(如"遵守既定班级规则"或"在团体活动或情境中与同伴合作")的频率(如"从不""有时""频繁")。

③ 两份核查表上的得分超过既定常模的学生要在班上和操场上接受除班级教师外的一名学校专业人员的观察(如学校心理教师或资源教师)。班级观察呈现学生实现学业期望的程度;操场观察评估社会性行为的质量和性质。除教师评定外,这些直接的行为观察后期也用于确定儿童是否有情绪行为问题,从而确保进行分类特殊教育的可靠性。那些经过仔细研究的筛查系统可以改善情绪或行为障碍儿童所获得的服务。将鉴定建立于教师判断和仔细观察上,可以让那些有最明显需要的学生获得服务。

(二) ADHD 的诊断

ADHD 的诊断可分为三个方面,即神经生理检测、行为检查和心理测验。

1. 神经生理检测

神经生理检测是直接检测神经系统的整体生理机能。最常见的测量方法是脑电图和注意力变量检测。

2. 行为检查

临床常按照美国精神病学协会的 DSM-4 和 DSM-5 或《中国精神疾病分类方案与诊断标准(第 3 版)》(CCMD-3)诊断 ADHD。另外,还可使用康纳斯(Conners)儿童行为量表和阿肯巴赫儿童行为量表(CBCL)来进行评定。

3. 心理测验

ADHD 儿童的检测还要用到智力测验、注意测验等心理测验手段以辅助诊断。

① 瑞文国际智商测验、韦氏儿童智力测试量表,测查儿童的智力水平。ADHD 儿童的智力水平属正常范围。

② 数字划消测验,测查儿童的注意水平。

另外还有一些测量儿童注意的方法,如儿童校对测验、图形匹配测验、译码测验、迷津测验等。

四、分级及支持策略

依据情绪行为障碍的严重程度,支持策略有以下几个原则。

① 轻度:在儿童原来的生活或学习环境中,由班级教师进行情绪与行为干预,或安排短期的心理辅导。

② 中度:在儿童原来的生活或学习环境中,由一位或数位专家进行长期的心理辅导和资源教室的个别化教学。

③ 重度:暂时改变儿童原来的生活或学习环境,将其安排在特殊教育机构或班级学习、在医院康复治疗等,视其改善情况决定是否返回原来环境。

此外,还应由医疗机构评估,辅助心理与行为干预的必要的药物治疗是否需要。

五、案例指导

案例 1 小杰,男,6 岁,疑似多动症

【个案基本情况】

小杰正常分娩出生,3 岁之前家长没有发现异常,正常教养。幼儿园小班下学期开始出现不遵守规则的情况,坐不住,到处乱跑,经常游离在集体活动之外。他的情绪问题比较严重,容易发脾气,经常出现攻击性行为。教师和家长配合进行了一些情绪管理方面的心理干预训练,效果不佳。

【专业指导建议】

(一)近因及立即前事分析

师:小杰缺乏有效沟通,会出现攻击性行为,如何分析其原因?

专家：从与教师交流的情况看，教师最关注的是孩子的行为问题，尤其是孩子的攻击性行为。孩子情绪冲动的时候就可能会攻击别人。教师可以用正向行为分析的方法来分析环境背景因素和个体背景因素，研究改变孩子行为问题的策略。先看立即前事，行为之前发生了什么事情？或是什么样的情况下，他会出现这样的行为？第一种情况是他被忽略了，情绪沮丧。例如小杰情绪不好，会乱扔东西，在别人关注他时，他会爆发出来。第二种情况是角色扮演时他会很兴奋。这种时候他可能会想表达情绪，但他不会表达。开心时，他会用不恰当的方式来表达情绪，比如抱别人、亲吻别人等。第三种情况是他在专注做某事。例如他正在玩喜欢的玩具或做实验时，不喜欢他人来干扰自己，他担心别人抢他的玩具，就会去攻击别人。

（二）行为问题功能分析

师：小杰问题行为的功能如何确定？

专家：一是取得内在刺激，如啃咬手指、脚趾等感官刺激。二是取得外在刺激，如通过行为取得关注，得到想要的东西。三是逃避内在刺激，如丢东西和钻桌子底下的行为就是为了逃避被忽略的内心感受。四是逃避外在刺激，如逃避别人抢东西，从而出现攻击性行为。

具体而言，小杰情绪化行为的功能是什么呢？他的行为功能主要是逃避心里不舒服、挫折、被忽略等情绪。小王抱同学、亲同学的行为是为了得到同学的注意，表达他的开心，他不知道用恰当的方式表达，如果同学也回应他的行为，他就会认为同学认同他的情绪行为。他主要是通过行为获得关注。

（三）干预策略

师：如何减少小杰的问题行为？

专家：第一，预防策略（短期预防），引导小杰正向行为的出现。针对问题行为产生的原因（这里主要指前事）来设计，比如发材料时未先发给他，他就会钻到桌子底下或丢东西。如何预防这种行为呢？可以先给他预告，告诉他先发给谁，你排在第几个，大家要轮流。让小杰学习到他不是每件事都要第一个。其一，"调虎离山"，消除或减少引发目标行为问题的立即前事，比如利用卡通人物来贴关于情绪的图片，预告接下来要发生的事。其二，"釜底抽薪"，控制引发目标行为问题的背景因素。其三，"缓兵之计"，缓和背景因素的影响力。其四，"请君入瓮"，改变引发目标行为问题的立即前事。其五，"化整为零"，分析引发目标行为问题的功能及前事。其六，"因势

第八章 情绪行为障碍(含多动症)学生个别化教育指导

利导",顺势操作,增加引发正向行为的前事和后果强化。例如,小杰喜欢被重视,喜欢被教师赞扬等,可利用此点来鼓励孩子。其七,"先发制人",中断目标行为问题的"锁链",转移到正向的方面。其八,"偷梁换柱",中断目标行为产生的强刺激。

第二,前事控制策略,预告安排一些事情,引导小杰做出正向行为。在他出现兴奋先兆时,引导他换一个正向的方式来表达他的情绪。例如,在卡通人物上贴笑脸,慢慢连接到语言表达上,如"小杰很开心",从而引发正向行为的出现。

第三,环境改善策略,即环境教化。引导同伴看到他好的行为,给他赞美;他兴奋时不要过度关注他,不要引起他的注意,要转移他的注意力。小杰会观察,也很注意和重视别人对他的评价。可以让其他小朋友请小杰来帮助念书,让同学们给他正向的反馈。

第四,行为教育策略。系统的正向行为教导包括替代技能、因应和容忍的技能、一般适应技能等。例如,用正确的行为表达开心,用卡通哭脸表示难过,以增进个体的能力和独立性。预防不适当的行为,教师需要尽早教他一个恰当的方式,让他以正向方式去表达。在他出现问题行为的先兆时,就提醒他用正向方式去表达。

第五,其他个体背景因素干预策略。干预目标是改善个体生理问题以及思考扭曲、情绪状况不佳、需求未获满足等状态。要以长期干预方式预防行为问题。例如,小杰早上不想上学,路上不开心,情绪状况不好,教师一方面要安抚他的情绪,另一方面要教他用语言表达他的状态,比如说"小杰不开心了"。

第六,后果干预策略。首先是立即赞美好的行为,其次是告诉他不适当的行为会让同学受伤。例如,出现打同学的行为时,给予小杰后果,让他有自我约束,或者提醒他用正向行为表达,比如用卡通贴画来表示情绪等。

案例2 豪豪,男,6岁,注意缺陷多动障碍

【个案基本情况】

豪豪入园前进行过心脏手术,生理发展较其他人迟缓,在语言沟通、自理能力等方面与同龄幼儿相比较弱。在平时的一日生活学习活动中,豪豪经常坐不住,容易冲动,需要教师不停地与其单独沟通。口语表达能力较

弱。在游戏活动中,豪豪经常独自游戏,不与其他幼儿过多接触。中班时期,豪豪的语言发展明显提高,能够嘤嘤学语,早晨与教师打招呼,教师说一句:"你好,豪豪!"豪豪也回一句:"你好,豪豪!"大班入学前,豪豪经过专家诊断,鉴定为注意缺陷多动障碍,至今已经历过两次专业治疗,平时有服药。

豪豪近期在班级中情绪波动较明显,听到其他幼儿的尖叫声以及较大的声音时,会用手抱住脑袋。集体活动时,他经常会一个人偷偷跑到午睡室独自游戏。对细小的玩具、生活物品较感兴趣。大班期间其语言沟通能力与小班、中班时相比有明显的进步,能够与教师以及其他幼儿进行简单的语言沟通。小班、中班期间针对语言发展、自理能力等方面,专职教师对其进行了感统及语言康复训练,大班期间会定期去南京进行康复训练,并配合药物治疗。

【专业指导建议】

（一）缓读的考量

师:豪豪即将面临升小学,其各方面的能力发展程度较低,很难适应小学生活。家人想让其再读一年大班。这样的方式是否对幼儿发展有益?

专家:幼儿园大班读两次,对幼儿园而言是重读,对小学而言是缓读。在做是否让豪豪缓读的决定时,有以下几点要考虑:第一,缓读与重读有一个需要共同思考的核心,就是"准备度"。要问的问题是"孩子要入学了,学校预备好了吗",而不是"孩子准备好了吗?准备好了才能入学"。也就是说普通小学要做好接收豪豪的准备。第二,缓读的目的。要明确孩子是否真的需要缓读。特殊需求幼儿由于先天的生理限制或者其他因素,经过缓读一年,进入小学后,也不一定可以跟得上一般孩子的学习进度。第三,在缓读的一年中,是否有周全的教育计划,包括整体环境条件是否适合孩子,如是否有专业特教教师的协助、特教专业团队的介入;能否提供正向的学习模仿和融入同伴团体的互动;孩子能否提升沟通能力以及类化相关技能。第四,若不缓读,孩子进入小学后所接受的特殊教育服务,以及所习得的认知、语言、社会互动技巧等,是否能优于缓读期间所学习到的能力。第五,从国外有关缓读研究来看,研究者发现:虽然缓读儿童相对于没有缓读的儿童在小学一年级的成绩较佳,但此效果到了三年级时就消失了,因此缓读并没有长期的效果。反而到了初中时,缓读的孩子发现自己年纪比同学大1岁,表现还没有同学好,被同学嘲笑,自卑感会更加明显。第六,除了从成人的角度来思考外,也要考虑孩子本身的想法。第七,可以思考如何与小学老师讨论如何调整教育方案。建议开展幼小衔接教育,提前向学校和教师提供相应的材料。

(二)注意力问题的干预

师:如何提高该生的注意力?有什么有效的策略和方法?

专家:注意力问题的分析可从如下方面展开。其一,注意力问题的维度,包括注意广度的问题、注意力持续时间的问题、注意力集中度的问题、注意力选择性的问题、注意力转移或弹性的问题。其二,注意力问题的原因,包括生理因素、心理因素、环境因素(天气转变、环境空间拥挤、环境照明不佳、环境通风不好、环境色彩不良、环境动线不顺、环境嘈杂有干扰刺激、不易取得环境中的物品)、课程内容或作业太难/太多、以分心行为获得不适当的注意等。其三,注意力问题的功能,包括获得关爱或注意、获得协助、逃避课程或活动以及工作/作业要求、获得感官刺激、逃避身体欠佳或心理困顿的状态等。

干预策略有以下几个。

1. 行为训练策略

第一,训练集中式的注意力,可以通过玩"听一听、拍一拍"的游戏。例如"当你在玩的时候,如果听到拍手声,就要马上停下来摸摸我的手指",或者"当你在听音乐时,如果听到鼓声,就要拍一下手"。第二,训练选择性的注意力,可以通过"在适当的地方,挑出适当的物品"的方式。例如给孩子一盘混在一起的红豆、绿豆、黄豆,要求孩子第一盘挑出红豆、第二盘绿豆、第三盘黄豆。第三,训练转移性的专注力,可以通过"串珠组游戏"。例如提供多种颜色的串珠组,要求孩子必须依照规定的颜色来排列,比如依照红黄绿蓝、红黄绿蓝的排列法,并视孩子的能力适时加入更多颜色。第四,训练持续性注意力可以利用迷宫图,让孩子用手或笔,用手指或手画方式走出迷宫。第五,增加注意力广度,可以通过"同时挑出两种颜色的物品"的方式。例如要求孩子左手挑出红豆,右手挑出绿豆,分别放在两个不同的盘子里。第六,训练替代技能。如果分心行为的功能是逃避学习或作业,需要协助,就可教导他沟通技能,使其能表达听不懂或不会做,需要老师的协助。第七,训练因应技能。教导他因应让他容易分心的情境,例如使用隔板隔绝干扰的刺激。第八,训练一般适应技能。教导专注技能,例如注意看或听教师呈现的内容,包括教他:利用自我交谈的方式,提高注意力的集中与持久性;使用笔或手指指着教师教导的内容,或是引导所看到的文句;使用多种感官帮助自己注意(如眼到、耳到、手到、口到和心到等"五到");学会如何选择重要信息去注意(如借安排"老师说"的活动来教导)。

2. 环境改善策略

环境改善策略包括将座位安排在不受干扰、易于提醒注意的位置;座位四周安排适当的同伴;调整物理环境;消除或减少诱发分心行为的刺激;改变对个案的态度,容许他做出不影响别人的小动作;提示同伴注意个案表现的适当行为。

3. 前事控制策略

第一,提供符合个案能力、兴趣与需求的课程和活动。第二,提供结构化的教学流程,结合个案的注意力特点设计教学活动。例如学生的注意力持续时间最多5分钟,教师就要注意在5分钟静态的课程之后,开展动态的活动,使教学活动静动搭配。也可以在静态的活动中注入一些动态的成分,例如允许个案阅读时站着、移动,甚至移动至讲台上,或是搭配音乐(拍手打出节奏)来阅读。第三,安排多感官的教学活动,变化信息接收的通道,用不同方式重复呈现重要信息。例如让个案不只用听觉的方式接收信息,教师也可以提供视觉的线索,或要求个案复述教师说的内容。第四,创造能发挥"动"的优势能力的机会。第五,活动前预告或制订清楚具体的规则。第六,善用明显多元的提醒线索。例如使用一些手势或动作(拍手、轻拍桌面等)、眼光接触、提示词(如"最重要的是……"),或是改变声调(在关键词句上加重语气)做引导,提醒个案注意或拉回其注意力。第七,妥善安排转换时刻,减少过长的等待时间。第八,在课堂中给予个案合规离座的机会。第九,要求个案完成作业时,确定他的材料是否齐全,并且确定他知道做什么,何时完成,当他不会时,该如何求助。第十,一次只给个案一项作业,作业的长度考虑个案注意的持续度。第十一,使用非后效注意策略。

4. 后果处理策略

实时强化个案适当的行为;赞美和提示同伴表现的专注和参与行为;当个案不专注时,重新指令他正向行为;避免剥夺下课时间;等等。

(三)药物治疗的选用

师:该生现在正接受药物治疗以及医院专业的康复训练,但是与中班时相比其情绪更暴躁,是否建议停止药物治疗?

专家:行为问题的原因不见得是生理方面的,还可能有能力、认知、环境等因素的影响。了解个体行为背后的原因和功能,调整环境对他的要求和期待,才能有效地帮助他。药物只能控制症状,并不能从根本上解决问题。只有在问题严重,持续了一段时间,且对其生活和学习表现造成了伤害,家长和专业人员已试过正向行为支持或其他介入仍然无法有效处理问题时,我们才在小心权衡用药的长期与短期效益和风险的前提下,考虑借助药物。药物不能增加他们的知识和技巧,也无法处理所有行为问题。家长和专业人员宜在个案服药期间,配合设计正向行为支持计划,积极教导他正向行为和自我管理。

案例3 涵涵,男,7岁,ADHD混合型,发育迟缓

【个案基本情况】

涵涵2013年出生,2017年2月在医院的智力评估中得分为74,被诊断为发育迟缓。幼儿园期间参与过感统训练。一年级进入普通小学,课堂上行为异常,多动,总离开座位跑来跑去,总是讲话,不听从指令。社交能力也比较差,较难融入同龄孩子中。2020年9月被诊断为ADHD混合型。父亲在外打工,母亲有智力障碍,主要由奶奶照顾、陪读。

【专业指导建议】

(一)学生问题行为的确定及干预

师:涵涵三年前检测智商为74分,现在跟那时比可能相差不大。针对ADHD方面,医生没有给孩子开药。除了多动行为,涵涵在社交方面能力也较差,是不是还存在其他问题?用什么方法来纠正现在的行为?

专家:低年级的学生有多动症倾向,要征询医生是否有药物的建议,并通过科学的行为矫正方式进行干预。由于涵涵的家庭是隔代教养,奶奶比较宠爱,没有给孩子树立很好的规则意识,那么班级教师在刚开始的时候,就需要建立较为严肃的师生关系,让学生知道什么时候要做什么事情,学会听从教师的指令完成相应的任务。需要针对目前涵涵不愿意配合教师管理的情况,进行行为常规和班级秩序管理。在对涵涵进行口头指示时,建议少用询问、征询意愿的语句,例如"好吗""行吗",而应用命令式语句,例如"请你坐好"。在用这种策略时,要注意同伴教育,做好班级管理,减少对其他学生造成不好的示范,防止同学模仿老师的命令语气。教师需要用温和坚定的命令句,口头命令无效的话,需要用动作带领学生完成,并在学生完成后

进行立即的短暂口头正强化:"很好。""很棒。"对 ADHD 学生来说,老师在上课时需要进行走动式管理,在他身边稍微走动一下,不经意地出现在他身边,对其进行语言或者非语言的提醒,让其保持警惕感。涵涵的社交能力差,教师要提前做好预防,避免发生欺凌现象。可以进行分组互动,让涵涵和每位同学都能够结成小组,让涵涵融入同学之中,让每个学生都接触到涵涵,尝试去接受他的不完美。教师在进行小组评价时,可以适当倾斜有涵涵的一组,鼓励其他学生去接受涵涵。

(二)学科教学问题的解决

师:涵涵的学科教学问题让任课教师感到很头疼,不知该采取什么样的教学策略帮助涵涵有效参与课堂教学。

专家:障碍学生的学科教学问题不仅仅是任课教师的事情。资源教师需要和学科教师加强沟通,调整教学目标、教学方式、评价方式等,共同研究确定涵涵的个别化教育计划。在学校层面,应当充分考虑特殊孩子和特殊孩子任教教师的评价、考核的特殊性,给予教师们更多鼓励和信任,在考评、晋升方面给予倾斜,让他们有更多意愿和动机参与融合教育。

资源教师和任课教师要一起研究、调整涵涵的作业内容和形式,包括题型的调整、题量的调整等,让他通过难度适宜的大量练习理解学习的内涵和模式。具体到学科,在进行数学学习时,可以用具体形象的东西代替抽象的数字,降低他理解的难度,从而使之有能力参与课堂学习。语文的学习需要大量的思考推理训练,可以在生活中进行训练,例如亲子共读绘本。针对涵涵的情况,奶奶也可以和涵涵一起看视频,通过对视频内容的问答,锻炼涵涵的语言记忆、语言理解、语言表述能力。让奶奶在日常生活中多对涵涵使用提问式的语句,锻炼涵涵的思维能力。

(三)班级课堂秩序的维持

师:任课老师如何维持班级课堂秩序?

专家:资源教师要为任课教师提供更多的专业建议,告诉他们如何正确应对特殊孩子的情绪行为问题。面对特殊学生的第一前提是进行自我保护。尤其是面对有情绪行为障碍的学生,教师要注重其情绪问题,要先学会自我保护,观察学生的情绪状态,上课时进行走动式管理。上课和下课的交替期间,先稳定住班级中大部分学生的情绪,以此带动特殊孩子的情绪稳定,通过师生的共同努力帮助特殊孩子维持较好的情绪状态。

第八章 情绪行为障碍(含多动症)学生个别化教育指导

案例 4 小赵,男,7岁,ADHD混合型

【个案基本情况】

小赵一年级入学后,课堂上行为异常,多动。总离开座位跑来跑去,总是讲话,不听从指令。认知和感知方面落后于他人,不能很好地理解指令,表达不清。经医院确诊为ADHD混合型,智力测验显示智商为85,并伴有言语障碍和非言语障碍。1岁时父母离异,母亲外出打工不归,由外公外婆照顾,老人与小赵沟通较少,孩子语言发展落后,大班时期仍不会说4字以上的句子。

【专业指导建议】

(一)问题行为的确定

师:除了多动症,小赵是不是还存在其他问题?用什么方法明确?用什么方法来纠正现在的行为?

专家:材料中提到小赵有次受伤,音乐教师帮助贴创可贴,结果他以后每次受伤都去找音乐教师,可以看出小赵有一定的刻板行为。针对这种情况,小赵第一次找音乐教师帮忙时,音乐教师应给予表扬,同时引导他处理事情的正确方法,并将他带到医务室,告诉他受伤应该到医务室处理。当他产生负面情绪时,通过计时器转移他的注意力。情绪无对错,行为有对错,设定时间消化情绪;在不影响其他人的情况下,可以适当依从其行为,再抽丝剥茧地了解行为背后的原因。

(二)学科教学困难的解决

师:如何帮助任课教师应对小赵的学科教学困难?

专家:找到学生的优势行为或特长、强项,重点培养,挖掘潜能,发展特长;注重语言表达能力的培养,从他喜欢的书入手,增加识字的机会,鼓励其复述故事,整句话复述,并结合生活实际,增加语言运用的机会;及时调整教学内容,做到因材施教,与家长积极配合,重点关注孩子的反馈。

(三)课堂教学秩序的维持

师:如何帮助任课教师维持课堂教学秩序?

专家:多与学生沟通,教会他正常上课时应遵守的纪律。针对上课离开位置扔垃圾的行为,可以在他旁边专门设置迷你垃圾袋供使用;针对上课爱插嘴的行为,可以与其约定三次发言机会,并制作相应的发言提示牌,想发

言时举牌,不要随便插嘴,三次机会使用完毕,学会自我约束;针对上课爱跑厕所的行为,安排同学陪同前往,花费3分钟课后补课,从而让不好的行为频率减少。

案例5 小王,男,8岁,情绪行为障碍

【个案基本情况】

小王不能听从指令做出相应动作,在集体课堂中表现出坐立不安、多话等专注力缺失行为(专注力能保持3~5分钟)。精细动作和粗大动作模仿能力较弱。幼儿园期间,小王比其他孩子好动,喜欢打扰别人。刚进入小学后,小王表现得很兴奋,下课到处乱跑;上课不听指导,动来动去,离座拿水杯喝水、穿脱衣服等小动作不断;坐不住,有时趴下,有时仰靠在后面课桌上,或自己玩,或拿别的同学的书本,跟周围同学捣乱;擅自大声讲话,打断教师讲课或其他学生发言,干扰课堂教学秩序;不想写作业。小王未经康复训练。

【个案基本情况】

(一)提升注意力的方法

师:在课堂上,小王注意力不集中,听课不在状态。但在播放视频,讲到动画片、动画人物的时候他就非常兴奋,其余时间容易神游。他的课堂纪律性也比较差。如何提高他的注意力,是否需要服用药物?

专家:学生注意力情况的考察需要关注五项内容。一是注意力的广度,即孩子可以同时关注几件事情。二是注意力的持续时间,即专注的时间长度。三是注意力的焦点,即孩子注意力的焦点是不是在当前应该在的事情上,如上课关注教师的语言、表情、手势动作等,而不是教师的衣服等。四是注意力的选择性,如在一节课中,孩子是否只选择比较有兴趣的部分去注意。五是注意力的转移或弹性,即能不能跟着教师的节奏变化转移注意力,而不是停留在某个主题上很长时间。根据材料可以看出,小王注意力的广度小,持续的时间短,注意力转移存在问题等,严格说在五个方面都存在问题。

影响小王注意力的因素一般有四种。一是生理因素,天生注意力不足、前一天没有睡好、精神状态不好等,都会影响注意力。二是心理因素,如家中有事情让其产生焦虑情绪。三是物理因素,孩子可以因为天气转变、空间

拥挤、通风不好、色彩不良、动线不顺、环境嘈杂和干扰、不易取得物品等环境原因从而产生焦虑。四是社会因素,如课程内容、作业太多太难,没办法跟上,由此产生分心的行为。

教师怀疑小王在生理上存在问题,但还是要基于相关医学诊断来确定是否需要服药,如果需要,可在服药后配合行为干预。小王没有纪律性、缺乏自我约束的能力,教师应思考,目前课程是否超出了他的自身能力?作业是否让他感到负担很大?在充分的学业评估的基础上,教师可以对课程与教学进行个性化调整。

学生注意力存在问题的背后也可能隐含着多重心理需求,可能是想获得关爱、注意或是获得协助,希望得到老师、同学帮助;也有可能是觉得目前的课程、作业对自己而言过难,存在逃避思想;当然,也有可能是觉得上课很无聊,通过拍手、插话、撕纸等方式寻求感官刺激。根据材料,小王存在的注意力问题,应是多种原因所导致的,既有获得老师更多关注的意图,也有逃避课程的想法,还会通过把塑料袋套在头上、拍手等获得感官刺激。

(二)干预行为问题的策略

师:如何对小王进行有针对性的行为干预?

专家:可以从以下几个方面入手。

一是改善环境的策略(长期预防)。

教师在座位安排、同伴选择时要注意进行物理环境的调整,减少或消除诱发小王分心行为的刺激,如开关门的声音。教师也可以把椅子、门用海绵包好,减少声音。教师要改变对小王的态度,在不干扰别人的情况,允许他的一些小动作,让他可以抒发一些小情绪,消耗一点体力。同时,提示同伴注意,引导同学去注意他好的行为,减少关注他的不适当行为。

二是前事控制策略(短期预防)。

在课程方面,降低课程目标的难度。采取结构化的教学流程,动静搭配。若学生注意力持续最多5分钟,教师就要注意在5分钟静态的课程之后,变换为动态的活动。此外,可以在静态的活动中注入一些动态的成分,如阅读的时候站着、移动到讲台、拍手等。安排多感官的教学活动,变换信息接收的通道,用不同方式重复呈现重要信息。发挥小王的优势能力,让他能够在学习中获得更多的成就感。教师可以在潜移默化中开展一些动作训练,让孩子合理地动起来。比如,可以让他帮教师贴贴纸、翻书,不仅让其动起来,还同时锻炼了他的精细动作,将所有需要训练的能力融入活动中。

教师在活动前可以预告清楚具体的规划,可以先把作业分段(如三段),完成一段,休息、活动一下。完成每段作业的时间安排要适合其注意力的时间长度。休息、活动的时候用计时器控制时间。培养遵守规则的意识,渐进拉长作业时间。课堂上要妥善安排转换,减少过长的等待时间。在课堂上指导其他学生的时候,可根据小王的兴趣,在他能力之内,给他一些事情、任务做,避免其因等待时间长而分心。如让他给其他同学贴纸、做一些手工折纸等,还能维系良好的同学关系。

当小王出现注意力问题时,教师要善用多样化的提醒线索,比如用一些手势或动作(如拍手、轻拍桌面)、眼神接触、提示词(如"最重要的是……"),或是改变声调做引导,提醒他注意或拉回其注意力。在黑板上的布置,只呈现需要让小王注意的部分,以避免他分心。同时,教师也要视情况在课堂中给予小王合规离座的机会。

教师给他布置作业时也要注意调整,让他确定他的材料是否齐全,并确定他知道做什么,何时完成,当他不会时,该如何求助。准备一个检核卡片,用魔术贴制作材料项目,在项目前打钩,进行检核。注意,一次只给他布置一项作业,作业量要考虑他注意的持续度;作业分段,减少每次的作业量,分段完成后给予肯定和动态活动。

教师要使用非后效注意策略,不要在小王出现分心行为的时候注意他,而是要在他一直没有分心的时候注意他,使他明白用分心行为不会获得教师的注意。每隔三四分钟,如果他没出现分心行为,就给予强化、贴贴纸,累积贴纸换强化物。

三是行为教导策略。

教师要教导小王三种技能:第一种是替代技能,当他分心是需要协助的时候,教他沟通表达的技能,寻求教师的协助;第二种是因应技能,教导他采取措施应对容易分心的情境,比如,使用隔板隔绝干扰的刺激;第三种是一般适应技能,教导他专注技能,注意看或听教师呈现的内容。小王要学习的专注技能包括:利用自我交谈的方式,提高自己注意力的集中度与持久性,比如自我暗示"我要一次做一题";使用笔或手指指着教师教授的内容,或是看着要学的句子;使用多种感官帮助自己注意,比如眼到、耳到、手到、口到、心到等五到;选择重要信息去注意,比如安排"老师说……"的活动来引导。

四是后果处理策略。

教师和家长要实时强化恰当的行为;赞美和提示同伴的专注表现和参

第八章 情绪行为障碍(含多动症)学生个别化教育指导

与课堂的行为,提醒小王模仿同伴好的行为。当他不专注时,重新指令他正向行为,告诉他怎么做,而不是否定。改正后,及时给奖励。教师应避免剥夺下课时间,因为休息放松时间的缺乏反而会让小王不专注的行为在下一节课中更严重,从而恶性循环,因此要给小王时间释放过动的体力。

对于小王的考核,要适合他当前的能力,不应和其他同学比,而要和自身比较,以让他获得能力和自信的提升。家长要配合做好教育工作,居家活动中寻找某些孩子可以做的活动进行训练,如在家用餐时,可以让他摆碗筷,一方面复习数量概念,另一方面进行动作练习。家长也可以给他有限的选项:摆碗筷、洗碗、擦桌子等,设计积点卡,每天完成活动后进行奖励,到学校换取强化物。家长和教师合作,一起执行"积点卡"的奖励强化活动。

案例6 小杰,男,9岁,多动症,癫痫

【个案基本情况】

小杰15个月时被诊断为发育不良,多动症伴有癫痫。8岁前几乎每天发癫痫,现每天服药,近两年来癫痫未发病。8岁就读于特校一年级,此前未接受过学校教育。

该生现就读于二年级,被评定为智力残疾二级。孩子生长发育未发生明显退化,有一定的规则意识,语文、数学能力中等偏上,常有学了后忘记的情况,学科知识应用能力弱,生活自理能力较好,书写能力弱。该生确诊多动症后,未进行干预。大部分时间能够听从指令,但有时闹情绪不能听从指令。该生注意力时间保持在5~10分钟。目前母亲陪读,母子间经常发生争吵。

【专业指导建议】

(一)情绪问题预防方法

师:如何预防该生出现情绪问题?

专家:现在对于儿童青少年情绪行为问题的处理跟过去有很大的不同。过去比较关注的是当孩子闹情绪的时候怎么办,现在我们主要是分阶段干预。第一阶段的目标是预防孩子闹情绪,也就是大量调整改变孩子身边的人、事、时、地、物以促使孩子容易表现正向的行为。第二阶段是提供个别化社会技巧课,安排情绪处理、冲动控制、遵守班规、人际互动等课程,逐步培养训练孩子的好行为,提升其各方面的能力,让他能学习调整自己,预防情

绪行为问题恶化。第三阶段的目标是利用元认知策略,教导孩子自我管理。这样即使在撤除层层保护的情况下,孩子也能自己应对生活所需,预防问题再复发。这是预防的取向。

对这个孩子而言,首先要确定我们想处理的不适当行为是什么,然后分析与这个行为相关的前事、后果和行为功能,接着再执行干预策略。也就是先诊断孩子的情绪行为问题,然后才下处方。

第一阶段先对会诱发该情绪行为问题的事件加以调整控制,避免激发其情绪。例如他过动,没办法静坐很久或持续长时间写作业,那就每几分钟安排他可以走动的机会,同时教他能满足自己需求的替代行为。第二阶段再针对个案本身能力的问题做提升。到第三阶段才教他如何自我管理。

(二)情绪问题缓解方法

师:该生出现情绪问题时,有哪些方法可以帮助其调节舒缓情绪,改变其发泄途径?

专家:这是关于紧急处理的问题。当学生出现情绪失控时,首先要考虑的是保护所有人的安全,要照顾个案,也要照顾旁边的学生。可能的做法是撤离其他学生,进行团体心理辅导,以及帮助他们回到学习生活正轨,也就是上课。

个案方面,则以协助情绪降温为主,而不是马上教他明辨是非对错。常用的情绪调节方法有:第一,呼吸放松,深呼吸,数数,让情绪放松下来。第二,内在语言引导,如"没关系,我还可以玩其他的"等。第三,转移注意力,安排其他活动。第四,帮他寻找合理的情绪发泄方式,如去操场大叫,去宣泄室捶打,提供可以啃咬的娃娃等。第五,引导他到平时设置好的冷静室、冷静角等,去练习帮助自己冷静的技巧。

当然最重要的是坚持干预辅导,如果学生情绪行为问题反复出现,一定要开始执行行为功能评估,诊断孩子的困难,然后以此为基础设计正向行为支持的干预计划。

案例 7 小源,男,9岁,疑似情绪行为障碍

【个案基本情况】

小源右耳外耳发育不完整(待胸口软骨长到 60 厘米时可以做右耳整形手术),身体其他部分发育正常;据观察,其有情绪行为障碍,不愿意学习,上

课时在教室来回走动,或趴在桌子上。有人议论他的耳朵时,他的情绪就难以控制。尤其是家里多了个弟弟后,情况尤为严重,他在家经常和弟弟吵架。妈妈认为家里大人对两个孩子的关爱是一样的。据妈妈反映,小源不服从管教的情况是最近才出现的。

【专业指导建议】

(一)正向行为引导

师:为什么小源会出现小时候很独立,现在反而倒退的情况,特别是对学习的态度变得非常消极?

专家:从了解到的情况看,小源是因为弟弟长大与之产生冲突以及学业的压力才出现这种情况,不能算情绪行为障碍,只能算是阶段性的心理问题。

现在他有危机感,在寻求父母的关注,害怕爸爸妈妈不爱他。我们应该通过小源喜欢的事情强化他的正向行为。如请家里他最喜欢的人跟他提要求,学习达到什么要求时,可以用小源喜欢的人陪他玩或者他喜欢的事情鼓励他。这也是我们表达关注的方式。我们关注孩子喜欢的东西,引导其建立喜欢的东西要努力得到而不是想怎样就怎样的心理惯性。孩子是需要被用心鼓励的,提供友善的环境,可以让其有动机处理好与家人的关系。

(二)重视榜样的作用

师:老师和他说的话基本上就是左耳朵进右耳朵出,对他没有作用,怎么办?

专家:不管是在家里还是在学校,都要给小源找一个榜样,榜样最好和小源有共同的爱好,给孩子一个学习的楷模。比如在家可以把爸爸当榜样,爸爸工作很认真,让小源向爸爸看齐,慢慢引导他学习榜样的行为。

也可以采用混合分组,在与同伴共同学习过程中小源可能会更融入学习过程。他现在对于学习的态度可能已经不像一年级时那样积极,所以创设鼓励的、支持性的环境对其很重要。

(三)重视合作的力量

师:据家长反映,他在家里和在学校基本一个样子,应该给家长提供什么策略?

专家:他在家的状态非常不用心,总是跟着感觉走。可以让学校权威人士比如校长、教导主任进家协助几次,增强鼓励的机制。因为他目前还小,打基础很重要,家校合作的契机就在这里。

（四）利用结对机制

师：怎样疏导小源的消极心理？

专家：台湾地区有师生结对的案例，教师与学生建立认同、互信机制。第一阶段让学生抒发其不满的情绪，建立好信任。第二阶段引导学生正确看待问题，交换对其有利的意见。资源教师可以将小源带在身边，每天固定时间，向大孩子学习情绪的表达，耳濡目染，慢慢专注于事情，其学习的状态慢慢就会回来。

案例 8　杰杰，男，10 岁，多动症

【个案基本情况】

杰杰情绪不稳定，容易冲动，自制力很弱，常发生一些不受自我控制的多动行为，坐立不安，上课、做作业注意力不能集中。诊断为多动症。

幼时母亲离家后没有回来，父亲常年在外打工，孩子跟随爷爷奶奶一起生活，爷爷奶奶比较宠爱他，对他的一些错误行为不加以制止，长期下来，他的表现落后于同龄孩子的发育水平，注意力不集中，注意力时间短暂，活动过度，学习困难，行为冲动，有品行障碍，适应不良。

【专业指导建议】

（一）注意力的提高

师：如何提高该生的注意力？有什么有效的策略和方法？

专家：第一，座位靠近教师，教师可协助他。也可以安排他坐在比较优秀的小朋友旁边，不要安排在窗户旁边。第二，让他有合规走动的机会。安排另外的位子给他，让他可以动一下，使用计时器，过 5 分钟就要回来。不要让他长时间地学习，如学习 30 分钟可以让他每 10 分钟休息一下，如果 10 分钟还嫌长，那就要调整到 5 分钟，适应之后再增加时长，增加任务量。如此循序渐进。第三，提醒注意。在课堂上，教师可以通过提问的方式，让他把注意力转回来。或者让他帮老师做一些小事情，如拿黑板擦、擦黑板，以转移其注意力。

（二）情绪行为的干预

师：怎样减少该生的激动情绪和破坏行为频率？

专家：要立规矩，比如告诉他不要打扰别人，可以在他玩耍时打断他，让

他感受、理解为什么不要打扰别人。再如破坏东西要补偿,要让他自己想办法去复原损害的东西,知道做错事情要承担相应的后果,不会因为自己的特殊情况受到特别对待。要引导他慢慢认识自己,认识自己和他人的关系。要和家长协同,在日常学习、生活中寻找合适的机会来教导他通过适合的方式表达自己的情绪。当激动情绪出现时,首先要做的是平复他的情绪,通过深呼吸、数数、去冷静角等方式调节情绪,情绪平静后再讨论遇到类似的情况应该怎么去做。

(三)教学活动的参与

师:怎样让该生更好地参与到教学活动中来,利用普通课堂上的有限时间进行认知能力训练,提高该生理解问题、解决问题的能力?

专家:第一,常更换活动。第二,建议让孩子来当小助手,让他做示范者。这样他就没有机会跑到别的地方去,他也能获得成就感,有被需要的感觉。第三,给竹签筒,用三支竹签来约束他,给他三次机会,每个竹签是一次发言机会,用完了就不能说话了。这是一种视觉提示,对多动症的孩子比较有效。还可以让他适当地动一下,如帮教师拿个东西等。教师在教学设计时可以多思考,让孩子有多发言的机会。就课堂上的内容也要让其有动手操作的机会。另外,给学生设计表格,什么时间应该做什么事,先安排好,让学生自我监督。做到了就打圈,没有做到就打叉,一半做到一半没做到就打三角形。第二天拿来给老师看,表现好时老师适当表扬。

老师看待孩子的方式要改变,不要一味批评,当他取得进步时,一定要及时给予回馈,多表扬鼓励。当他出现问题时也可以先表扬再批评。要用好计时器,把任务分段供孩子完成,缩短任务完成的时间。家校间、老师间处理问题要一致,做错事不要大声吼叫他,大人要接受他的障碍,出现不良行为时要有好的心态。

● 拓展

多动症儿童的特质

经常无法仔细注意细节。在学习时会粗心犯错、漏看等。
在玩游戏时难以维持注意力。
在对话时,似乎没有在听,心思会在别的地方。
经常没有办法遵行指示,没法完成学校功课。

> 在组织工作和活动中有困难。
>
> 会逃避做持久的任务,逃避就可能说谎。上课可能离开座位,不能长时间安坐。
>
> 没办法安静地玩,几乎一直处于活跃的状态,话很多,没有办法等待。
>
> 会打断、干扰别人的活动。

案例9 小硕,男,13岁,注意缺陷多动障碍Ⅲ型

【个案基本情况】

小硕2020年9月被诊断为注意缺陷多动障碍Ⅲ型。在幼儿园和小学时他就表现得与其他孩子不太一样,到初中学业压力增加,症状明显加重。2020年9月之前都没有进行治疗,诊断后开始服药治疗。用药之后多动行为有明显的改善。

认知方面比较不理想,对事物的判断以及想象能力不佳。他擅长数学、物理,但是语文、英文、表达、阅读比较差,自控能力比较差,沟通能力较弱,喜欢插话。性格内向,脾气暴躁,容易受到外界环境的干扰。敏感、自卑,喜欢玩网络游戏。

【专业指导建议】

(一)调动家长进行评估的积极性

师:学生已经到医院就诊治疗,是否要进行后续评估?如果他父母不愿意再评估怎么办?

专家:第一,向家长进行一些政策宣传,让家长知道国家对这些孩子的一些福利政策。第二,了解家长不愿意再评估的原因是什么,是不愿意孩子被贴标签还是不愿意承认。第三,确定再次进行评估的动机,特别是要制订IEP,一定要基于科学全面的评估,并让家长充分参与。第四,进行家校共育,家长和老师朝着一致的目标努力,共同促进学生的成长。家长和老师及时沟通,真诚地投入合作,学生能力受限越大,越需要周遭的老师和家长的支持。

(二) 个别化教育计划的制订

师：如何制订适合他的 IEP？

专家：IEP 里需要包括孩子的基本情况、现有情况描述、长短期目标、评价标准、特殊需要服务、转衔服务、评估时间、与会人员等。比如评价标准，是指我们如何评量他，是口试还是笔试，合格的分数是多少。例如，过马路这件事情的标准要设在哪里？安全过马路必须达到 100% 的要求，因为安全问题没有空间去冒险。参与人员一般包括班主任、辅导老师、行政管理人员、家长、融合资源教师、学生等，需要集体参加，团体合作，而不是各自为战。

(三) 课堂教学安置与支持

师：为了不影响其他学生学习和老师上课，有老师认为只要他捣乱就把他放在资源教室就可以了，请问这样对吗？我该如何向老师们解释？

专家：上课时间让孩子一个人去资源教室，一旦出现一些情况，比如他破坏东西，甚至发生一些危险，老师不在就不好处理了。所以从安全角度考虑这个不可行。可在班级设定隔离区，在他不听从老师指令时，让他暂时到隔离区去隔离，比如 10 分钟或 15 分钟。我们需要选择适合他的教学内容，签订"行为契约"。课堂中给他一些责任，比如 10 分钟快到了，或 15 分钟快到了，让他擦黑板，让他活动一下，减少他的小捣乱。不可以把孩子放在没有人看护的地方，放入资源教室必须配备合适的学习内容和资源老师，让孩子在资源教室里接受他能够接受的替代性的学习。

(四) 说话行为的干预

师：他经常乱说话，影响老师们上课，怎么办呢？

专家：刚刚讲到签订行为契约，要让他明白应该怎么做，如果违反契约会有什么后果，如没有办法玩喜欢的游戏。还可以使用关注和忽略的技巧。当孩子出现不良行为时不关注他，出现好的行为时及时关注，给予赞美。必要时给予适当的药物治疗。教师要用温暖包容的态度，看见这个孩子特别的优点，其他的孩子也会学到这样的对待方式，去包容、帮助有障碍的孩子。如条件允许，应对他进行心理干预与治疗。重视家校共育，促进学生的发展。必要时私下进行一些小约定，当老师有什么行为就是在提醒他需要做什么，提出具体的改善建议。例如让他知道，当老师跟全班说安静，而且敲黑板的时候，其实是要提醒他回位置安静坐好，这样让他随时被提醒，又不至于成为同学眼中的另类。

◉ 拓展

注意缺陷多动障碍儿童的行为治疗和学习干预

（1）列出具体问题行为

父母或老师仔细观察，列出问题行为。描述要清楚，包括问题行为发生的时间、地点、次数，以及这些不良行为给孩子带来的障碍，给家庭和学校的压力如何，出现这种行为时父母或家长的反应。

（2）列出问题处理的先后顺序

在许多问题中选出对目前行为影响最大、最容易解决的那些优先处理。

（3）采取适合的行为管理策略

① 使用关注和忽略的技巧。当孩子出现不良行为时不关注他，出现好的行为时及时关注，给予赞美。

② 运用短暂隔离或其他温和的处罚方式，减少问题行为发生的频率。当孩子出现不良行为时，必须为此付出代价。例如减少游戏时间、暂时隔离。

③ 利用积分制度做系统性的矫正。根据年龄选择不同的积分方式，如年龄小的可以是小红花等，年龄大的可以是分数。当积分累积到一定的程度可以获得他想要的奖励，可以是物质也可以是活动、特许。

④ 老师和家长态度要一致，共同商定，共同执行。

⑤ 将行为矫正扩展到其他场合，如家庭、学校以外的公共场所。

⑥ 定期评估，及时调整、修改计划。

（4）学习环境和课业辅导

① 尽量选择班级人数较少的幼儿园、学校。

② 分段学习，学习时间不要太长，尽可能分成小段，10～15分钟放松一下，逐渐延长时间。

③ 尽量选择安静、干扰较少的学习环境。

④ 上课坐在老师容易观察到的地方，可以选择帮老师擦黑板的方式，减少因无法静坐而带来的干扰。

⑤ 加强教育，家庭安排补偿教育。

⑥ 补习教育，如发现孩子有特定学习障碍，可以请家教给予良性补习。

⑦ 父母正确的态度和良好的干预措施对孩子的发展有着特别重要的影响。

六、常识问答

☞ 情绪行为障碍如何分类？

事实：精神病学分类对教师不是非常有用。最有用和最可靠的分类是以外化（朝他人表现的行为）和内化（朝自己表现的行为）这两个主要维度为依据。

☞ 情绪行为障碍的病因有哪些？

事实：病因有多种并且很复杂，很少能确定出单一的病因。主要病因包括生理、家庭、学校及文化因素。

☞ 如何鉴定情绪行为障碍？

事实：教师的判断起最重要的作用。大多数学生智力测验和学业成就的表现低于平均水平。学生表现出外化（对他人表现出攻击性）或内化（如抑郁）行为，或两类行为皆有。

☞ 在情绪行为障碍学生教育方面，主要做哪些考虑？

事实：需要平衡行为控制和学业教学。综合式服务是很重要的。最有效的策略有：系统的、基于数据的干预；持续评估与监控进步；练习新技能；针对问题的干预；多成分干预；为迁移与维持制订计划；持续性干预。教育安置强调适当的融合以及完整的连续安置选择。教育应高度结构化并与学生生活相关。特殊管理方法有功能性行为评估与积极行为支持。

☞ 专业人员如何评估情绪行为障碍学生的进步？

事实：专业人员可以采用多种标准化量表并进行观察以评估行为；建议采用课程本位测量来评估学业进步。测验调整包括延时等时间安排上的变化，或大声读出指导语等呈现方式上的变化。

☞ 在情绪行为障碍学生早期干预方面，重点做哪些考虑？

事实：人们常常说要实施早期干预，但很少真正做到。

☞ 在情绪行为障碍学生成年期转衔方面，重点做哪些考虑？

事实：转衔困难但尤为重要，因为如果学生的情绪行为障碍得不到有效改善，长期效果并不好。

第九章 发育迟缓学生个别化教育指导

一、发育迟缓的定义

发育迟缓(developmental delay),指儿童的实际发展水平,尤其是语言、认知或运动技能的发展,明显低于普通儿童的发展水平。儿童生长发育过程中可能出现速度放慢或是顺序异常等现象,多由非器质性的原因所致,容易受教育干预的作用而发生改变。在正常的内外环境下儿童能够正常发育,一切不利于儿童生长发育的因素均可不同程度地影响其发育,从而造成儿童的生长发育迟缓。

发育迟缓被划分为五种类型。一是体格发育迟缓,身高等指标发育偏离正常,迟于同龄人;二是运动发育迟缓,在动作协调性方面有明显不足;三是语言发育迟缓,没有达到与其年龄相应的水平;四是智力发育迟缓,智力功能明显低于同龄水平,同时伴有适应行为缺陷;五是精神心理发展迟缓,注意力、记忆、思维、想象力、意志、情绪、社会行为等发育异常。

二、发育迟缓的原因

造成发育迟缓的原因有很多种,可能是先天的疾病、怀孕期或者新生儿期环境不良,也可能是后天的头部外伤、环境刺激的不足等。

1. 正常的生长变异

正常的生长变异因素占80%～90%。如家族性矮身材、体质性发育延迟以及低出生体重性矮小,这些与先天遗传因素或宫内的发育不良有关,其生长速度基本正常,不需要特殊治疗。

2. 病理性原因

如染色体异常(唐氏综合征、特纳综合征等)、代谢性疾病、骨骼疾病(骨软骨发育不全)、慢性疾病、慢性营养不良性疾病、内分泌疾病(如生长激素缺乏症、甲状腺功能低下症)等都可能引起发育迟缓。

3. 外伤

头部外伤等因素,会影响脑部发育,导致生理异常或疾病,从而造成发育迟缓。

4. 环境刺激不足

环境刺激不足指因重大疾病导致长期卧床或住院,限制肢体运动、环境探索,缺少同伴互动经验,家长过度宠溺、保护孩子,使孩子缺乏尝试机会等。

三、发育迟缓的发病率

发育迟缓的发病率为6‰～8‰。在我国,男女患病率比例为6.9∶1,差异显著。

四、相关检查

发育迟缓病因及临床表现复杂,共患病较多,相互之间存在影响,有时诊断困难,需及早进行全面的评估,以确定诊断。评估内容包括医学方面,个人史、既往史、家族史、身体功能检查、精神医学检查、肌电图检查等;心理学方面,各种能力发育的检查、智力检查、性格和行为的检查、作业检查、行为观察等;教育方面,学习能力检查、适应性检查、人际关系调查、学校生活调查、问题行为调查等;家庭方面,家族、家庭环境、养育状况、亲子关系调查等。常用的检查方法有以下几种。

1. S-S语言发育迟缓检查法(sign-significate relations)

这是一种针对语言发育迟缓儿童采用的检查方法。由中国康复研究中心语言治疗科参照日本同名的检查法,按照汉语的特点和文化习惯研制成汉语版。依照认知理论,从语法、语义、语言应用三方面对语言发育迟缓的儿童进行评价,并对儿童的语言障碍进行诊断、评定、分类和针对性的治疗。原则上适合于1～6.5岁由各种原因引起的语言发育迟缓儿童,有些儿童的年龄虽超出此年龄段,但其语言发展的现状如未超出此年龄阶段水平,也可以应用。此法不适合听力障碍导致的语言障碍。检查内容包括符号形式与指示内容关系、基础性过程、交流态度三方面,以言语符号与知识内容关系的评定为核心。其比较标准分为五个阶段。

(1) 对事物、事态理解困难阶段

此阶段尚未获得语言,并且对事物、事物状态的概念尚未形成,对外界的认识处于未分化阶段。

(2) 事物的基本概念阶段

此阶段虽然也是语言未获得阶段,但与上阶段不同的是,能够根据常用物品的用途大致进行操作,对于事物的状况也能够理解。

(3) 事物的符号阶段

此阶段符号形式与指示内容关系开始分化。

(4) 词句、主要句子成分阶段

此阶段能将事物、时态用2～3个词组连成句子。

(5) 词句、语法规则阶段

能够理解词句表现的时态,与第4阶段不同的是,所表现的情况有可逆性,从主动语态到被动语态都能理解。

2. 体格生长评价

儿童体格生长评价包括发育水平、生长速度以及匀称程度三个方面(略)。

3. 儿童神经心理发育的评价

儿童神经心理发育的水平表现为儿童在感知、运动、语言和心理等过程中的各种能力,对这些能力的评价称为心理测试。心理测试仅能判断儿童神经心理发育的水平,没有诊断疾病的意义。心理测试需由专门训练的专业人员根据实际需要选用,不可滥用,包括能力测试和适应性行为测试。

(1) 能力测试

① 筛查性测验。丹佛发育筛查法(DDST),主要用于6岁以下儿童的发育筛查;绘人测试,适用于5～9.5岁儿童;图片词汇测试(PPVT),适用于4～9岁儿童的一般智能筛查。

② 诊断测验。Gesell发育量表,适用于4周～3岁的婴幼儿,包括大运动、精细动作、个人—社会、语言和适应性行为五个方面的测试,结果以发育商(DQ)表示;Bayley婴儿发育量表,适用于2～30个月的婴幼儿,包括精神发育量表、运动量表和婴儿行为记录;Stanford-Binet智能量表,适用于2～18岁儿童;Wechsler学前及初小儿童智能量表(WPPSI),适用于4～6.5岁儿童;Wechsler儿童智能量表修订版(WISC-R),适用于6～16岁儿童,内容与评分方法同WPPSI。

（2）适应性行为测试

发育迟缓的诊断与分级必须结合适应性行为的评定结果。国内现多采用日本 S-M 社会生活能力检查，即婴儿—初中学生社会生活能力量表。此量表适用于 6 个月～15 岁儿童社会生活能力的评定。

五、治疗

1. 药物治疗

结合检测结果和临床表现，根据医生建议，采用中药或西药治疗，或中西药联合应用。

2. 康复治疗

传统康复与现代康复可以相结合，共同发挥疗效。传统康复有针刺疗法、推拿疗法，及其他传统疗法如艾灸疗法、火罐疗法、经络导平等。现代康复主要是神经发育疗法、作业疗法，以促进粗大运动功能、精细运动功能发展为目标。

3. 物理治疗

（1）运动治疗

运动治疗可以借用一些球类，或者让孩子在垫子上做一些运动，或者借由辅助器材的帮助进行运动，或者由家长协助运动。

（2）操作治疗

它可以增加孩子肌肉骨骼系统的活动度和延展性。

（3）仪器治疗

仪器治疗指借助一些运用光、电、水、声、热、机械、放射能等的物理仪器来为孩子做治疗。

当然，还有音乐疗法、芳香疗法等辅助手段。

六、案例指导

案例 1　小宝，男，3 岁，发育迟缓

【个案基本情况】

小宝在无意识的情况下，偶尔能喊出爷爷、奶奶、爸爸、妈妈这些称呼。

想要得到某件东西时,小宝会用手去指或拉着家人的手去拿;在表达自己的需求时,小宝会发出"哇哇哇"的声音;面对不情愿做的事情时,小宝会用哭来抗拒。进入小班以后,小宝在集体活动中与他人交流的表现有所进步。

【专业指导建议】

（一）口语表达能力训练

师:有哪些康复训练可以提高小宝的口语表达能力?

专家:首先,建议小宝去做听力检查,排除听力异常。其次,加强小宝的口腔训练和舌根肌肉训练。例如,将奶瓶换成吸管;提供一些需要咬的水果,或者让小宝咀嚼水果干;玩"吹"的游戏;练习仰头漱口;尝试用嘴唇和舌头制造声音等。最后,加强小宝的语言训练。教师可以选择小宝喜欢的动物,引导小宝模仿动物的动作,然后模仿动物的叫声。只要小宝发出声音,都及时给予正向反馈,鼓励他继续发声。

（二）社会交往能力训练

师:怎样让小宝学会在有需求的时候,使用恰当的表述方法?

专家:语言是在互动中产生的,在交流中学习语言,干预效果较好。教师可以创造轻松的沟通情境,以小宝喜欢的玩具为强化物,引导小宝展开对话。在与小宝交流的过程中,教他说常用物品的名称,帮他说出他所要做的事情。需要注意的是,在引导小宝开口的过程中,不要逼迫他开口,讲话时字数要少,语速放慢,一个指令完成再发出第二个指令。教师或家长也可以与小宝共读绘本,在绘本阅读中引导小宝进行交流。

（三）动作训练

师:以目前小宝的情况,还需要注意哪些方面的训练?

专家:小宝还需要加强动作的训练。在精细动作方面,教师和家长可以引导小宝自己用勺子吃饭,要求他拿笔在纸上随意地涂鸦,或者玩一些插棒、形状配对、捏小豆子投入瓶中、投钱币、串珠等动作游戏。在粗大动作方面,家长可以在家带小宝玩单脚站立的游戏,以增强他的平衡感;或设计一些关卡让他上下爬,以锻炼四肢协调能力。此外,可以进行手眼协调能力的训练,例如,教师或家长用声波玩具来吸引小宝的注意力,上下左右随机移动以训练小宝眼球的追视能力。也可以和小宝一起练习边走边拍气球,引导其学会注视球的移动、控制球的方向,以提高其手眼协调能力。

第九章 发育迟缓学生个别化教育指导

案例 2 小苏,男,4 岁,发育迟缓

【个案基本情况】

教师观察发现,小苏在动作能力、语言沟通能力、认知能力三个方面较弱。小苏能走、跑、跳、攀爬等,双脚交替上下楼梯较困难。小苏的口腔肌肉较弱,社会交往能力也有待提高。遇到不会做或不愿意做的事情时,小苏会尖叫以示抗议。

【专业指导建议】

（一）语言训练

师:如何引导小苏进行语言训练?

专家:首先,教师需仔细观察小苏的需求及喜好,根据小苏感兴趣的事物,选择教什么样的词句。例如,小苏想要玩球,教师以此为沟通的契机,根据小苏目前的语言表达能力,引导小苏说出"我要球"。只要小苏有沟通意愿,即便没有表达成功,教师都要及时回应他并给予鼓励,以此加强小苏与他人沟通的自信心。

其次,教师可以考虑利用食物训练小苏的口腔肌肉,并用他喜欢的音乐营造愉快的用餐环境。在食材选择上,教师需挑选一些有硬度或有嚼劲的食物。在递送食物给小苏时,教师可以把食物放入他口腔的左边或右边,引导他咀嚼食物,以此锻炼口腔肌肉。教师也可以提供需要舌头舔的食物,加强小苏舌头的肌肉运动。在小苏吃饭的时候,适时地引导他说喜欢或不想吃什么食物的句型。

最后,幼儿是以家庭为中心学习食物、衣服等与自己切身相关的事物的。语言训练的主题教学需要生活化、实用化、具体化,并具有功能性。例如,教师创设红绿灯的教学情境,通过趣味游戏引导小苏指认红绿灯。也应请家长在真实情境中带孩子练习应用。

（二）沟通原则

师:如何与小苏建立有效的沟通?

专家:教师可以考虑创设生活情境,教小苏循序渐进地使用图片交换沟通系统(PECS)以提高社会交往能力。在语言训练的过程中,建议教师遵循以下几点基本原则:一是说话时面对小苏,让他关注教师。二是对小苏说话时句式要简短,语速需放慢。三是在与小苏沟通的过程中,给予他充分反应的时间。如果小苏没有反应,教师可以语言提示,在他给出反应时及时口头

赞美或给予正强化物。如果小苏说话断断续续不清楚,教师要用问问题的方式确认他表达的信息,随后完整地重复一次说给他听,以此作为语言表达的示范。四是在小苏说话时,教师需及时给予回应,以示范沟通中的互动原则。即使小苏有错误的描述,教师也要先回应他,再纠正他的错误,以免打击他主动沟通的积极性。

（三）嵌入式干预

师:如何让小苏融入普通幼儿群体?

专家:首先,教师可以先进行语言个训,再让小苏回到集体中,进行真实情境的练习。例如,教师引导小苏与其他任课教师、普通幼儿打招呼。再比如,教师可以通过绘本阅读的教学方式,培养小苏与普通幼儿一起进入故事情境,通过故事情节,引导他与普通幼儿自然地交流。需要注意的是,小苏的注意力时长较短,每次教学不要超过 15 分钟。

其次,在集体活动中,为避免小苏开小差去做与课堂教学不相关的事情,教师需要提前告诉小苏今天要做什么活动,让他熟悉这节课的教学流程。接着,请与他关系较好的普通幼儿带他一起参加集体活动,让他有参与感。

此外,教师可以用行为观察记录法,与家长建立有效的即时沟通。例如,以视频的方式向家长展现小贝近期的良好表现等。

案例 3 小贝,男,4 岁,发育迟缓

【个案基本情况】

小贝 4 岁被医院诊断为语言发育迟缓,语言表达和社会交往能力较弱。同时,他的生活自理能力也落后于同龄人。2020 年 2 月开始,在医院做感统训练和语言训练,眼睛有神,可以和家长进行简单的交流。个训课时,小贝不听从康复师的指令,模仿能力较弱。但在集体课时,小贝的表现则要好一些,在强化物的刺激下会听从指令,可以模仿一些行为。2020 年 9 月,小贝进入普通幼儿园融合教育小班,喜欢荡秋千,在该幼儿园每天参加 2~3 节个别化训练课,与普通幼儿交流较少。

【专业指导建议】

（一）听从指令

师:如何引导小贝在干预过程中听从指令?

第九章 发育迟缓学生个别化教育指导

专家:小贝不听从指令可以从两个方面来思考原因。一是小贝个人原因,有多种可能:小贝可能没有听到指令;可能听到指令了却没听懂;可能正在专注于当下的事物,无法分散注意力接受指令;可能接受指令后给出反应的时间较长,教师需要耐心等待;也可能是拒绝接受个训课,缺乏执行指令的动机。二是教师的原因,比如指令的内容不清楚或太复杂,没有明确接受指令后应该有什么反应,或是其他外界干扰因素。教师需先厘清小贝不听指令的原因,再适当调整个训课和集体课的教学。

(二)模仿能力

师:小贝目前只能模仿他人的动作,口部肌肉较弱,无法完成吹气训练,也无法完成语言模仿。平时采用图片模仿、同伴示范的教学策略引导小宝进行模仿,效果甚微。

专家:在进行模仿能力训练之前,教师需加强小贝的口部肌肉力量,为后期的训练做铺垫。教师可以根据小贝的困难点,为其营造适合的情境,引导其做出所需的行为。在引导小贝模仿动作的过程中,教师可以继续采用同伴示范法,让小贝模仿同伴的动作。需要注意的是,模仿对象要选择小贝喜欢的人,以增强他模仿的动机。教师在平时的教学中也要多给小贝提供模仿动作的机会,巩固他所学的动作,并让他泛化到日常生活中去。

(三)兴趣转移

师:小贝只喜欢吃糖和巧克力,对其他零食和玩具都不是很感兴趣。在开展教学活动时,必须用糖果做强化物对小宝进行引导,但是小贝牙齿不好,不能多吃糖。如何引导小贝将对糖果的兴趣转移到其他物品上?

专家:一是建立糖果与游戏或奖励卡的强化关系。例如,教师可以进行戳戳乐游戏,准备一个九宫格,部分格子里有糖果,最初可以是8个格子有糖果,1个格子没有糖果。如果配合教师一起完成教学活动,就有机会去戳小格子得到喜欢的糖果。后期可以根据需要,调整有糖果的格子和没糖果的格子的比例。再比如,教师可以使用糖果卡片,最初是一张糖果卡片兑换一颗糖果,之后逐渐变成两张糖果卡片换一颗糖果,根据小贝完成教学任务的实际情况,逐渐增加卡片数。二是建立糖果与其他物品或活动的强化关系。例如小贝喜欢荡秋千,在他完成教学活动后,可以用荡秋千的活动逐渐替代糖果。

(四)在园集体教学

师:在随班就读的班级活动中,如何引导他与同班幼儿融洽相处?

专家:教师先要分析小贝在班级中有什么困难和需求,再配合班级的作息时间表给小贝提供语言发展的机会,最后为他创造与普通幼儿互动的机会,具体例子如表9-1所示。

表9-1 学生能力状况及其对于在普通班学习和生活的影响(样例)

能力项目	现状描述		对于在普通班学习和生活的影响		干预与调整建议
	优势	需求	无影响	有影响	
生活自理和居家生活能力	会独立进食和穿脱衣服	① 个人卫生习惯不佳,无法保持衣服的干净 ② 无法自行整理书包及抽屉 ③ 座位凌乱,有垃圾,早餐没有吃完直接塞在抽屉里		卫生习惯不佳,班上的同学嫌他脏,不喜欢跟他玩	① 资源教师需协助教导他养成卫生习惯,保持衣服干净 ② 资源教师需协助教导他整理书包及抽屉 ③ 班主任可安排同伴提醒他丢垃圾以及整理书包和抽屉

经过与教师沟通、梳理,小贝的个人卫生影响他与普通幼儿之间的融洽相处。一是小贝独立如厕的能力较弱,会出现不及时去厕所而尿裤子的情况。二是小贝吃饭时握勺姿势不对,会出现饭洒到桌子上或者汤洒到衣服上的情况。当小贝表现出自己要如厕的行为时,教师可以进行发音训练,比如说出"嘘嘘""便便"等,让如厕的行为与特定的词语建立联系,也可以家校合作的方式,合力训练小贝的如厕能力。教师和家长在小贝使用勺子时,及时给他做使用勺子的正确示范,在他做到的时候,给予表扬。

● 拓展

学习行为的四个阶段

学习者通过观察与模仿获得学习行为的过程分为四个阶段,分别是注意阶段、保持阶段、运动再现阶段、动机阶段。在注意阶段,学习者对示范者的行为开启了注意,根据观察到的行为特征,结合原有的学习经验、当时的意愿对观察的行为进行一定的了解和分析。在保持阶段,学习者用言语和形象两种形式把所获得的行为信息转换成适当的表象保存在记忆里。在运动再现阶段,根据记忆里的表象,学习者将观察到的行为再现出来,并根据外界或自我的反馈来调整行为以做出正确的反应。在动机阶段,学习者在适当的场合下,做出所学到的动作,但动作出现的频率也受到行为结果因素的影响。

案例 4 阳阳,女,4 岁 7 个月,疑似发育迟缓

【个案基本情况】

阳阳现在是幼儿园中班小朋友,对事物的理解能力和表达能力明显落后于同龄幼儿。去医院看过专家门诊,并未得到具体的诊断,医生只给出了要多引导孩子表达、多让孩子融入群体之中的建议。经与阳阳妈妈沟通了解,猜测可能是由于早期环境刺激不够导致认知方面的发展迟缓。

阳阳一直身体健康,没有先天性的疾病(只出现过新生儿黄疸)。由于妈妈工作较忙,小时候主要是由请来的阿姨帮忙照顾,大一点后送去了早教机构。阳阳口语发展较为缓慢,2 岁半后才能进行简单的表达。进入幼儿园后,同时还在校外机构内学习游泳、创意美术、乐高和英语。

【专业指导建议】

(一)专业评估与课程选择

师:阳阳认知发展落后,应如何进行专业评估,并选择适合她理解能力的课程?

专家:认知障碍的影响因素有先天因素、后天因素、环境因素等,如疏于照顾、环境刺激比较少、教养的适切性不足等。评估时要了解孩子的家族史、发展史、主要照顾者、居家生活环境、身体检查情况(生长状况)等方面,以便给出详细的建议。

阳阳目前比较明显的认知问题是不能进行颜色匹配。教师可以先用相同的颜色进行分类,在分类之前先给经验:什么是一样的,什么是不一样的,引导孩子模仿。不要一次用过多的颜色,缓一点、慢一点、少一点。可以先从一种颜色开始,让她观察图画中最喜欢什么颜色并指认,一个星期只学习一种颜色,重复练习。

教师和家长可以着重训练阳阳的专注力、记忆力、推理思考能力、概念理解能力,可以用她比较熟悉而又没有完全掌握的东西来练习,通过儿歌诵读、玩游戏等方式培养她的认知能力。

英语、才艺需要考虑兴趣和体力负荷,考虑什么是孩子最需要的(比较欠缺的)。教师可以从旁去关注和观察,这些才艺对孩子有没有促进和帮助。

(二)语言发育迟缓的干预

师:阳阳语言发育迟缓,如何帮助她准确表达自己的想法?

专家:孩子语言发育迟缓是相对于同龄人而言的,表现为讲话不清楚、听不懂、没有任何句子出现、句子结构错误等。改善孩子的语言功能,应充实孩子的生活经验,如在幼儿园的生活经验、与爸爸妈妈在家互动的情形、外出游玩与其他幼儿的互动;也可以读情境绘本,让孩子体会更多的生活情境。语言理解和表达方面,选择孩子生活中熟悉的句子,是非常适合孩子的。

案例5 鑫鑫,女,5岁,语言发育迟缓

【个案基本情况】

鑫鑫,5岁,被医院诊断为语言发育迟缓。2019年9月进入普通幼儿园小班进行随班就读,并在该园进行个别化训练,主要训练课程是语言和感统。未在其他医疗或社会机构进行康复治疗。鑫鑫语言表达能力较弱,也没有社会交往倾向,跟他人对话时没有眼神接触,偶有攻击性行为。

【专业指导建议】

(一)听从指令

师:鑫鑫在个别化训练时不听从教师指令,有什么教学策略可以让鑫鑫听从指令呢?

专家:首先,教师要分析出鑫鑫不配合指令的原因,再对干预方案进行调整。鑫鑫不配合指令的原因可以从以下四个方面考虑。一是指令的问题,包括指令的内容、指令的表达方式、指令表达的时间、指令表达的环境状况。二是鑫鑫的问题,包括她对指令的接收能力、处理能力、反应能力以及执行指令的动机。三是环境的问题,包括物理因素、社会因素等。四是后果问题,包括鑫鑫完成指令后所得的后果及未完成指令所得的后果等。

其次,我们了解到鑫鑫对声音玩具的模仿没有表现出兴趣,但她很喜欢磁力片,也爱观察、晃动玩具,由此可以看出鑫鑫更喜欢视觉的刺激。教师可以尝试通过晃动产生声音的玩具,即视觉、声音搭配的玩具,作为干预的

第九章　发育迟缓学生个别化教育指导

强化物和媒介;同时,我们发现鑫鑫对儿歌比较感兴趣,教师可以播放她喜欢的儿歌作为指令训练时安抚情绪的工具。

(二) 语言训练

师:根据医院的语言评估结果,鑫鑫构音器官及听力都没有问题,目前她只会"g""d"的单音,如何引导她更好地开口说话?

专家:鑫鑫的语言发展比较慢主要与她的认知能力有关。首先,教师需要培养鑫鑫的模仿能力,因为会模仿是会说话和一切学习的前提。其次,教师要跟随鑫鑫的沟通方向,帮助她建立发音与事物之间的联结。例如,鑫鑫牵爸爸的手去找食物时,爸爸可以引导她模仿说"爸爸""拿",当她说出来的时候,爸爸及时给予她鼓励、肯定。再比如,当教师发现鑫鑫走到小汽车玩具面前,表现出想要玩这个玩具时,教师可以她对小汽车的兴趣为切入点,问她:"鑫鑫要车吗?"这样,鑫鑫就知道这个玩具是车,以此提高鑫鑫的认知能力。最后,教师可以根据鑫鑫现在会的单音进行延续、扩展。例如,鑫鑫可以发出"d"的单音,当她发出这个声音的时候,可以尝试搭配一定的节奏做出发音的延伸,即用"打打打""滴答"等声音引导她模仿。

需要注意的是,教师在发音训练时要选择鑫鑫喜欢的活动,及时给予她鼓励,不要纠结于发音是否正确。如果鑫鑫本身有喃喃自语的习惯,教师可以听听她会发什么音,在此基础上做发音训练会提高她发音的自信心,让她对自己的声音有更多的认同感。此外,家长、任课教师、康复教师三方需要使用同样的发音训练方法,帮助鑫鑫在不同场景下重复练习发音,促进她语言表达能力的发展。

(三) 集体活动

师:在集体活动中,鑫鑫喜欢大叫,爱到处乱跑。给鑫鑫安排了愿意配合的同伴一起玩耍,但她很排斥,还出现了攻击性行为。如何让鑫鑫更好地参与集体活动?

专家:其一,鑫鑫的注意力时长较短,教师需给她提供参与课堂的机会。例如,在教授知识的时候,请鑫鑫参与课堂示范,帮教师拿卡片或者展示教具。在教学活动中,引导鑫鑫注意教师在做什么示范,询问她要不要试试看,当她有尝试的意愿时就给予鼓励。教师也可以安排同伴玩鑫鑫喜欢的活动,当鑫鑫感兴趣并靠近同伴时,及时引导鑫鑫加入活动。

其二,可能班里的同伴较多,鑫鑫无法适应集体环境。教师可以安排同伴和鑫鑫一起参与感统个训课,或者以上述方式引导鑫鑫参与同伴的活动,从同伴活动过渡至小组活动,再慢慢引导到集体活动中。

案例 6　桐桐,女,5 岁,Joubert 综合征

【**个案基本情况**】

由于小脑蚓部发育不良,桐桐运动的灵活性、协调性较弱且有平衡障碍,经常走路不稳或摔倒。目前,经过户外骑小车、玩蹦床等腿部训练,桐桐的腿部力量得到了改善,行走时不需要教师的辅助了,也可以扶着扶手慢慢爬楼梯。

2020 年 4 月开始,桐桐在康复机构进行语言康复训练。幼儿园里其他孩子听不懂桐桐想要表达的话,她经常会发脾气。同时,桐桐接受同伴的帮助后形成了依赖,很多事情明明她自己可以做,却非要等着别人帮助她。

另外,桐桐看物品时,眼睛总是斜着,头也是歪着的,需要教师不断地去提醒她,她才会坐正或直视物品。

【**专业指导建议**】

(一)动作能力

师:在动作训练方面,教师应该着重训练哪些方面?

专家:桐桐由于肌肉张力过低,没有足够的肌肉耐力,会容易感到疲惫,想逃避学习。所以首先要做感统训练,提升肌肉耐力,保护她的骨骼和关节。在训练桐桐的肌肉能力时,教师要设计多样化的教学活动,激发桐桐参与动作训练的兴趣。需要注意的是,教师要观察桐桐动作的发力点是否正确,如果姿态不良可能会产生负面影响。例如,虽然桐桐会走路了,但教师还是要观察她的步态,如果长期用不正确的走路姿势,走路时的重量会压在活动的踝关节上,引起关节变形。建议家长将桐桐送到专业康复机构进行持续的康复,尽量坚持到 12 周岁。

平时在家,家长要让桐桐多参与家务活,以加强精细动作。例如教她穿脱衣服、择菜等。如果桐桐不太会穿衣服,家长可以先帮她做前几个步骤,让她自己操作最后一两个步骤,后期再逐渐撤除辅助,让桐桐独立完成穿衣服。吃饭时,可以尝试使用粘贴在桌面上的碗或特制的勺子等辅具,引导她使用辅具独立吃饭。

此外,教师还需要训练桐桐的手眼协调能力。由于桐桐难以对一项事

物维持长期的兴趣,而且容易有挫折感,所以教师需要创设趣味教学活动,比如连线游戏、贴纸游戏等。

(二)语言表达能力

师:桐桐的语言表达能力较弱,教师和同伴都经常听不懂她表达的意思,如何提高桐桐的语言表达能力?

专家:桐桐的肌肉张力较低,会伴有呼吸和口腔问题,而发音、嘴型、气息都与肌肉张力有关系,因此提高桐桐语言表达能力的重要一步是加强她的口腔训练。教师可以设计多种有趣的口腔训练游戏,比如吹哨子、吹卷卷棒、吸酸奶等,让桐桐在玩乐中得到一定量的训练。教师也可以找一些桐桐喜欢的食物,让她通过舔、咬、咀嚼等方式锻炼唇部、舌头的肌肉耐力。例如,让桐桐伸出舌头舔冰淇淋以锻炼舌根的肌肉耐力。通过以上方法加强桐桐的口腔肌肉耐力,为以后的发音训练做铺垫。

(三)同伴关系

师:如何让桐桐和同伴建立良好的社交关系?

专家:教师可以观察同伴们喜欢玩什么游戏,在资源教室里训练桐桐玩这些游戏,把游戏规则练熟以后,引导她与同伴们一起玩。教师在选择桐桐的同伴时,需要找一个性子较慢、安静、有耐心的孩子,跟桐桐一起做小组活动。在桐桐需要帮助的时候,比如她在歪着头或斜眼看物品时,同伴口头提醒桐桐要坐正、直视物品,但不能代劳帮她做事情,那样会让桐桐更依赖同伴。

● 拓展

Joubert 综合征

Joubert 综合征是一种较为罕见的常染色体隐性遗传性疾病,主要表现为小脑蚓部发育不良及脑部发育问题。在婴幼儿期,孩子会出现发作性呼吸急促或呼吸暂停。小脑的主要功能是协调人体的运动功能,小脑损伤会导致孩子动作协调能力和平衡能力较弱。

患有 Joubert 综合征的孩子,通常智力发育迟缓、眼部运动异常、肌肉张力较弱,并在呼吸、视力、肾脏、肝脏等方面都存在一定的问题。建议家长带孩子定期做康复运动和身体检查,并不断调整干预计划。

案例7 小语,女,6岁,发育迟缓

【个案基本情况】

小语4个月时能抬头,8个月时能认人,13个月时会喊"爸爸妈妈",15个月时开始牙牙学语,20个月时才会说完整的一句话,18个月时能走路。教师需要针对小语的个人情况,就教学调整、个别化教育计划、幼小衔接等方面进行交流、咨询。

【专业指导建议】

(一)教学的调整

师:在教授集体课时,如何调整教学内容及形式,以帮助小语更好地融入普通幼儿群体?

专家:其一,开展团体讨论活动。教师选择小语和同伴们都喜欢的绘本故事,引导大家一起听绘本、翻绘本。接着,教师根据绘本剧情提出相关问题,让大家一起讨论剧情和交流想法。在小语表达想法不清楚时,教师需引导她把句子说完整。

其二,增强同伴支持。教师可以选择跟小语关系较好或愿意和小语一起玩的同伴,集体活动时安排他们在一起玩。例如,到了玩玩具结束的时间,教师可以引导同伴带着小语一边唱他们喜欢的歌曲,一边收拾玩具。

其三,尝试使用嵌入式教学。嵌入式教学的教育理念是将幼儿的视听触知觉、肢体协调、精细动作、语言能力等多种训练融入日常在园生活及家庭生活中,而不是在资源教室里单独训练某一项能力。例如,教师在吃点心的时候,请小语帮忙发点心。在小语端着托盘走向其他幼儿的过程中,锻炼小语的精细动作、手眼协调能力。当小语将点心端给其他幼儿时,引导她询问:"要不要吃点心?"根据对方要或不要的回答,分发点心,通过这样的方式提高小语与他人沟通的能力。

(二)个别化教育计划

师:根据小语的情况,应该如何调整她目前的个别化教育计划呢?

专家:首先,个别化教育计划包括小语的基本个人资料、评量记录(孤独症量表、五大领域量表、韦氏测验、观察、访问等)、目前各方面能力的描述(粗大和精细动作、社会交往、语言沟通、医生评价等)。在评估记录里不写任何干预策略和教学建议,但在后面的长期教学目标里需要详细写出小语

有哪些需要提升的能力,具体如何提升这些能力等。需要注意的是,短期教学目标要根据不同教学内容和教学环境进行调整。

其次,在小语的个别化教育计划里,可以从健康、语言、社会、科学、艺术这五大领域入手,为小语设定不同的教学目标和教学策略。需要注意的是,每个领域的教学目标都要与长期的教学目标相吻合。

(三)幼小衔接

师:小语即将升入小学,正面临进入普校还是特校的难题。我们应该如何做好幼小衔接?

专家:小语进普校还是特校没有一个标准答案,主要看家长和孩子的意愿。一般从两个角度去考虑这个问题,一是小语的能力,二是学校的能力。要进入普校,小语需要有一定的生活自理能力,包括吃饭、如厕等;需要学会用适当的方式表达自己的需求和感受、寻求他人的帮助,比如会说"我肚子很饿""我想尿尿""我肚子很痛"等;需要掌握一些基本的与他人沟通的能力,学会简单的表达与回应;还需要有一定的情绪与行为管理能力。如果小语目前这些能力较弱,家长可以考虑先安排小语在普校的融合教育班里试试,若是跟不上教学进度,再回到特校;也可以考虑先在特校进行大量的针对性干预,再回到普校的融合教育班里。学校的师资力量和软硬件设施是否能够给小语提供更好的支援,也是家长需要考虑的因素。

在台湾地区,像小语这样的孩子,在普校的融合教育班里一般处于半抽离的状态,像语文、数学这一类的课程由资源教室的教师单独辅导,会在普校教学内容的基础上为孩子调整教学难度和教学策略。体育、音乐、劳动这一类的课程仍安排孩子与其他同学一起上,保持与同学之间的社会交往。

● 拓展

嵌入式教学(embedded instruction)

嵌入式教学是将个别化教育计划里的活动内容融入日常的教学活动或生活中,让孩子在自然情境中不断练习。嵌入式教学的教学策略包括随机教学(incidental teaching)、环境教学(milieu teaching)、自然时间延迟(naturalistic time delay)、关键反应训练(pivotal response training)等。教学的环境布局应根据孩子学习的需要而调整。除了嵌入式教学以外,相关的支援策略有环境支援、教具支援、简化流程、成人支援、同伴支援等。

案例8　XMY,男,6岁,脑萎缩,轻度发育迟缓

【个案基本情况】

XMY有先天性脑部右侧顶叶片状异常,脑萎缩,轻度发育迟缓。精细动作、粗大动作、语言表达能力、社会交往能力较弱。在上幼儿园之前,XMY上过一年入园准备班,能听懂并会说简单的词。上幼儿园后接受了一年半的跟踪观察和动作、语言的训练。

【专业指导建议】

（一）粗大动作

师：XMY粗大动作不协调,习惯使用右手和右脚。例如,跳跃时右脚先落地、投篮只使用右手。目前XMY在跑步、跳跃、平衡木方面不协调。针对腿部肌肉无力这一情况,教师和家长提供适当帮助,让XMY每天骑车回家。现在还能做些什么干预,提升XMY的粗大动作能力？

专家：XMY习惯用右手和右脚,是因为他脑部右侧顶叶损伤,使身体左侧协调、空间感、本体感等受到一定的限制,但不影响他的认知能力和与他人沟通的能力。在XMY的障碍不影响日常生活的情况下,教师适当给他提供针对性的训练即可,帮助他提高适应普校生活的能力。例如,注意XMY的动作发展情况,时刻观察他的动作是否需要进行干预,可以考虑增强他的肌肉力量和肌肉耐力,进行抛球、律动等感觉统合的训练。再比如,教师可以多给他提供一些练习慢走的机会,包括帮老师端汤、送饭等,以加强他的腿部力量。同时,从XMY的生活需求出发,抓住他的学习动机,以玩乐的方式对他进行针对性训练。例如,注重XMY在穿着、遵守团体的规范、注意安全、听说读写等多方面能力的培养。需要注意的是,家长需要参与XMY的动作训练,掌握辅助XMY动作训练的策略,从而更好地帮助他进步。

（二）饮食

师：XMY的生活自理能力较弱,吃饭的时候勺子用得不太好,喜欢用手抓。口水、鼻涕比较多,兴奋或者玩游戏的时候尤其多,需在老师的提醒下用面纸擦。XMY在喝水时,习惯大口地喝,水易溢出,湿透衣服,不会使用吸管,没有吸吮的能力。在吃饭时很少咀嚼,进食速度很快,不挑食。如何改善他在饮食上的这些问题行为？

专家：其一，XMY对触觉的感受不敏感，可以从认知方面进行训练，通过承担合理的后果让他意识到身体脏脏的是不好的。其二，加强XMY的口腔力量训练。教师可以选择合适的食材，比如需要咬、嚼的食物，训练他的口腔力量。但是每次训练时，提供的食物需要适量，循序渐进地引导XMY锻炼口腔力量，避免他觉得吃饭很累，引起适得其反的效果。其三，尝试为XMY做口腔按摩，即沿着外侧上排的牙齿开始轻轻按揉，到下排牙齿，到上下颚连接处，整个口腔外侧都可以按摩。口腔内侧的按摩，需要专业的特教教师进行指导。其四，练习吸的动作。教师可以选择面条或XMY喜欢的健康饮料，进行吸面条、吸饮料的游戏，也可以玩吸、吹面纸的游戏。

（三）如厕

师：XMY在夏天表现良好，偶尔会尿裤子。冬天不会主动如厕，需要教师结合XMY当天的喝水量和活动量半小时提醒他一次，在提醒后他能够独立上厕所。如何加强他的如厕能力？

专家：要弄清XMY尿裤子的行为是不是因为脑部损伤导致难以控制膀胱。当孩子尿裤子时，教师和家长不要过度责备他，让他承担适当的自然合理的后果，比如承受尿裤子后短时间内湿衣服贴身的不适感。再比如，引导他去洗裤子。教师可以运用绘本故事、社交故事等方法，让XMY意识到尿裤子是一件不好的事情，从而尽量去避免。此外，家长可以选择有松紧带的裤子或者有拉链的裤子，方便XMY在如厕时及时脱裤子。

● 拓展

大脑右顶叶的功能

大脑的右顶叶位于头脑正上方，负责人的运动区和感觉区，包括味觉、触觉、温度等。顶叶的感觉联合区域可进行多种感觉信息与言语的整合，右侧顶叶受损会直接影响左侧的空间感和本体感，难以在书写过程中对词距、行距等进行把握，导致书写障碍，类似地也导致阅读障碍。

案例 9　小昱,男,7 岁,发育迟缓

【个案基本情况】

小昱 3 岁时被医院诊断为发育迟缓。母亲在生产时,因胎儿发生缺氧窒息而接受剖宫产。上小学前,他一直在医院进行康复训练。到小学上了一个月的一年级后,他又重新回到幼儿园上大班。小昱的手部精细动作较弱,会重复性数数、哼唱简单歌曲,能听懂简单的日常用语。至今仍定期接受康复中心的训练。

【专业指导建议】

(一)注意力

师:如何培养小昱的注意力?

专家:教师可以尝试以下几种方法。一是绘本阅读,教师可以让小昱看图说故事,持续 5 分钟。在读绘本故事的过程中,教师提简短的问题,引导小昱问答,同时,慢慢将动词、助词、量词这些训练放进他回答的句子里。二是画迷宫,训练小昱专注力的同时,有效提升他握笔的精细动作能力。三是采用任务分析法,通过任务分解,帮助小昱进行注意力训练,时间可由短至长。

(二)动作能力

师:如何提高小昱的动作能力?

专家:首先是粗大动作的训练,可分为上肢训练和下肢训练。上肢训练可以是教师与小昱相对,用手掌抓住弹力带,坚持 10 秒,或者小昱抱紧球,不让教师从他手中抢走球。下肢训练可以分为跳和爬,跳的训练有跳格子、前后左右跳、双脚跳、跨过障碍物跳等;爬的训练有后腿伸直爬(熊爬)、小狗爬等。粗大动作运动能够帮助小昱的脑内维持相对稳定的状态。需要注意的是,粗大动作的训练要进行计时,一定的训练时间后要适当地休息。

其次,小昱的精细动作能力较弱,也需要有针对性的训练。教师可以考虑通过玩拼图的方式,训练小昱的逻辑架构能力与精细动作能力。教师也可以让小昱通过握笔写字的方式练习精细动作,在握笔训练的过程中,可以由大至小调整写字的格子,帮助小昱渐渐适应小格子的书写,建立写字的自信心。

(三)语言表达能力

师：如何提高小昱的语言表达能力？

专家：教师需要先进行专业的语言评估，找出小昱目前薄弱的环节，再进行针对性的干预。教师需要对小昱进行重复的语言训练，比如从单词、单句，慢慢增加至较难的词语和句子，从复述到引导学生自主表达。教师也可以尝试绘本故事接龙的游戏，游戏时间定为5分钟，将活动用录音的方式记录下来，找出小昱会用、常用的词汇，在他原有的学习基础上加强语言训练。

(四)畏难情绪

师：如何帮助小昱缓解他的畏难情绪？

专家：首先要用小昱喜欢的东西去引导他克服不愿意做的情绪或完成难度较大的任务。其次，教师需要及时调整教学任务的量与时间，避免引起小昱的反感情绪。再次，教师要给每个任务设置时间和适当的作业量，突出时间优先，督促他在既定的时间内完成教学任务。

(五)幼小衔接

师：小昱曾上一年级，不适应又回到幼儿园，应如何重新做好他的幼小衔接？

专家：进入小学前，需要事先与小学的教师做好沟通，共同制定长短期目标，说明小昱在自己的能力范围内，保证完成学校作业。同时帮助小昱建立自我保护意识，也给普通孩子做好接纳他的心理建设。

案例 10　奇奇，男，7岁，发育迟缓，轻度社交、语言障碍

【个案基本情况】

奇奇的社会交往能力、与他人沟通能力较弱，只能进行简单的交流，目光对视时间短暂，在他人的提醒下可以回答简单的问题，较难维持话题。奇奇能主动提问，先请求教师同意再去做事情，但动作比较急。感知觉能力、动作能力、认知能力都较强，记忆力也很好。注意力不集中，容易分散。

【专业指导建议】

(一)注意力

师：奇奇的注意力不集中，很容易分散，因此学习效率较低，应该如何提高他的注意力呢？

专家：奇奇注意力不集中有很多原因，比如心理因素（焦虑、困扰等）、环境因素（空间拥挤、照明不佳、通风不好、周围嘈杂等）、课程内容或作业太难太多等。教师需要先找出让他注意力不集中的原因，并了解奇奇注意力不集中背后的动机：是要获得关爱、注意、帮助，还是逃避课程、活动、作业。

如果奇奇的分心行为是为了逃避学习或作业，或需要他人的协助来完成学业，教师可以教导他沟通技巧，让他表达听不懂或不会做以及需要帮助的意图。如果是外界因素，教师可以用隔板隔绝干扰的刺激。在课堂上，教师可以尝试喊奇奇的名字，提醒他注意看或听教师展示的教学内容。在学习过程中，可以教授奇奇一些提高专注力的小技巧：一，利用自我交谈的方式，提醒自己保持一定时长的注意力。二，教师引导奇奇使用笔或手指头，指着需要看的内容。

此外，教师也可以尝试一些集中注意力的小游戏。一是"听一听""拍一拍"的游戏。当奇奇在玩的时候，如果听到教师拍手的声音，就要马上停下来摸摸教师的手指；或者当奇奇在听到音乐时，如果听到鼓声，就要拍一下手。游戏中也可以加入一些数学的知识，比如在奇奇拍手的时候，如果听到5就要拍一下手。二是挑豆子的游戏，给奇奇一个混有红豆、绿豆、黄豆的碗，要求他第一盘挑出红豆，第二盘挑出绿豆，第三盘挑出黄豆。三是串珠游戏，教师可以要求奇奇依照规定的颜色排列来串珠，比如依照红黄绿蓝、红黄绿蓝的颜色顺序串珠，也可以根据奇奇的能力，适时加入更多颜色的珠子。

（二）小组活动

师：怎么让奇奇融入小组，和小组一起合作，并能简短地说出一些数学知识？

专家：奇奇学习应用问题会有一定的困难，尤其是复杂的应用问题。可以在解题步骤上给予他一些线索，把复杂的问题步骤化。在奇奇参与小组合作前，先确定他目前的学习能力。在小组合作时，选择学习能力较强并愿意帮助奇奇的同伴，同时让奇奇了解小组的学习任务，明确自己需要做什么。在集体教学中，教师可以采用同伴引导、同伴示范等教学策略。例如，在小组活动中，要求大家观察教室里有哪些图形是三角形，如果奇奇无法回答，组员可以引导他："这个是不是三角形？"

此外，教师需要根据单元学习目标，结合奇奇的基础能力，对他的教学目标进行一定的调整，让他可以参与到小组合作中。例如，颜色、形状、物品的分类中,课标要求学生能够认识200种物品并进行分类,但奇奇只能对30种物品进行分类。根据奇奇的能力,教师在小组里可以给出不同的教学要求,将小组内分类30种以内的任务给奇奇。再比如,在教授立方体的体积时,涉及长、宽、高,奇奇可能无法进行乘法计算,在小组合作中,可以让奇奇进行前期长、宽、高的测量。总而言之,让奇奇融入小组合作最好的办法是让他尽自己所能参与小组的活动。

(三)表达需求

师:奇奇的生活自理能力较强,能向妈妈表述自己三餐要吃什么,也可以独立完成语文阅读、英语作业等。但居家隔离后再入学时,奇奇出现尿频的现象,医院检查却是正常的。如何缓解奇奇的心理压力?

专家:首先从奇奇的角度去分析他的承受能力,家长要合理安排他的康复课程,不能一味地加强。尽量和奇奇商量,尊重他的选择。奇奇的语言表达能力较好,在家里写作业的时候,以前不会写的字、不会做的题目,从来不会说。在家长的引导下,奇奇现在会说:"妈妈,这个字我不会。"但这样的表达还没有泛化到学校中,需要教师做适当的引导。例如,在学校看到奇奇紧张抠手指时,教师可以引导说:"你不明白可以说'老师,我不明白'。"然后让奇奇跟着说,从而让他更好地表达自己的感受和想法。

● 拓展

环境策略和前事控制策略

在行为干预方面,改善教学环境策略和前事控制策略都能一定程度上改善发育迟缓孩子的行为问题。教学环境的改善包括座位安排在不受干扰、易于教师提醒注意的位置;座位四周安排适当的同伴;调整物理环境;消除或减少诱发分心行为的刺激;改变对孩子的干预态度,容许他进行不影响别人的小动作;让同伴提醒孩子表现适当行为。前事控制策略包括提供符合孩子当前能力、兴趣需求的课程和活动;提供结构化教学,配合孩子的注意力特性设计教学活动。例如,孩子的注意持续时间最多为15分钟,教师就把教学内容集中在15分钟内教完,搭配动静结合的教学活动,保持孩子学习的兴趣。

案例 11 小黄,男,11 岁,发育迟缓,多重障碍

【个案基本情况】

从小学一年级开始,小黄在康复机构进行感统和注意力方面的训练,还参与了集体课程,培养社会适应能力。教师对小黄做了评估,制订了个别化教育计划,设置了特需课程,包括音乐治疗、行为矫正、原创故事、原创绘画、一对一的学科辅导、影子教师陪读、各科教师的课程调整等。不久前,小黄接受了先心病外科手术,在手术和康复过程中大量用药,医生说可能会对大脑有损伤。

【专业指导建议】

(一)奖励策略

师:小黄特别喜欢开电风扇、看拖拉机。学习的时候总是因为自己的喜好而走神。转移注意力、给他奖励有一定的效果,但是小黄的行为会反复,教师应该如何把握奖励的度?

专家:首先,明确奖励的强化物,教师可以通过询问家长,得知学生喜欢的物品,也可以通过多种物品的测试得知,如贴纸、笔、橡皮、零食等,观察学生是否接受强化物。只要不影响学校课堂秩序,如开电风扇、看拖拉机也可以作为强化物。其次,教师在进行奖励时,需要一定的策略,比如使用代币奖励时,五个印章换一个奖励,如果一天下来表现都比较好,还可以额外得一个奖励。如果小黄的行为反复,就不进行奖励。让小黄清楚规则,做得好就有奖励,做得不好就扣奖励。

(二)改变家长观念

师:对小黄开展了半学期的行为干预,通过脱离式的教学方法,现阶段干预效果较好,但是小黄的家长无法接受他是个特殊的孩子,不愿意配合教师的指导,面对这样的家长,怎么办?

专家:不要和家长说小黄是有障碍的。在和家长沟通时,选择说对家长有益的事情。告诉家长,大多数的孩子都要通过操作性的教学活动,不断地练习,才能获得知识。小黄只是需要多一点补习,学校也会为小黄提供特别化的辅导,有专业的资源教师为小黄提供一些作业上的辅导建议。

(三)问题行为

师:小黄会对不喜欢的人吐口水。教师曾尝试拿垃圾桶给他吐口水,吐

第九章 发育迟缓学生个别化教育指导

了很多之后,停了一段时间,又开始吐了。最多的时候,一节课十几次,最少的时候,一个月都不吐口水。面对这样会反复的问题行为,应该如何干预?

专家:首先,要观察小黄吐口水的原因,他一节课吐几次口水或一天吐几次口水,是为了吸引教师的注意力还是逃避什么事情。其次,用贴纸、盖奖章等奖励,鼓励小黄的正向行为。最后,干预策略可以调整为两个阶段。第一阶段,观察小黄一段时间,明确干预方向。第二阶段,针对性干预两周。第三阶段,不干预。第四阶段,小黄吐口水的行为反复,再干预,以此来观察效果。如果效果不够好,就需要重新思考问题行为产生的原因,重新设计干预方式。关于干预措施,为教师提供一些建议。一是干预措施一次做一项,不能同时进行多项,不能让孩子产生混淆。二是干预的目标要具体化,范围需要缩小至某一个问题行为。这样教师在干预的时候更容易操作,更容易得到成效。三是可以找一两位有爱心的同学,引导他们和小黄融洽相处,同时让这些同学随时鼓励、提醒小黄应遵守的规则(和老师强调的规则一致),以加强小黄的正向行为。

案例 12 小罗,女,11 岁,发育迟缓

【个案基本情况】

小罗出生后 16 个月被发现生长发育落后,一直在医院儿童康复中心进行训练。2017 年至今,经语言思维训练,小罗语言沟通方面有明显进步。感知觉中除了视觉发育较好外,其他感知觉较困难。基本发展出适应环境所需的粗大以及精细动作能力,坐、立、跑比较好,但是双脚离地跳得不高。提笔写画清晰,能够使用简单工具。在认知方面,简单推理及时间概念较弱,颜色、形状和数的概念较好。社交能力中,自我介绍、近距离告别、口头称赞别人或通过动作称赞别人能力较弱,情绪稳定。基本发展出适应环境所需的生活自理能力,能独立完成洗漱、如厕、穿衣等任务。目前在普通学校二年级随班就读,在学校没有抽离式教学,放学后去医院进行康复训练。

【专业指导建议】

(一)发育迟缓儿童的个训

师:小罗一直在接受康复训练,在现有基础上还需要做哪些改进?

专家:小罗一直在接受干预,特别是重视了语言干预,这对她的成长大

有裨益。教师可以和小罗参加训练的医院联系，获取更多资料，全面了解康复的过程，了解孩子的优势能力和进步。目前小罗接受了一些物理治疗，在大肌肉和小肌肉能力方面，大肌肉能力比较好，可以画图，描得比较完整，但耳朵、眉毛没有画出来，绘人测试分数不高，在中下。因此，除了在医院做物理治疗外，还可以做其他训练，需要思考在个别化教育计划中怎样去规划她最需要的治疗和训练的内容。

在对发育迟缓孩子进行训练过程中，如进行跳绳、爬竿、平衡木这些运动训练时，可以用 ABC 量表第二版来做，用量表先做前测，学期结束后再做后测，这样可以具体地了解在大肌肉、小肌肉、身体平衡、控制等方面的进步，将其记录下来，这样在下学期制订个别化教育计划时有一个可靠的、具体的、客观的参考，来对小罗的课程、学习目标、成长的行为做一个详细的记录。类似地，我们还可以评估她在语言表达、注意力、数学计算方面有没有进步。同时，要注重家校协同，因为 ABC 量表中有需要家长、教师共同观察记录的内容。

（二）发育迟缓儿童的教学

师：小罗目前的词汇量约为 200 个，比较少，所以阅读能力、理解能力、表达能力都比较弱，如何对她开展有针对性的教学？

专家：发育迟缓儿童词汇量的建立是一个非常重要的过程。小罗可以和资源老师一起做语言沟通训练，通过情境模拟、社交故事等，增加表达的机会，不断积累词汇量，并应用到学习、生活中。

对物品概念的训练对于小罗更为重要。我们应帮助她建立起对物品的概念、外观、名称、属性等的认知，以及物品之间、物品与人之间的联系，如问小罗："在刷牙时你要拿什么？"让她通过对物品概念的理解过渡到语言表达。物品跟情境之间必须要有关联，从具体到抽象。在个别化教育计划里要特别抓住物品的属性等去教她，我们可以通过很多活动，如手眼协调、语言沟通、生活自理或者触觉活动等来给她做训练。如西瓜的颜色是什么，西瓜的味道怎么样，都可以结合生活体验去教。

发育迟缓的孩子神经系统比较弱，所以要不断刺激她的前庭、大脑、小脑部分，如通过荡秋千、玩滑板、翻跟头、跳马、跳绳等活动来刺激她的发育。

（三）个别化教育计划的制订

师：如何为小罗制订个别化教育计划？

专家：个别化教育计划的制订要基于专业的评估，建议可以综合采用以下几个评估诊断工具。婴幼儿综合发展测验诊断量表（虽超龄但仍可能适用于小罗);ABC量表第一版和第二版,有手部精细动作评估,有静态和动态的平衡感评估,第二版用得比较多,可参照对小罗手部精细能力进行训练;莫林发展量表,对孩子的粗大动作、精细动作、视觉感受能力、语言的接受表达能力方面进行测验(发育迟缓的小朋友很多都有视觉问题,这个量表可以衡量小罗的视觉感受能力是强还是弱);儿童认知功能综合测验量表,测验注意力等;文兰适应行为量表,可以明确了解小罗沟通能力发展如何;适应行业量表系统第二版,可以测验小罗适应能力状况。

儿童评量、介入工具可以采用:儿童生活功能量表,通过专业的评量来确定小罗在语言沟通、注意力、语文、数学、感统等方面的起点到底在哪里;《学前特殊教育课程》,重点参考语言沟通课程设计。

教师介绍本学期小罗的核心目标是提高语言表达能力,能在教师和家长的提示下,简单地表达诉求,如"我要……""我不要……";能听懂简单的指令并会应答。建议可以将目标拆分得更细一些:训练孩子聆听时眼睛要看着对方,这样才能培养孩子聆听的态度和聆听的方法,孩子才能听出对方的话里表达的内涵。计划可以从这四个方面分解来写:她到底有没有专心地听?眼睛有没有注视你?有没有在耐心地听?有没有回应?特别要注意的是目标的写法:前面一定要加上某年某月某日,后面一定要有达成率的百分比。如目标"别人在讲话的时候,她应该认真地聆听",细化修改为"某年某月某日之前学会认真聆听,注视说话者,达成率在70%以上。能在某年某月某日之前听出说话者说话的内容、意义,达成率在百分之多少以上。某年某月某日之前能听出说话者的表达内容,完成正确率达到百分多少以上"。

又如,学期目标"要学会表达'我知道了''好的''行的'"这个目标,还可以拆解为"能听出重点""从不同语言表达中获取正确的信息""能在聆听的过程中感受说话者的情绪""表示答应"等。

再如,语文学习目标也可以拆成好几个教学目标。根据她的起点行为来确定,到底可以朗读几个字词,一个步骤一个步骤地续写她的教育目标,然后一个步骤一个步骤地达到她的教育目标。从中可以看得见她的成长。

案例13 小豪,男,12岁,发育迟缓

【个案基本情况】

小豪一年级时被医院诊断为先天性发育迟缓。小豪的动作能力较强,

具有一定的生活自理能力,包括家务、吃饭、写字基本都能做好。小豪的认知能力、语言能力较弱,较难理解课堂上的教学内容,也很少与教师、同伴沟通,只能跟奶奶做一些基本的沟通,包括说简单的字、词,不能说完整清晰的句子,别人需要猜他的话。小豪在上课无聊的时候,会打扰其他同学学习,偶尔会出现攻击性行为,包括敲打或扔东西。

【专业指导建议】

(一)课堂干扰行为

师:小豪上课有干扰行为,无法对学习保持较长时间的兴趣,也不能很好地融入班级,应该采用哪些干预策略?

专家:教师可以调整座位,把小豪安排在靠前一些的位置。在教学过程中,安排小豪做一些服务同学的工作,学会跟同学互动。在开始讲课之前,跟小豪"约法三章",通过同伴示范、录像示范让他了解课堂规则。上课15分钟内,在教师没有允许发言的情况下保持安静,可以得到一个奖励。过了15分钟,让他去学习角看自己喜欢的书,或者其他可以替代的教学活动。若教师没有办法做到分层教学,在集体课中无法兼顾到小豪的教育需求,可以考虑分小组进行学习,在小组活动内为他设置适合他目前学习能力的教学任务,也让他能够通过小组活动与其他同学更好地相处。

若小豪出现对小组活动感兴趣程度降低的情况,教师首先需要与他建立起学习的规范,其次考虑调整小组内学习内容的难度、评价标准等,根据教学主题设计新的教学活动以保持小豪的新鲜感。当主讲教师需要赶进度时,如果小豪有不同层次的教学需求,可以请资源教师到班级里来,安排小豪在后面学习,根据他目前的学习能力简化教材、调整课程,以完成相应的学习任务。所教课程的一部分,也可以由资源教师进行一对一辅导,以减少其问题行为的发生。

(二)与家长的沟通技巧

师:舅舅总给他看电视,他现在出现了厌学情绪,宁愿在家里面看电视,也不愿意到学校上学,请问有什么好的建议?

专家:首先让家长知道小豪来到学校学习,可以通过多样化的教学策略,有效促进他多方面能力的发展和进步,因此来学校是一件重要的事。其次,教师需要掌握与家长的沟通技巧,有的家长不喜欢教师谈话一开始就讲孩子在学校的问题或发生的事情。教师要从小豪的优点入手,告诉家长,进

第九章 发育迟缓学生个别化教育指导

校之后,小豪已经学会了哪些技能,学校的资源教师也精心为他做了哪些学业方面的调整。小豪的优点会在不断的学习中得以提升,不足之处也会逐渐得到改善。通过这样的沟通,帮助家长建立小豪能够更好成长的自信心。此外,教师需要告诉家长,孩子在家里仍需要进行干预,如果在学校和在家的要求不一致,会影响干预效果。教师可以为家长提供一些家庭干预建议,包括小豪的日常作息表、简单的课后练习和辅导等,鼓励家长与教师共同合作。

● 拓展

发育迟缓的认知教学策略

针对发育迟缓孩子目前的学习能力和教育教学需求,教师可以考虑采用多感官教学,加强孩子的知觉动作训练,从而促进他们认知能力的发展。为帮助孩子在各阶段更好地发展各项能力,教师可利用不同感官体验,提供操作体验为导向的教学活动,提供更直接的学习体验,帮助他们尝试学习新的事物,激发他们的学习兴趣。

此外,教师需要了解到,学习是随时随地发生的,教学准备要从多方面体现多样化教学的特征,教学资源要多元化、多功能,教具要求取材方便且耐用。

七、常识问答

☞ 发育迟缓是智力低下吗?

事实:严格来讲,发育迟缓并不是智力低下。发育迟缓在临床上可表现在体格、运动、语言、智力、精神心理等方面,有的和智力没有明显的关系,只有精神发育迟缓才和智力有明显关系。但精神发育迟缓也不能直接认定是智力低下,要进行评估,判断其语言、认知理解、思维、注意力、记忆力等是否达到同龄儿童应该达到的水平。